寻找教育家成长智慧书系——

赖配根 /编

分享 小学语文 名师成长感悟

FENXIANG XIAOXUEYUWEN MINGSHI CHENGZHANG GANWU

首都师范大学出版社
CAPITAL NORMAL UNIVERSITY PRESS

图书在版编目（CIP）数据

分享小学语文名师成长感悟 / 赖配根编.—北京：首都师范大学出版社，2013.4

ISBN 978-7-5656-1463-7

Ⅰ.①分… Ⅱ.①赖… Ⅲ.①小学语文课—教学研究—文集 Ⅳ.①G623.202-53

中国版本图书馆CIP数据核字(2013)第059759号

分享小学语文名师成长感悟
赖配根　编

责任编辑　马岩
首都师范大学出版社出版发行
地　址　北京西三环北路105号
邮　编　100048
电　话　68418523（总编室）　68982468（发行部）
网　址　www.cnupn.com.cn
印　刷　北京洲际印刷有限责任公司
经　销　全国新华书店发行
版　次　2013年4月第1版
印　次　2013年4月第1次印刷
开　本　710mm×1000mm　1/16
印　张　18.75
字　数　300千
定　价　37.00元

寻找教育家成长智慧书系

《中国当代著名教学流派》丛书编委会

卷中教改智慧
笔下育人情怀

「中国当代著名教学流派」出版

柳斌

与名师为友，走向优秀
（总序）

改革开放尤其是进入新世纪以来，我国教育事业取得了巨大的成绩。城乡免费义务教育全面实现，职业教育快速发展，高等教育进入大众化阶段，教育公平迈出了重大步伐，全民素质大大提高，从人口大国向人力资源大国的转变逐步实现。但我们必须清醒地认识到，我国教育还不能完全适应国家经济社会的发展，还不能完全满足人民群众接受良好教育的要求。2010年7月，党中央、国务院召开了新世纪以来第一次全国教育工作会议，颁发了《国家中长期教育改革和发展规划纲要（2010-2020）》（以下简称《规划纲要》），描绘了未来教育改革发展的宏伟蓝图，指明了今后教育事业科学发展的方向。《规划纲要》提出，到2020年，我国要基本实现教育现代化，基本形成学习型社会，进入人力资源强国行列。这是一项艰巨而光荣的任务。要完成这个任务，需要广大教育工作者辛勤劳动、开拓创新，尤其需要一线教师坚守教育理想，提高专业素养，创新教育教学模式。因此，当前教育改革发展的一项紧迫任务，就是要建设一支师德高尚、业务精湛、结构合理、充满活力的高素质、专业化教师队伍。

时代呼唤优秀教师。有一流的教师，才有一流的教育；有一流的教育，才有一流的国家。《规划纲要》明确指出，“有好的教师，才有好的教育”，“倡导教育家办学”，要“创造有利条件，鼓励教师和校长在实践中大胆探索，创新教育思想、教育模式和教育方法，形成教学特色和办学风格，造就一批教育家”。教育改革的一个重要任务，就是培养一大批拔尖创新人才，但正是在这个问题上，我们遇到了瓶颈。当然，杰出人才的培养受到诸多因素的制约，其中一个重要原因，可能就是教育家型的教师还比较少。名师出高徒。伟大的事业呼唤伟大的人才，英才的涌现呼唤一流的教师。出名师、育英才、成伟业，是时代赋予我们的神圣使命。

那么，怎样才能培养出优秀的教师？一个重要途径就是让广大教师们向杰出的前辈、同行学习。只有向最优秀的榜样学习，并在学习的基础上不断创新，一名教师才可能走向优秀。改革开放以来，随着教育改革的不断深入，教育战线涌现出了一批杰出教师。他们痴情教育事业，默默耕耘，刻苦钻研，勇于创新，不断进取，不断超越，形成了各具特色的教育思想和教学风格。正是他们的成功实践，创造了具有中国风格的教育经验，丰富了具有中国特色的教育理论宝库。他们的经验，对广大普通教师的成长具有良好的启示作用和重要的借鉴意义。总结、宣传和学习他们的经验，是打造一支优秀教师队伍的有效途径。中国教育学会、中国教育报刊社和中国教师发展基金会联合组织编写的这套“中国当代著名教学流派”丛书，总结了我国中小学界一批杰出教师的先进经验，尤其是提供了名师教育思想的精华、成功的教学案例以及他们走向优秀的心路历程，这必将对我国中小学教师队伍建设起到积极的推动作用。一个教师如果愿意潜下心来，钻进这套丛书，与名师为友，与高尚的心灵对话，进而反思自己的教育教学生活，那么他在教育教学上必将悟出些育人之道，并且走得比别人更远，超越前人。

古人云：“国将兴，必贵师重傅。”兴国必先强教，强教必先重师。教育大计，教师为本。加强教师队伍建设包括培养一大批优秀教师，是教育事业最重要的基础工作。组织编写“中国当代著名教学流派”丛书这样的工作，就是为了寻找教育家成长的智慧，为丰富中国教育理论，形成具有中国特色、中国气派和中国风格教育理论体系摇旗呐喊，是一件非常有意义的工作。希望这套丛书走进更多的学校，走近更多的教师，为新一代优秀教师的涌现播撒希望。

目 录

“儿童的眼睛，儿童的情感，儿童的心理，构筑了我的内心世界。是的，正是儿童，是童心，给了我智慧。我想说：‘爱会产生智慧，爱与智慧改变人生。’”

“盘点，即思考；写作，则是思考的物化。我一路走着，一路盘点着……最终把自己教成了孩子，根本标志是童心未泯。”

“我总是在读书、思考、钻研、探索中度过我的业余时间。钻研如同打井，只有深钻，才能得水，付出的是汗水，换来的是甘泉。”

“我在小学语文教学这块阵地上一路走来，没有迷失自我，没有迷失方向。这是由于我时刻记起一个教师的责任，记起小学语文教学的宗旨。”

“舞台表演艺术与课堂教学艺术两者最大的不同是：舞台表演艺术，重在其结果，它追求的是完美无缺；课堂教学艺术重在其过程，因为它需要的是循循善诱。”

“我深知教育和科研是群体的事业，需要一代又一代有识之士不懈地探索和发展，才能使教育事业后继有人，兴旺发达。”

爱乃师德之魂

张新洲

匆匆几年过去，当我再一次翻开《人民教育》“名师人生”栏目刊登过的30篇文章——《我，长大的儿童》《路，是这样走出来的》……一位位名师“熟悉”的身影，仿佛微笑着向我走来。透过这些名师成长的足迹，我深深地感悟到“名师人生”四个大字的背后，所凝聚的是一代代教师用爱与智慧塑造民族未来的教育理想。

爱，是教育永恒的话题，没有爱，就没有教育

这是每一位教育工作者耳熟能详的教育理念。但是，如何把爱化为教育者的教育行为，让爱走进校园、充盈课堂、触摸到一个个灵动的生命，让爱产生智慧，让爱在孩子心中留下岁月抹不去的美好回忆，让教育者和受教育者都感受到教育的幸福……这需要一个教师把自己内心自然形态的爱赋予真诚与智慧，并在教育实践中不断地反思、积累、陶冶。

爱，因走进学生的心灵而美丽

李吉林老师在《我，长大的儿童》中说：“在儿童的世界中，我在爱孩子中，渐渐长大了。我把这种爱升华成自己的理念，又把它细化成自己的行为。”作为一名教师，当你像李老师这样，用学生的眼睛、学生的情感、学生的心理，构筑自己的内心世界时，你才能真正走近学生、了解学生、认识学生，你才能走进学生五彩缤纷的内心世界，捕捉潜藏在学生心底，影响其整个人生的梦想与追求。这是一个学生成长的动力，也是师爱的根。

爱，是一份尊重

“一个学生就是一本丰富的书，一个多彩的世界。学生是活生生的

生命体，每个人都是独一无二的。要培养他们成长、成人、成才，首先要尊重他们，从思想上、感情上尊重他们的人格，尊重他们的个性。”（于漪：《思念》）尤其是在新课程理念下，尊重学生已成为一种时代的要求。然而，提到尊重，作为一个教师应反思自己是否沾有“体罚和变相体罚学生的问题——中国基础教育的痼疾”。如果有，那么隔着“师道尊严”樊篱的爱，很难谈尊重。如果一个教师整堂课都灿烂地微笑着，但上的课却如同一杯白开水，毫无滋味，这也谈不上对学生的尊重。

尊重学生，教师必须放下传统的“师道尊严”的架子。不仅要“蹲下来”和孩子寻求平等的对话，“一位真正的优秀教师，必须留一份纯真，要学会从孩子的角度去思考问题。问题提出后，要给予孩子思维的空间”。上海的潘小明老师在《我的课堂人生》中说：“在课堂中尊重孩子，就必须尊重他们的人格，尊重他们的潜能，尊重他们的差异，尊重他们出错的权利。”尊重，是民主教育的核心，是爱的胸怀。只有建立在尊重前提下的爱，才会变得宽容，才能自然地流淌进学生的心田。有了尊重，才可能有师生间的平等对话，才可能有沟通，才可能有合作的过程；有了尊重，教师才可能以理解、宽容的态度对待学生；有了尊重，才可能有学生主体意识和健全人格的生成。

尊重学生，教师不能忘记自己承载着教书育人的使命。在培养学生主体意识、创新精神和实践能力已成为时代的主旋律，在教师从“教书”到“育人”的角色转换中，我们必须清醒地认识到：一个优秀教师不仅是“师德的表率”“育人的模范”，还应是一个“教学的专家”。一个优秀教师的微笑，总是浸润在他深厚的人文底蕴和过硬的教学基本功中。缺乏尊重和智慧的爱是苍白的，学生的心中有一杆秤，称得出师爱的分量。

爱，是一种艺术

毋庸置疑，爱不是教育的全部，但是，教育的全部过程都充盈着爱。“名师人生”的足迹印证了一个事实，伟大的师爱确有神奇的魅力，但是，爱并不神秘，爱，实实在在地存在于点点滴滴的教学生活中。一个学生的成长需要教师的无限关爱，教师的一个眼神、一个手势、一句短短的评语……这寄寓着教师用心传递的关爱，常常影响一个人的一生。

师爱无言。正如薛法根老师所说：“我深信爱的教育力量，在教学中对于那些常常走神的同学，我总是边讲课边走到他们身边，用手轻轻地抚摸一下他们的头，抑或轻轻地拍拍他们的肩背，孩子们总能领会我的意思，然后专心地听起讲来。这就是教育的艺术，蕴含着深爱的教育艺术，足以让所有的学生感受到教师那无言的关爱，感受到教育的幸福。”

师爱无价。其实人生最美好的“金色学生时代”的大部分时间是在学校和教师一起度过的。一个学生的成长、成才、梦想与追求，都离不开教师的关爱。教师的爱绝不是姑息、迁就、溺爱。“老师的关爱，并不都是三月的春风和旭日，有时也如秋风和冷剑，除去你心头的杂草，那是严格的爱！”（薛法根：《教育的幸福》）人们常说：母亲的爱，如秋天的明月，宁静、长久。那么，教师的爱，不仅有父母之爱的慈祥、宁静、长久，更应具有在教育教学活动中所蕴含或体现出的大爱。这种爱应扬弃父母之爱中的非理性因素，保留从学生终身发展负责的高度出发的讲方法、有分寸、讲教育艺术的理性之爱。

爱，是一份责任

随着教师专业化进程的加快和教学的内涵与目标的日趋丰富，教学活动的视野已拓展到人的生存与发展的方方面面。责任心，作为教师最重要的品质，则显得越来越重要。

责任心，是爱的动力。人的一生，是一种追求，更是一种责任。只有当一个教师把这份责任镌刻在自己的人生词典中，他才能产生动力和激情，用心去呵护每一个灵动的生命。作为21世纪的“一位真正优秀的教师，必须多一份责任，要从孩子生命成长的高度去思考教学，用自己的言传身教，用精心设计的教学，引导孩子形成积极的情感态度和价值观”（潘小明：《我的课堂人生》），从而使受教育者，从小懂得爱自己，爱自己的家乡，爱自己的祖国，懂得给他人带来快乐，懂得用自己一颗善良的心去关爱别人，关爱世界。

责任心，是爱的生命。“对我们教育工作者而言，爱，是一种对国家、对民族、对事业神圣的责任感和使命感。”（吴辰：《让校园成为师生的精神家园》）因此，王运遂老师大声疾呼“把真诚与智慧奉献给学生”，因为“教育是人学，它的本质功能是促进人的发展。因此，学生是认知的主体，他们的第一要素是生命。这些学生将是我们炎黄子孙真正屹立于世界先进民族之林的希望”。当一个教师触摸着自己的责任心，把学生的身心健康发展和祖国的前途命运紧紧地联系在一起的时候，爱才有价值、有生命力。

爱，是无私的奉献

如果说走进学生的心灵是师爱的根，尊重是师爱的胸怀，责任是师爱的生命，那么，奉献则让爱有了丰富的内涵和灵魂。

奉献，是一种美德，是教师的天职。奉献使无形的爱变得有血有肉。程翔老师说：“奉献是一种实实在在的人生态度，并非高不可攀。有的教师面对亲人生病住院，陪床侍候，端屎端尿，却不耽误学生一节课，这是不是奉献？有的教师为了高考的学生，即便是爱人去世也没有请一天假，这是不是奉献？很多教师教了别人的孩子耽误了自己的孩子，这是不是奉献？回答是肯定的。于漪老师说过：‘奉献是教师的天职。’无论社会如何变化，教师的奉献精神不能丢。”（《人到中年的思考》）程翔老师所举的例子是千千万万教师无私奉献的缩影，程翔老师所说的“无论社会如何变化，教师的奉献精神不能丢”，道出了广大教师的心声。

奉献，是一种境界，是爱的升华。由于教师总是和劳累、清苦长相守，于是，人们便用“春蚕”和“红烛”来赞美教师。然而，即使教师做一支两头点燃的红烛，把自己生命的光和热，毫无保留地奉献给人民的教育事业，也不免让人感到伤感。

李吉林老师在长期的教育教学实践中感悟到：“深感当教师比蜡烛永恒，照亮了别人，升华了自己；即便是比作‘春蚕’，也绝不是‘春蚕到死丝方尽’，而是丝虽尽，身却不死。蚕化作蛹，蛹变成蛾，蛾又孕育、孵化出蚕宝宝，无穷无尽……那真是如诗如画！”这便是一种境界，这种境界来源于哪里？我想正如唐江澎老师所说：“当我以对人生价值、生存方式的剀切体验来诠释教师职业的意义时，我获得了从事这种职业所需要的刻骨铭心的挚爱。”（《学习，生命存在的方式》）当一个教师有了这种职业感受，他才能体味到奉献的精神旨趣。

如果说师德教育，是教师教育的核心，那么，爱则是师德之魂。苏霍姆林斯基曾说：“一个好教师意味着什么？首先意味着他热爱孩子。”透过“名师人生”的足迹，相信会有越来越多的教师能读懂“爱会产生智慧，爱与智慧改变人生”这饱含哲理的话语。

如何让读书成为习惯

张新洲

读书，就一个人而言，如莎士比亚的诗："生活里没有书籍就好像没有阳光；智慧里没有书籍，就好像鸟儿没有翅膀。"

读书，就全人类而言，应如高尔基的名句："书籍是全人类进步的阶梯，是全世界的营养品。"

由此说来，"读书"就有了个人发展与社会进步的双重作用。如果把"读书"放在我国建设"学习型社会"的时代背景中来思考，作为一名教师——"学习型社会"的开拓者，养成良好的读书习惯，已不仅仅是摆脱平庸、增长智慧、陶冶情操的个人行为。"让读书成为习惯"，已不仅仅是建设"学习型社会"，全面实施素质教育向广大教师提出的时代要求，更是直接关系到中华民族伟大复兴的进程与中华民族充满"阳光"的未来……

问题是如何让读书成为习惯?

成功的人总是从别人的成功中汲取经验

一个人成功的因素不只是读书，但是，读书却是一个人成功的重要因素。古往今来无数的圣哲、文学家、教育家，无不是在让读书成为习惯中走向成功的。

开儒家学说之先河的孔夫子，为万世景仰。可是，这通往圣贤的路在何方？圣人自己曾说"吾十有五而志于学"，"发愤（下决心学习）忘食，乐而忘忧，不知老之将至"。这样说来，孔夫子在中华民族读书史上开创了让读书成为习惯的先河。

唐代大诗人李白，人称诗仙，声蜚四海。人们常常仰视"李白斗酒诗百篇"的才情，却很少品味他"吾五岁诵六甲""十岁观百家”“十五好奇书”的自述。而被列为“唐宋八大家”之首的韩愈，享有“文起八代之衰”的美誉。他在《进学解》中却借弟子的口说出自己“口不绝吟于六艺（《诗》《书》《礼》《乐》《易》《春秋》）之文，手不停披于百家之编”的读书经历。南宋大诗人陆游在《剑南诗稿》中为我们留下9000多首诗篇，是我国古代大诗人中留下诗篇最多的一个。当我们顺着陆游成长的足迹寻找其成功的奥秘时，他那“少小喜读书，彻夜守短檠”“万卷纵横眼欲枯”的诗句，再一次印证了一个道理——一个人成功的因素不只是读书，但是读书却是一个人成功的重要因素。

读书，因心中的志趣而播种

每个人都有心底的梦，读书能承载着人们心底的梦，游向光辉的彼岸。可是，有的人却常常把美好的时光花在喝茶、聊天，整晚看电视上，更有的人宁愿面对着仅剩下的一点可怜时间发呆，也不愿意拿起一本书来读一读。安徽省亳州市的一位老师在来信中所说：“由于教师缺编，教师负担过重，疲于应付工作，超课时跨课时又有晚自习，教师几乎长期处于单一放电状态，很少有时间去看书学习。”所以这种由应试教育孳生的现象如果得不到有效的控制和解决将会是教育的悲哀。

一个只凭两本书：一本教材和一本教参年复一年地重复着昨天故事的教师是可怜的。那么如何从闲散、繁重的工作和琐碎的家庭事务中振作起来，如何处理好工作与读书的关系，如何在现有的客观条件下，挤出一点读书的时间？如果，一个人能静下心来读一读左拉的“生命的全部意义在于无穷地探索尚未知道的东西，在于不断地掌握更多的知识”；仔细地品一品爱因斯坦的“人的差异在于业余时间”；琢磨琢磨鲁迅先生所说的“我把别人喝咖啡的时间用在学习上了”的话语，他就有可能把像海绵里的水一样的时间挤出来。

而把时间挤出来的动力，是一个人的志趣。从古往今来无数有成就者的读书经历来看，让读书成为习惯的过程，总是在静静地阅读中伴随着一个人的志趣和毅力，而且二者是相辅相成的。诸葛亮在《诫子书》中所说的“学需静也，才需学也，非学而无以广才，非志而无以成学”，便是这个道理。

这里所说的读书与志趣的关系，并非是极其功利的庸俗实用主义阅读方式。一个人"总有一种真情让你感动"，当一个人抓住让自己感动的真情，追逐心底的梦，燃起"阅读改变人生"的火种，那么，繁重的工作和琐碎的家庭事务已不再是无暇读书的理由；你将不再多愁善感，不再得过且过；你将克服读书倦怠心理……因为"伟大的精力，只为了伟大的目的而产生，一个人有崇高的生活理想，才有斗争的方向和胜利的信心。"而这自信便是一个人成功的起点。

也许有人说这个话题有些理想化。然而，人生真的需要一点理想、一番真情来播种读书——追求的种子。实践证明："一个人追求的目标越高，他的才智发展得越快。"正是因为有"路曼曼其修远兮，吾将上下而求索"的追求，才有"虽九死其犹未悔"的屈原，才有不朽的《离骚》。因为有"申管晏之谈，谋帝王之术，奋其智能，愿为辅弼，使寰区大定，海县清一"的襟怀，才有"白衣一跃为卿相"的李白。因为有"致君尧舜上，再使风俗淳"的志向，才有"读书破万卷，下笔如有神"的杜甫。即便是"采菊东篱下，悠然见南山"，"好读书，不求甚解"的陶渊明也曾有"大济苍生"之志。

正是因为有"用爱与智慧塑造民族未来的教育理想"，才有我们教师从事这种职业所需要的刻骨铭心的挚爱与责任，才有让读书成为习惯的李吉林、魏书生等无数优秀教师的成长。

读书，因静静地滋养而生根

如果说"志趣"是让读书成为习惯的起点，那么静静地阅读便是一个人精神成长的旅程。

近年来，许多学校打出"书香校园""静静阅读"的品牌，努力为学生们营造一个适宜的读书环境。在这里我们要特别强调的是，我们的校长在努力为学生营造一个适宜的读书环境的同时，也一定要为我们的教师创造一个良好的读书环境、读书氛围，要给教师松绑、减负，要给教师一些读书思考的时空。

由于人的秉性、兴趣及成长环境等方面的不同，一个人养成读书习惯的途径也不同。金庸先生接受本刊特约记者采访时说："我一生最大的乐趣就是读书，直到现在，我每天仍然花四五个小时读书。"而且是"我从小喜欢读书，并不是大人逼出来的，完全是自己的兴趣所在"。而更多的人是受环境的熏染，或在引导和督促下形成的，甚至有些人的读书习惯是被逼出来的。无论哪种形式，养成良好的读书习惯，都将为你带来幸福。

读书与练功一样，练功一般讲静而收心纳意，意守丹田，方能练精化气，练气生神，方能取得练功的佳效。就一般人而言，读书也需要一个安静的环境。安静的环境能使一个人浮躁的心静下来。当一个人品着“凡物静观皆有得”，“才需学也，学需静也”的箴言；或兴之所致，或强迫自己静下心来读书，一天、两天、三天……**随着读书的数量与质量的提高；随着自己知道读什么，怎么读，到读书使你喜静的过程，读书的种子将会在你心中生根。**你将在收获智慧的同时，收获几分从容与自信，收获几分学生对你的尊敬，而这几分收获又激发你不断地读书。

在江苏省南通市濠河岸畔，有一座非常安静的院落。李吉林老师数十年如一日，除在外开会讲学外，每晚都在这安静的院落里读书。在静静地阅读与思考中，在“情境教育”的探索实践中，李吉林老师从一位只有中师毕业的普通教师，成长为今天受人尊敬的教育家。而赵谦翔（著名特级教师、曾荣获全国十杰中小学中青年教师等称号），当年，没有在“地仅容膝，在昼犹昏”的小屋子里多愁善感，自怨自艾，而是投身于“两山夹水，沿水有路”的天然大书房，春、夏、秋三季，“举手为案，漫步当椅”，忘情地享受着读书之乐……

也许有人说，这已是赵老师30多年前的往事，而如今已是信息社会，网络时代，还能，还需要静静地读书吗？重庆的龚春燕老师几次来京，我去宾馆看他的时候，他都在静静地读书。他说：“魏书生老师给我的贺年片上总爱写一句话：‘静能生慧！’”龚春燕就是一位一只手拿着书，一只手拿着笔记本电脑，在汲取网络信息中，在静静地阅读中，从一位普通的教师成长为今天的特级教师、全国学习科学学会副会长兼秘书长的。刚刚提到的几位教师都是我的师长，我的朋友。他们成长的历程，让我坚信“阅读改变人生”离我们并不遥远。

读书，因毅力的耕耘而开花

孔夫子将读书学习分为“知之者不如好之者，好之者不如乐之者”三个层次，三种境界，这是读书之道。就一般人而言，在读书学习的路上，应谨记一句格言：“书山有路勤为径，学海无涯苦作舟。”因为，在“苦学”与“乐学”之间相隔的不仅是一种精神境界，就今天广大教师，尤其是广大农村教师而言，必须超越繁重的教学工作和琐碎的家庭事务的物质樊篱。在让读书成为习惯的路上，要靠一个人的毅力和耐性来支撑，只有勤奋而不畏劳苦的人才会有收获的喜悦。

在江苏省无锡市钱钟书先生的故居中有这样一句话："小聪明成不了大气候，钱钟书的大智慧、大学问，来自大刻苦。"**而我们许多人景仰的只是成功者耀眼的光环，而忽略了"学问是苦根上的甜果"的耕耘过程。**

在中华民族读书史上，苏秦"锥刺股"、孙敬"头悬梁"、孙康"映雪"、车胤"囊萤"等故事虽然已离我们越来越遥远，但是，古人珍惜光阴、刻苦读书的精神却融进了中华民族悠久的历史、灿烂的文化中，成为了自强不息者的精神。

江苏的唐江澎老师，是我非常敬佩的一位老师。恢复高考之初，他曾因病残的腿而没有迈进大学的门槛。他一面揽来刻钢板的活，以2角3分一张的薄酬来弥补生活的拮据，一面找来游国恩的《中国文学史》和王力的《古代汉语》，"一字一字地读，一页一页地啃"……一个偶然的机遇，他当上了一名中学语文教师，他将"苦读，获得富有教育价值的学习体验"（唐江澎语）用于他的教学实践中，闯出一套体悟式教学方法。他也在苦读中，从一名代课教师成长为一名特级教师（曾荣获全国教育系统劳动模范，并获得"人民教师"奖章）。

读书，因感悟的积累而结果

让读书成为习惯，是一个古老而崭新的话题。关于读什么，怎么读，千百年来，仁者见仁，智者见智。古人常说"为学当先立宗旨""开卷有益""学贵心悟""学以致用"……

为什么用同样的时间，读同样的东西收获却不同？我想一个重要原因是用没用心去感悟。

我赞美读书要蘸着自己的生活积累去品味、感悟，如孔子的"学而不思则罔，思而不学则殆"，如张载的"学贵心悟，守旧无功"。**只有让读书的感悟融入自己的血肉与精神，才能取其精华化作自己的智慧。**

我赞美读书就是读自己、陶冶自己，一个读懂自己的教师，才能读懂自然的美好与人类的道德，才能读懂自己肩上的责任。

我赞美教师静静地阅读，为建设学习型社会添几分书香，添几分人文涵养，添几分和谐厚重。但静静地阅读并不是“两耳不闻窗外事，一心只读圣贤书”。当一名教师把他个人的志趣融于教育教学改革的时代洪流中，他的阅读才有价值。

我赞美教师博览群书，但是，要对浩如烟海的书籍加以辨别（一个自己知道读什么的教师才能正确引导学生读什么）。否则，“不加辨别地读书，是把自己的头脑变成别人的跑马场，读得越多，越是一片狼藉”（陈四益语）。

我赞美读书学习与教学实践的结合，只教不读则流于浅薄，只读不教、不实践则为纸上谈兵。

我愿“心中的志趣”“静静地滋养”“毅力的耕耘”“感悟的积累”能化作让读书成为习惯的小舟，驶向由“学会”变为“会学”的时代洪流，为了自己，为了自己心爱的学生，为了中华民族的伟大复兴。

童心师说

张新洲

教师肩负着太阳底下最神圣的使命

师者，从学官、师氏、塾师、学究、夫子、西宾、师傅、先生、老师等到今天通称的教师，不下40余种称谓的变化折射出的是中华民族尊师重教与文明演进的历史。

教师，就人类文明而言，是“为天地立心”的人类灵魂工程师，是人类通往文明的启明星。

教师，就学生而言，是“为往圣继绝学”的“一日为师，终生为父”的启智者和引路人，是用爱与智慧点燃学生心灵梦想的烛光。

教师，就一个民族而言，是“为万世开太平”的兴国者，是“国将兴，必贵师重傅”的民族振兴希望。

我们的先师，肩负着“传道、授业、解惑”的使命，怀着爱心与责任，将一代代耕耘杏坛的汗水融入黄河母亲的胸怀，哺育出多少华夏辉煌篇章。

我国现代教育经历了从“教育救国”到“教育兴国”的百年耕耘，已形成世界上规模最大的教育体系，拥有世界上人数最多的教师队伍。新中国成立60多年来，教育奠基中国。尤其是改革开放30年来的中国教育，支撑着我国经济快速持续发展，推动着社会文明全面进步。我们的教育，我们的教师无愧于我们伟大的时代。

目前，我国正处于从教育大国向教育强国、从人力资源大国向人力资源强国转变的关键时期。而这由大变强的关键在教师。刚刚颁布的

《国家中长期教育改革和发展规划纲要》（以下简称《规划纲要》）在序言中明确了当前与今后10年我国教育工作的主题与核心任务，“坚持以育人为根本，以改革创新为动力，以促进公平为重点，以提高质量为核心，全面实施素质教育”。而这所有的任务最终都要通过广大教师执著地耕耘来实现。所以，《规划纲要》重申：“百年大计，教育为本”，“教育大计，教师为本。有好的教师，才有好的教育”。

以使命唤醒童心

长期以来，承载着太多的人类理想与民族希望的教师，默默背负着民族振兴的希望，背负着望子成龙家长的重托，背负着应试教育的包袱，在素质教育的理念与应试教育的实践中苦苦徘徊。正如朱永新教授所说：“‘应试教育’把成长中的孩童和引导他们的教师，一起赶入了‘斗兽场’，全然听不见他们心灵痛苦的哀鸣。这种对竞争的病态强调，导致师生之间、同事之间、亲子之间、知识与生命之间乃至自我的分离……使教师一天天地被‘格式化’，丧失了对真理的不懈追求以及对生命意义的永恒探询。” 这种病态的现象，导致一些教师产生了职业倦怠心理，失去了执著追求教育理想的激情。

如何将时代赋予教师的新任务，化为广大教师自觉的使命认同，唤醒广大教师的童心，这直接关系到中华民族伟大复兴的进程与中华民族充满希望的美好未来。

教育的本质功能与教师使命的核心是“育人为根本”。而这个根本，就是陶行知先生所说的：“千教万教教人学真，千学万学学做真人。”教人学真，贯穿教育教学全部过程，是为学生终身发展奠基的系统工程。这就要求教师自己首先具有童心，是个真人。

在“振兴民族的希望在教育，振兴教育的希望在教师”的时代呼唤中，唤醒童心的过程就是自我角色反思，自我心态调整的过程，就是唤醒教师对使命天职认同的过程，从而唤醒广大教师对教育事业的忠诚。而这忠诚的背后是对核心价值观的持守。如李镇西老师说：“一个老师有童心，有爱心，才有事业心。老师有童心，有爱心，才会有责任心。” 那么何谓童心？

童心，孕育着人类最美好的希望。童心的本质是真，是人类道德的本色，是人类最纯洁的真情。

童心，就一个人来说，是灵魂的内核，是人性真诚善良的种子。

童心，就一个学生来说，是天真无邪的笑脸，是天真淳朴的心灵。

童心，就一个教师来说，是师德之本，是爱与责任的核心，是教师的人格魅力，是教师要用一生精力呵护的灵魂。

明代杰出的思想家李贽说：“夫童心者，真心也。若以童心为不可，是以真心为不可。夫童心者，绝假纯真，最初一念之本心。”

人们常说，爱是教育永恒的话题，没有爱，就没有教育。然而，如何把爱转化为教师的教育行为？当教师触摸着自己的童心，叩问自己的使命天职，把学生的身心健康发展与祖国的前途命运紧紧联系在一起的时候，他才能像李吉林老师那样，“把这种爱升华成自己的理念，又把它细化为自己的行为”。只有这样，爱才能自然而然地充盈课堂，融入知识，化为学生成长的智慧。

所以说，爱乃师德之魂，童心乃师德之本。爱因童心真诚的温暖而走进学生的心灵，童心因爱的责任雨润而化为师德的本真。

以童心叩问使命

教育是一项非常复杂的社会系统工程。在来自教育内部与外部的压力下，一些教师放不下应试教育的包袱，产生的职业倦怠等问题，不可能完全由教育内部来解决。但是，面对“教师队伍整体素质亟待提高”的时代要求，外在的培训所起的作用无论如何都是有限的。**而通过教师内心境界的提升来化解职业倦怠，唤醒广大教师的教育理想与激情将是不可忽视的有效途径。**

因为，人生常常是靠着一种理想信念而生存。而“伟大的精力，只为了伟大的目的而产生，一个人有崇高的生活理想，才有斗争的方向和胜利的信心”。教师是最善于反思的群体，能否唤醒广大教师的教育理想与激情，最终取决于教师对自己使命天职的认同。当一个教师有了唐江澎老师这种“当我以对人生价值、生存方式的剀切体验来诠释教师职业意义时，我获得了从事这种职业所需要的刻骨铭心的挚爱”的时候，他便可真正认清自己，认清自己肩上使命的神圣与崇高，从而焕发出执著追求教育理想的勇气和信心。

教师的一生，是一种追求，更是一种责任。只有当教师把这份责任镌刻在自己的人生词典中，他才能把教育理想化为自己的血肉与精神。他才能读懂必须唤醒每个教师的教育理想与追求意义，才能使自己成为一个童心教师，才能用爱与责任去呵护每一个灵动的生命。

教师的一生，是一种取舍，更是一种境界。正如魏书生老师所说："对求之而不得的东西想得通、看得透、出得来、放得下；对自己平凡的工作想得深、看得远、进得去、拿得起。当进入一心一意、舍身忘我的境界时，再看穷山村、破教室、泥孩子、土台子，便成了宏大的可改变的世界。"只有当童心扎根在这种境界中，教师才能远离虚假，超越功利，才能让所有的孩子同在蓝天之下共同成长，才能有大爱无声的心灵对话。

教师的一生，是一种守望，更是一种奉献。自古道："十年树木，百年树人。"这就注定了教师的职业要与劳累、清苦长相守。所以，人们便用"春蚕"和"红烛"来赞美教师。教师的职业的确是清苦的，但是，教师在清苦中守望着心中那份期盼。正是因为李吉林老师有"深感当教师比蜡烛永恒，照亮别人，升华自己；即便是比做'春蚕'，也绝不是'春蚕到死丝方尽'，而是丝虽尽却身不死。蚕化作蛹，蛹化作蛾，蛾又孕育，孵化出蚕宝宝，无穷无尽……那真是如诗如画"的崇高境界，才有她"我不是农民，却是一个播种者，我不是把谷子撒进泥土，却把另一种金色的种子播在孩子的心田上——那是一片奇异的土地，播下理想的种子，便会获得令人惊奇的收获"。当童心在这奉献持守中升华，才能让无形的爱充满人文关怀。

童心与爱心交织成童心教师的人格脊梁

拥有一颗童心，是教师素质的第一要义，童心与爱心交织成童心教师的人格魅力，支撑着一个童心教师对教育的独立理解与对教育事业的执著追求，成就一个普通的教师成为一个好的教师。

好的教师总是踏着时代的旋律，从不断深化课堂教学改革中走向远方。教学过程是一个特殊认知过程，是知识传承、道德引领与一个灵魂唤醒另一个灵魂的潜移默化过程，是师生共同参与、共同成长的情感共鸣过程。当一位教师领悟到"我以吾心付童心"的境界时，才能像李吉林老师那样，用学生的眼睛、学生的情感、学生的心理，构筑自己的内心世界；才可能真正走近学生、了解学生、走进学生五彩缤纷的内心世界，沿着李吉林、魏书生这些无数优秀教师成长的足迹，去寻找一个好的教师——一个教育家成长的智慧。

"一个好教师意味着什么？首先意味着他热爱孩子。"（苏霍姆林斯基）爱，不是教师的口头禅；爱，是一份尊重，是一种艺术，是一份责任，是无私的奉献；爱，因走进学生的心灵，引起学生的共鸣而有生命力；爱，因使教育者和受教育者都感到幸福而有价值。

一个好的教师，就在于他在传授知识的过程中，把自己学习的方法体会、人生感悟一同传授给学生，教给学生的是鲜活的知识、奠基一生的能力和方法。他绝不会极其功利地，不惜牺牲学生的身心健康与学习兴趣，让其机械地做大量的计算题和模拟作文。而是以自己的人格魅力和学识魅力召唤学生，让他们站在自己的肩上，攀向知识和生命的高峰。

一个好的教师，就在于他不仅是知识传授者，而且是点燃学生人生激情和智慧火种的思想启迪者；是在学生的心灵上播种真诚、善良，教学生学会生存、珍惜生命、感恩社会、关爱世界的道德引领者。

一个好的教师，就在于他能使学生读懂“人生的全部意义在于无穷地探索尚未知道的东西，在于不断地掌握更多的东西”（左拉）。去追求“当我们停止呼吸的时候，还能用我们创造的一切，为人类社会服务”的人生境界。

一个好的教师，不在于他告诉学生一个真实的未来，而在于教会学生用自己博大的人文胸怀和人类智慧去开垦未来，创造未来。

童心教师的成长过程，是一个唤醒童心的过程，是由精神成长支撑专业成长的过程，从个人修养到民族进步相互促进的过程。童心如诗，书写着厚德载物的华夏教师的人文气质；童心如歌，吟唱着教师用爱与智慧塑造民族未来的教育理想。

一、我，长大的儿童

李吉林

李吉林，女，1938年生，江苏省首批特级教师。现任江苏省情境教育研究所所长，教育部中小学教材审定委员会审查委员，曾任中国教育学会副会长。

她立足于江苏省南通市师范二附小这块希望的园地，长期坚持教育教学改革，创立了情境教育理论体系及操作体系。出版了《小学语文情境教学》《李吉林情境教学理论与实践》《训练语言与发展智力》《李吉林与情境教育》等大量著作。

她曾当选为第七届、第八届全国人大代表，荣获全国劳动模范、全国三八红旗手、全国五一劳动奖章等称号，享受国务院政府特殊津贴。

人生的道路，总是不平坦的，在某种意义上讲“成功”往往和“曲折”联系在一起。

我出身贫寒，父亲是个会看金银成色的人，记得五岁那年，一个严寒的冬日，天色阴晦，北风呜咽，低矮的小屋里，久病不起的父亲奄奄一息。父亲冰冷的手死死地攥着我的小手，湿润的双眼在凹陷的眼眶中恋恋地望着我，断断续续地对母亲说：“吉儿天资聪敏，是天赐给我们的女儿，无论多穷多难，要让孩子……上……上学……”这是父亲留下的最后一句话。这句话里凝聚着多少永别的辛酸，又包含着多少绝望中的希望。于是，这句临终遗言深深地烙在母亲干枯的心田里，也印在我那没有欢乐的幼小的心灵上。

父亲死后，我们母女相依为命，在艰难的生活中挣扎，可母亲还是想方设法让我上了学。母亲在逆境中挺直腰板，奋力承担家庭重担的坚强也深深地影响着我。我记得她常说的一句话：“人穷志不能短，天塌下来靠自己顶着，别让人小瞧了我们孤儿寡母！”正是她的坚韧、忍耐、勤劳、抗争的品格无声地教育着我、感染着我、鞭策着我，使我从小就养成不服输、不怕难的性格，也并不因为自己是个女孩子就甘心落于人后。

我的童年有辛酸，也有欢乐。我的父亲、叔叔都是戏迷。父亲还是不错的票友，从小我在他们的熏陶下，对艺术有一种朦朦胧胧的爱。京剧总是让观众带着想象去欣赏，不知为什么我幼小的脑袋里常常充满着对从未见过的世界的幻想。小时候，我住的房子又矮又小，石灰粉的墙壁，不少已经脱落。当我独自在床上时，我会呆呆地望着那斑驳的墙壁，想象着小屋里没有的世界：那是一个和尚披着袈裟飘飘欲仙地向我走来，那宽大的袖子里藏着什么呢？那是一棵长满果子的大树，许多小鸟正向它飞来，回到自己的家……这正像茅盾先生《天窗》中的主人公，努力地想从天窗中的一块蓝天，想象外面的世界。

在破损的墙壁上，贴着母亲为我买的一张西洋年画。画上是一个小女孩，骑着一匹大白马，脚上穿着一双高帮的靴子，沿着花丛正向前走。我看着不禁想象：她骑着马儿到哪儿去呢？经过花丛，前面大概就是一间精致的小屋——小屋里一定有架风琴，等着她去弹奏——自从我在幼儿园认识了风琴，它就成了我儿时希冀的奢侈之物；我又想那双靴子一定挺结实，倘若我穿上了它，奶奶就不必眯着老花眼为我纳鞋底了。啊，穷孩子也会向往美好的生活。这虽然是瞬间的、虚幻的，但感觉是真切的。

小时候，我没有洋娃娃，没有布狗熊，更没有“汽车”、积木。记得过年的时候，叔父给我买了个小拨浪鼓，圆圆的鼓面上画着红圈圈，两边的细绳子系着两个小鼓槌，只要转着鼓柄，就“卜浪卜浪”地响起来。那情境就像一个扎着辫子的小姑娘在跳舞给我看。春天来了，和邻居家的孩子用一张正方形的厚纸，插上两根芦苇，做成一只土制的风筝，奔到空地上，跟着摇摇摆摆上天的风筝，心儿也欢跳不已。最难忘的是母亲给我买过一只万花筒，圆圆的筒子裹着兰底红花的纸，上面有一个小圆孔，只要举起它，眯起一只眼，手一转动，啊，就看到一幅想象不到的精彩的画，再一转，又是一幅，层出不穷。在我眼里，那简直是摘下的星空；是无数用珍珠嵌起来的矮人国宫殿；是诚实的孩子用老人给的斧子劈开的宝石山……我真是爱不释手呀。那小小的万花筒曾勾起我多少奇妙而美丽的幻想。

现在想起来，造物主是公正的，它把想象的翅膀不分贫富贵贱，同样赋予了穷孩子。想象的翅膀在穷孩子身上似乎长得格外矫健。许多年之后，我在探索小学语文情境教学的过程中，童年成长起来的艺术兴趣和不可遏制的想象力使我获益匪浅，而我特别珍视的是家境贫寒带给我的一笔宝贵的精神财富。

大自然是穷孩子们最钟情的天地，因为大自然最公平，它不因为贫富而对孩子厚此薄彼；大自然最慷慨，它不需要购买，就会无私地把它所有的美丽和乐趣都给我这样的穷孩子们。春天是野菜长势最盛的季节，放学回来，我常常提着小篮子和几个小伙伴一起到河边、田埂挖野菜。小小年纪，我已经知道枸杞新冒出来的头最嫩，而荠菜开出了小白花就老了；马兰头一长一大片，不必一根一根地摘，可以一把一把地采；野苋菜则要小心地一片一片地摘，要不就会被尖尖的刺划着手。太阳落到山的背后了，晚霞送着我们回家，吃晚饭的时候，端上我摘来的鲜嫩的野菜，看着母亲的微笑，心里萌生了一种能做小帮手的快乐。

上到小学五年级，贫困的家境再也无法让我继续读下去。也是那样的一个寒冬，母亲求亲戚，拜熟人，梦想能找到帮助我们的热心人，可是得到的是失望和更大的悲哀。母亲看着即将辍学的我，痛苦地把我紧紧地抱在怀里，冰凉的泪水，一滴滴地落在我的脸颊上……

1949年的春天来得特别早。正月初五，天刚拂晓，欢庆的锣鼓敲开了家家户户的大门，我拉着母亲走上大街。一支穿着灰色军装的队伍，浩浩荡荡地进了城，许多人站在路旁，望着这支从来没见过的军队。队伍里许多只手向我挥动，战士们唱起："解放区的天是明朗的天，解放区的人民好喜欢……"许多人抑制不住热烈的情绪，簇拥着队伍向前走去，不知人群里谁喊起来了："是新四军进城了！解放了！"啊，解放了！南通解放了，我和母亲也解放了！我靠着人民政府的救济和学校给予的人民助学金，上了中学。我终于又能继续读书了。

我以出色的成绩念完初中，但在人生的第一个十字路口，我选择了读师范。就这样，我考进了南通女子师范学校。我一心想减轻母亲的负担，早一点能给母亲带来安定的生活。女师快毕业了，那年国家正处于发展时期，同学们都可以报考大学，我作为一名成绩优秀的学生，又何尝不想迈进高等学府的门槛呢。班主任几次三番来动员我，认为我不上大学太可惜，但是，我迟迟未去报名。因为，我想到母亲的含辛茹苦，这么多年就期盼着我师范毕业，挑起家庭生活的担子。为了母亲，在大学与小学之间，我选择了小学。放弃了一个可以接受高等教育的难得的机会，一个自己可以深造的机会。教数学的吴老校长说："你工作了，每月工资大概是28元。你和你母亲的生活也够了。"

1956年，在同学们纷纷走进大学的时候，我走进了小学。终于能挣钱了，能养活母亲了！在放弃上大学的同时，我尝到了作为女儿履行责任的一种快感。

当然挣钱绝不是我生活的目的，我虽不敢有远大的抱负，但心里一直对自己说：当老师，就得当好老师，当孩子们喜欢的老师。

那是初秋的一个早晨，还是一身学生装的我，到女师一附（即现在的南通师范第二附属小学）报到，老校长用慈祥的目光打量了我一番，笑着说："还是一个中学生嘛！你是女师的高材生，毕业成绩22门课都是5分，学校就决定让你教六年级。"这可是一副不轻的担子！

我被校长分到六（4）班担任班主任，教语文和音乐。开学前，我就把教案背得滚瓜烂熟，连走路也美美地念着，想象着自己和孩子们第一次见面时的表情和喜悦。第二天，我满怀着美好的情感走进教室。当时18岁的我，也就比班上的孩子大几岁，他们用新奇的目光看着我，接着是一阵小声的议论，目光充满了疑惑。在孩子的眼里，他们感觉不到我这个当老师的威严，而我，装也装不起来。红扑扑的圆脸上明明白白地写着：我喜欢你们。班上闹了好一阵子，我十分狼狈。夜深人静，想到自己的同学正在大学里快活地学习，无忧无虑，那才是少女的青春年华，我多么向往。辛酸的泪水簌簌而下。面对工作的困境，我思量着，既然自己已作了这样的选择，又何必后悔呢？生活的道路铺在脚下，总不能裹足不前，我懂得眼泪是不能改变一个人的命运的。女性的自尊让我抬起头。我干脆把行李搬进学校，早起晚睡，把课准备得很充分。课间我勇敢地走到孩子们中间，和他们一起游戏，一起唱歌跳舞，帮他们排节目，和他们一起转“巨人步”，甚至和男孩儿踢足球。冬天的课间，接过他们手中的毽子，踢给他们看，我能踢出许多花式，一连几十个，孩子们兴奋地在一旁为我数数。上课，我更是想出许多办法吸引他们，把课上得生动有趣。孩子们心中是有一杆秤的，渐渐地他们觉得这小老师还不错，开始喜欢我了，喜欢上我的课了。转眼间他们快升中学了，那年作文试题是《我的班主任》，他们中很多人写了我，而且考的成绩还不错；有的还悄悄地送给我照片，作为留念。这算是孩子对我一年辛劳的最高奖赏，我真的体会到“亲其师而信其道”的教育效应。

一年的奋斗，终于向前迈了一步，我深感到在学校读书时候的“高分”并不能简单换取工作的“高分”，老师的工作没有现成的公式可套。我没有用教师的“威严”压服他们，而是用爱，用真挚的爱去沟通，去融合了他们。我曾经写过一篇散文，描述这一段经历，题目就是《学生给我上的第一课》。

在做好工作的同时，我开始了进修，我借来了大学中文系的教材，住在学校小楼上苦读。年轻人贪睡，但是我命令自己每天五点半起床，坐在学校荷花池边，诵读唐诗宋词，走进郭沫若、普希金、泰戈尔、海涅、席勒的诗篇……然后在学校操场上做操跑步。为了锻炼自己的意志和体格，我开始了洗冷水浴的锻炼。学校有口井，但是我不用温和的井水，而是用厨房大缸里的凉水洗。记得那年冬天寒流来了，气温降到零下10度，为了战胜自我，我照样去打冷水，洗完澡，盆边上的水都结冰了。一场大雪后，我用小桶装上一桶雪倒在身上，任冰雪在身上融化，那真是冷到骨头里去了，比什么缸里的水都冷，但是咬咬牙，就过去了。我洗冷水浴坚持了好几年，直到生第一个孩子时才停止。

这给我一个很好的启示：人的肉体可以战胜寒冷，人的意志更可以让自己走出困境。每天锻炼完身体，我就坐在学校荷花池边背诵诗歌，晚上坐在灯下备课、读书，规定自己每天读书三小时。我现在可以骄傲地说，我的大学在小学！

两年后，我作为南通市的代表到省里参加排球比赛；由于我中等身材，身体素质较好，国家跳伞队要调我去跳伞；回到市里，由于表演采茶扑蝶中的傻大姐而闻名，市歌舞团刚成立，又想调我去歌舞团；后来一所中学也想调我去。无论是打开美丽的大伞，从蓝天上跳下，还是在灯光闪烁的舞台上，一显身手。这对20岁的年轻人来说都是很有诱惑力的。在这广阔的蓝天和迷人的舞台以至中学和小学之间，我仍然选择了小学。一个人不必这山望着那山高。那年从省里赛完球回来，我的人事关系已经不在小学了，可能大家都没想到，我为自己不能进小学，竟然在家哭着不肯吃饭。我母亲，一个家庭妇女，竟然去市委机关找领导反映情况，宣传部一位姓顾的部长接待了她，母亲说明我的心愿，苦苦地求了情，我才回到小学，回到二附小。执著是教师必有的品质，我坚信自己的选择是正确的。

因为我热爱小学教育工作，并刻苦钻研业务，很快就崭露头角，经常对外开课，而且每次都受到好评。不久，我被借调到省教育厅编写教学参考书。当时南通就两名教师参加，一名是中学的范伯群（后来成为国内著名文学评论家、现代文学研究专家、苏州大学教授），还有一名就是我。如饥似渴地学习的我，到了南京一下子接触到了全省那么多知名的专家学者、名教师，心里的高兴劲儿别提了。我向他们虚心请教，向他们借来书籍，在南京期间利用一切可能用的时间拼命读书。我在南京编书的两个学期里，南京这个大城市的繁华并没有使我这20岁刚出头的姑娘动心，我没有闲情去逛街，每天晚上和星期天都在房间里读书，连看电影都怕浪费时间，以至，范伯群先生笑话我说："你成了时间的奴隶了！"现在回忆起来，工作后这一段时间里，刻苦的自学为我后来搞情境教学的实验打下了重要的基础。

在南京编完书，回到二附小我工作格外积极认真。不久，市里又让我参加全省小学语文教学座谈会，成为与会者中最年轻的代表。在会上教育厅老厅长又是当时的省委宣传部部长吴天石先生，他是大家敬仰的教育家，他听了我的发言，十分赞誉，还让《江苏教育》杂志社的编辑将我的发言在杂志上发表。后来他来南通，还特地嘱咐南通市委书记，说："你们南通有位年轻的优秀教师，要好好培养。"从1958年到1966年，这8年里，为了教课，为了学生，我不知开了多少夜车，放弃了多少个假日，谁能想到8年辛苦换来的是"文化大革命"对我这个年仅28岁的女教师的无情的摧残。全校大礼堂里就是我一个人的大字报，说我是"小学里的反动学术权威""黑线人物"，种的是"黑实验田"。为了躲避灾难，我忍痛把日记本、备课笔记烧了，看着用心血写的成果化为灰烬，不知有多么伤心。我百思不得其解：我对工作一片赤诚，为什么生活会这样残酷地打击我？学校这么大，放不下一张平稳的课桌，学校不能上课了。大字报、批斗会，校园里硝烟弥漫。"两间余一卒，荷戟独彷徨"，鲁迅先生这两句诗，正切合我当时的心境。很长时间里，我不知道出路何在，不知道能不能再站在讲台上，面对那些稚气而充满求知渴望的眼睛，不知道我所钟爱的小学语文教师职业，能不能继续成为我的职业、我的事业、我的精神家园。外面是派仗的枪声和极"左"派高调的喧嚣，而我内心是极度的苦闷和彷徨。

百无聊赖中，为了打发日子，我学起了缝纫机，学裁剪，学做衣服。我觉得从此没有了奔头，一向乐观向上的我，整日忧心忡忡、无精打采。岁月流逝，青春消逝，我猛地发现一种颓废的心绪在悄悄滋生，发现自己开始沉沦。啊，沉沦，意味着什么？意味着倒退，意味着毁灭！有一天翻读高尔基的小说《童年》，我被其中一段话吸引住了："我并不期待别人的救助，也不指望有什么偶然的幸运，我的意志变得逐渐顽强起来，生活条件越是困难，我就越觉得自个儿越加坚定，甚至越加聪明了。我很小的时候就已经了解，人是在不断反抗周围环境中成长起来的。"我反复地读这段话，越读越觉得这仿佛是高尔基特意为此情此境下的我写的。是啊！人不能选择命运，但可以选择与命运抗争。

这句话使我在黑暗中看到一丝光亮。我想，难道女性如此脆弱？事实上，女性为了父母，为了丈夫，为了孩子往往牺牲自我而易于落伍。我历来警醒自己，女人切不可碌碌无为，而如今这样，不正是既庸庸碌碌，又无所作为吗？当然，我也深知，在那凄风苦雨中，在那黑白颠倒的年代里，要有所作为是不可能的，但总不能荒芜，要把自己看成一棵寂寞的小草，在石头下，也要从石缝中曲曲折折地生长起来。虽不能有事业的成功，至少给一个自己充实的精神世界。在沉沦与奋发之间，我毅然走向奋发。我又开始了我的苦读，每天晚上坐在灯下看鲁迅先生的杂文，边看边摘录，鲁迅先生面对残酷的敌人毫不畏惧，用他犀利的笔，写出一篇篇声讨敌人的檄文，他的呐喊也震撼了我的心灵。我不再彷徨，我像鲁迅先生文中的园中枣树那样直立向上，我从鲁迅先生的作品中汲取一种不屈的力量，支撑着我的精神世界。

那年，我被调到农村小学去“改造世界观”。那个冬天，很少看到太阳，不是雨就是雪，冷雪打在脸上，更是凄苦悲凉，多少日，我踏着泥泞的小路向离家很远的钟秀小学走去。有一日，边走边想竟然迷了路，走到河边，学校却在河对面，不知道怎么过去了。我咽下眼泪，心想，如今我是一个乡村女教师，就应该认真教好农民的孩子。后来我尽管又回到二附，但是很难抬起头来，工宣队进驻学校，“左”的思潮统治着学校，我用我的工作、我的言行告诉世人，女性即使在逆境中依然是强者，我照样认真地教孩子，照样除了把课本教好，还编写补充教材。

1972年，在小平同志主持工作的那一段时间，学校领导又让我上公开课了。我多年不开课了，但我仍毫不示弱地说：“我不是文艺轻骑兵，我必须在课堂上上课。”工宣队面对蜂拥的听课者，只得借了附近房产公司的礼堂让我去上课。那次课上得很成功，我终于赢回了一个女教师应有的尊严。我脚踏实地、兢兢业业，任务下来了，不管是要我写文章，还是开课，我都全力以赴。哪怕开夜车，甚至通宵达旦，我一定做到最好。我用事实再一次告诉人们：我李吉林就是好样的！不是可以随便欺辱的！

而要做到这一点，对于当时的我来说，是多么的不容易。我上有老下有小，爱人也多次受到冲击，被关在学校的牛棚里，我既是母亲的女儿，又是两个孩子的母亲，还是受迫害丈夫的妻子，承受着经济的、政治的双重压力。仅靠一点微薄的工资支撑这个家，但是我又不肯让人知道自己的贫寒。记得那时候，冬天到了，我用两件旧衬衣，铺上新棉花，让孩子穿上新花棉袄，然后外面套一件新罩衣。手表买不起，自行车没有，但是表面看上去，日子似乎还可以，所以我的孩子从小养成不花零用钱的习惯，我自己到现在也是保持生活俭朴的消费习惯。

人们都说受过严寒的摧残，更懂得春天的温暖，这是千真万确的。1976年，“四人帮”被打倒了，我解放了，我又可以带着无拘无束的人格力量走上讲台，我感到从来没有过的扬眉吐气。

党的十一届三中全会以后，小平同志给我们带来教育的春天，那年我正好40岁。我是一个懂得珍惜幸福的人，1978年，我被评为江苏省第一批特级教师，算是其中很年轻的，但也已到不惑之年。我家里人说“40岁当特级教师，你后半辈子别想清闲了！”我想，人到这世上来，就要干一番事业，不是为了享清闲。我已经“闲”了十年，今后这一生绝不再闲，我深知“荣誉和责任是连在一起的”。

在那明媚的日子里，我有天高任鸟飞、海阔凭鱼跃的感觉，我带着一种崇高的使命感，投身于教育改革的潮流中。20年的教学经验告诉我，小学语文里面大有学问，小学语文教材情文并茂，不仅可以给学生打好祖国语言文字的基本功，而且可以塑造孩子的心灵。那时候，人教社的小学语文新教材发下来了。我一看，编得真好呀！一扫“文化大革命”时“假、大、空”、极“左”的一套，选文优美新颖，语文训练的材料丰富，形式上新颖独特，而且还充满童趣！这套教材吸引了我，也激发了我的教改热情。我想，要把这新教材教好，老的教法一定得改革。我决心从一年级开始搞清楚小学语文的脉络，跟踪下去，完成小学阶段的全部教学改革探索。于是，从1978年开始，我放弃了自己所熟悉的中高年级的语文教学，放弃了我儿子所在班级的教学，我从一年级上学期教起，改革也从这儿开始。

对教一年级语文课，我没有经验，但正是因为没有经验，我很少受陈规的影响。面对低年级语文教学的“单调、呆板、低效”的弊端，我焦急万分。在我急于从改革中找出路的时候，我幸运地遇到了中学英语教师蒋兆一，在与他谈话时，他谈起了英语教学中的情境教学法和功能教学法，并告诉我当期的《中小学外语教学》就有相关文章介绍。

第二天，我迫不及待地来到地市教研室将《中小学外语教学》借来一口气把它读完。读完后第一感觉就是，在外语里通过情境的创设，让孩子学习词汇，进行句式的训练，生动有趣，非常轻松。于是我产生一个想法，能不能把外语的情境教学法，移植到汉语的小学语文教学中来？

这个问题提出以后，我进一步想到它的可行性。记得我曾经读过的语言学：语言文字是一种工具，是人们交流思维、交流情感的工具。于是我想，外语和汉语既然都是工具，那两者必有其共性。我再联想到我们的生活，在我们的具体生活中，不管是中国的孩子，还是外国的孩子，他们开始学习语言，都是在一种情境中学习的。孩子的第一声“妈妈”，是“妈妈”这个形象多少次出现在他面前，然后大人教他“妈妈”的发音，他才渐渐地学会的。

所有的语言都是在具体的生活情境中学习的。我想，这就是两者的相通之处，这是它们的本质属性决定了的。既然外语、汉语在本质上是相同的，那么情境教学法就不仅可以是外语教学的方法，同样也可以成为中国孩子学习母语的一种方法。

当时我作了这样一个很初步的分析，用现在的话来讲，还算不上提出问题后的“理论假设”，只是非常粗浅而不规范的想法，但是也至少作了些分析与思考。在那时的条件和我个人的局限下，只能这样“土法上马”了！但正是这种“土办法”让情境教学法走进了我国小学语文的教学中。

开始我仅仅是作一个局部的尝试，只是在阅读课上留下5分钟进行片断的语言训练。第一次是我教《小马过河》。课文是一篇童话，里面有几个角色：老马、小马、松鼠、老牛，课文生动地描写了这些童话角色的对话，描写了它们说话的神情、动作。我想通过创设情境，让学生在描述中运用提示语。我真想不到，对情境的创设孩子们是这么欢迎。语言活动热烈地进行着，孩子们的思维非常活跃，词语检索的速度也很快。我真是开心呀！

我把试验继续下去，觉得情境不仅为儿童语言的发展提供了非常好的场景，而且在情境中教师和学生关系非常融洽。我感觉到情境激起了孩子们热烈的情绪，在语言活动中，他们的情感在起作用。我开始朦胧地意识到儿童语言的发展有情感伴随有多么好。

我思忖着这一段试验创设的情境有什么共同的特点。我粗粗地分析了一下：一是创设的情境是儿童生活中经历过的，他们觉得特别亲切；二是情境与课文语言相联，他们就有词儿去描绘，这就非常顺当而且促使儿童很自然地运用课文语言。

在此过程中，我特别感谢我们的老祖宗为我们留下的丰富而宝贵的文化遗产，一千多年前刘勰写的《文心雕龙》以及近代学者王国维写的《人间词话》，把我带到一个精彩的、迷人的境界中。为了给孩子提供作文题材，我独自一人在夜半起床，在黎明来到之前赶到北濠桥，看日出的景象；为了让孩子感悟野花不要浇水、不要人施肥的无穷的生命力，我到田埂、桥头一一寻找，认识野花；为了让孩子观察老黄牛，大夏天我骑着车在乡间的小路上、小河边寻找老黄牛，直至中午才顶着烈日回家。我整个身心都沉浸其中，自己的心和自己的情都和孩子们交融在一起。后来，人民日报头版“实干家”专栏中《用心血催开智慧花的李吉林》一文报道了我。十年的实践与研究终于使我形成了情境教学法的理论框架，使情境教学法成为我们民族以“情境交融”为主要特色的教学模式，并收到了很好的教学效果。学生不仅语文学好了，在思想道德、智力开发以及审美情趣方面都得到了发展。我的学生中有4人在全国作文比赛中获一等奖。我们班上的学生在二年级的时候就出了一本《小学生观察日记》，由江苏人民出版社正式出版。那是1980年的春天，一个大出版社为一个班的小学生出习作的集子，在当时不能不说是绝无仅有。书出版后，我把书发到孩子们手中，他们捧着、看着，一个个禁不住手舞足蹈，初步的成就感充溢心头。他们在刹那间觉得自己长大了许多，能干了许多。每个小作者可以拿到五元钱稿费，我帮他们一人买了一双白球鞋当做纪念。孩子们把鞋子穿在脚上，幸福无比，也自豪无比！我们还开了一个“我们的作品发表了”的主题班会，孩子们开心极了。此后，孩子们写习作的积极性更高了。孩子们创作的热情总是需要得到肯定，成就感是孩子们发展的加速器。内在的驱动力日渐形成，不断有孩子的作品在报纸上、刊物上发表。在那个儿童刊物还不太多的年代就发表了70多篇，其中有3位同学分别在《小学生作文》《小溪流》《中国少年报》举办的全国作文比赛中获一等奖。他们的名字至今我还记得，那是许焰、马知路和宋伟。

也就在那一年，情境教学法的良好效果产生了一定的社会影响。新华社的作者闻讯来到学校，他们听老校长介绍我们二年级学生的作文比三年级的学生写得好后，为之诧异并很兴奋，说道：“我们当然相信校长的话一定是实事求是的。不过从记者的职业习惯讲，耳听为虚，眼见为实。我们商量一下，准备明天请李老师班的学生和三年级班的学生一起进行一次作文考试，用事实来说话。”

我心里一怔，新华社记者采访，怎么考试，考什么题目，我一无所知，心里难免有些紧张。

他们和蔼地对我说：“李老师不必紧张，让学生试一试。”

第二天，学校安排了我们班的学生和三年级学生坐在一个大考场里，由记者出题、监考，我只是站在一旁看着。

一位姓韦的记者在黑板上写了“小鸡”两个字。不用说，这就是考题。

教室里静悄悄的，孩子们稍作思考，便埋头写起来。过了35分钟，我看见我班上叫曹阳的小男孩儿第一个站起来，把写好的作文交给记者。另一位姓殷的记者看了以后，向我会意地一笑，并伸出大拇指。他这大拇指一伸，我才松了一口气。记者通过测试、比较，确认我们班孩子的作文的确比三年级的孩子写得好。不久，《人民日报》发表了我班学生的三篇作文，还加了“编者按”。大报纸刊登小学生的作文，真让我和我的学生们兴奋不已。

1983年对我来说是历受磨炼最严峻的一年，进行了五年的第一轮实验到了检验成果的时候。我的实验班学生要毕业考初中了，用操碎心来形容我当时的心境，毫不过分。那年我的儿子要考高中，我的女儿要考大学。这五年并非一帆风顺，由于正处在改革开放的最初阶段，习惯势力的禁锢在所难免；也有人不理解，怀疑妒忌，甚至刁难。工作中遇到的困难、承受的压力真不少，甚至有领导说：“李吉林文章写得好，课上得不错，就看你学生考得怎么样。”

我们五年制实验班参加全区六年制学生的统考，虽是少学一年，但考出了大大优于六年制学生的成绩：合格率100%，93.5%的学生达到优秀、优良，作文优秀率是城区小学平均比例的12倍之多，阅读优秀率也是城区小学平均比例的4.6倍。结果班上43人，33人被重点中学录取了，打破了南通市小升初的最高记录，作文成绩比一般班级平均高10分。我以事实证明，情境教学法是一条先进的、高效的教学方法。

许多人都为我松了一口气，说：“李吉林终于过关了！”

在第一轮实验期间，我在向书本学习的同时，也虚心向专家、教授们学习。那是1980年的春天，实验班学生正上二年级。上海要来一个教育参观团，他们指名要听我的课。参观团里的组成人员很不一般，其中有首批特级教师——我们慕名已久的袁王容老师、倪谷音老师、顾家璋老师，有华师大附小陈先墀校长，还有我们意想不到的高校的教授们。尤其令我高兴的是在《光明日报》发表“发展儿童智力”文章的上海师大“三女将”也来了，她们是恽昭世老师、柴崇英老师、谢淑贞老师。另外还有华东师大的卢寄萍老师、吴玉如老师，虹口区教育学院的老师和上海教育出版社的总编。一下子上海教育界来了这么多知名的特级老师、专家、教授，对于我们小小的南通，对于我们这样一所小学，都是前所未有的。我掂出了其中的分量！

根据上海教育参观团来南通的日程安排，他们会在学校参观3天。我以向上海名师汇报的心态，上了5节课：阅读课《小白花》教学全过程三节课，口头作文《一瓶墨汁》一节课，作文《精彩的马戏》评讲一节课。

《小白花》这篇课文描写的是1976年周恩来总理去世的时候，首都人民在清明节这一天到天安门广场去悼念的情境。课文内容很感人，引起了我的共鸣。要让二年级的孩子体会首都人民对周总理强烈而真挚的爱，不是简单的提问、讲解可以做到的。怎么才能让孩子们有一种真切感呢？怎么才能把孩子们带到那个情境中去呢？我选用首都人民在天安门广场悼念周总理的一组放大黑白照片，用音乐的渲染，结合自己的语言描绘，把孩子们带到课文中描写的天安门广场，带到首都人民纪念周总理的那个情境中去，以加深他们情感的体验，理解课文语言。这是我第一次把音乐引进小学语文的课堂，也是第一次在阅读教学中通过创设情境，进行审美教育的尝试。事实证明，教学效果非常好，很感人。我自己哭了，孩子们也哭了，连听课的上海的老师、专家们也都禁不住流泪了！整个教学过程一共上了三节课，都很成功。

口头作文课《一瓶墨汁》是实验班尝试的一种习作方式。虽说是口头，实际上是培养孩子们通过口头说出书面语言的能力。因为一二年级的孩子认字数量不多，写字速度慢，口头作文既可以抓紧儿童语言发展最敏锐的阶段，促使口头语言向书面语言的发展。同时又可不受识字少、写字慢的限制。当时我的思想非常明确，为书面表达作好必要的准备，大胆尝试进行情境性的口头作文。这次口头作文的题材来自生活的真实情境，是班上孩子当中发生的故事。

上课的时候，我先用简笔画勾画了故事发生的场景：小河、大树、远山、落日，然后请两位当事的孩子到教室前面来演示，以此引导孩子们想象现场发生的情境，并让他们观察、想象、体验、描述。

主人公演示一段，孩子就口头描述一段。最后再连贯地复述，大家情绪热烈，我和孩子们都一起进入那真实的生活情境，加上愉悦的心情，孩子的语言表达做到了准确、鲜明而生动。这一观察情境的口头作文课，在当时确实是别开生面的。后来《人民教育》发表了我的《口头作文初探》一文。

第三课就是作文评讲《精彩的马戏》。在实验班，我主张作文要“提早起步”，二年级就开始作文。这在当时可算是一个突破常规的做法。小学二年级是一个人智力发展最佳期（4~8岁）的后半期，是儿童的语言逐渐由简单句到复杂句、由口头到书面过渡的重要发展期。这一时期，若是用很长时间，按部就班地从“握拐杖”学拼音到一个一个字孤立地识别念写，再到学词学句、阅读，然后到三年级作文，起点太低，起步太晚，费时太多。其他语文能力的训练起步太迟，必然会抑制学生的发展。因为待学生读完小学二年级，已是八九岁的儿童，读完小学已是十二三岁，这就错过了儿童语言发展和智力发展的最佳期。日本一位教育家说：“儿童的能力，如果不在其发达期给予发展的机会，就会一个一个地枯死，其结果，就可能发生儿童能力的递减现象。”针对以往低年级语文教学起点低、起步迟，不利于儿童发展的事实，我决心勇敢地打破它。因此，及早地从整体上训练儿童的语言能力，这不仅是必要的，而且是完全可能的。

这五节课的背后都有我理性思考的支撑。再说连续开五节课，就我个人来说也是第一次。语文课阅读、作文和评讲三种不同的课型都开全了，担子虽重，但我当时还是40岁刚出头的人，有的是精力；生得逢时，有的是劲头。一旦上起课来，我就会忘掉一切，全身心地投入其中，与孩子们对话，与孩子们同喜同悲。课堂上的反应充分显示了孩子们进入情境后的忘我和高涨的情绪，常常会出现一种沸腾状态。

上海名师对我的课给予了很高的评价，他们的到来，使我足足开心了好一阵，心里踏实了，前面的路也宽了。

现在回想起来，上海名师的到来，给我最大的收获就是让我能够比较早地接触学术界。因为南通地处江北，信息相对比较闭塞，加之我在小学，更难接触学术界，更不要说走进学术界了。后来我特地到上海去拜访恽老师、谢老师、卢老师、吴老师（柴老师后去国外一直没机会见到），她们都非常热情地接待了我，而且在和他们的交谈之中，我获得了关于教育教学新的信息和前沿的动态，这些对我这个上下求索的人来说是多么难能可贵！这是关在小城小屋子里读书读不到的，那是最鲜活的思想和学术动态。而且通过恽老师我还认识了吴立岗老师，他是搞“作文素描”的，又是杜殿坤老师的学生，对情境教学法很感兴趣。他主动表示"情境教学很有道理"。他的赞同当时就让我感到，情境教学法又多了一个专家的支持。

杜殿坤老师每每看到我实验工作的进展，总是非常欣喜。他不仅给了我许多具体的指导，而且帮助我结识知名的专家、学者。一天我来到上海，杜老师特地把我带到华东师大刘佛年校长家里，将我介绍给刘校长。

记得有一次，华东师大的老师告诉我教育部要刘校长为培养中国自己的教育家亲自带研究生。当时他选中了顾泠沅先生（现任上海市教科院副院长）和我：一个中学，一个小学；一个数学，一个语文。根据刘校长的意见，准备让我先读他的硕士，继而读他的博士。这对我来说，真是千载难逢的机遇。杜老师、华师大的翟慧文教授、上海师大的恽昭世、吴立岗教授都为我庆幸。名单上报后，根据教育部研究生司法规条文，读研究生的学生必须是45岁以下，大学本科毕业，而我一是年近半百，二是中师学历，不合规定。

刘校长虽亲自过问、推荐，但是法规毕竟是法规，最终未能如愿，我当然很失望，因为失去了一个深造的机会，一个可以数年亲耳聆听佛年先生教诲的机会。对顾泠沅先生读完刘佛年先生的博士，我只能是羡慕不已。后来刘佛年先生安慰我、激励我，想方设法为我创设学习机会，让华东师范大学聘请我为兼职研究员。刘佛年先生说："这样你就有可以享受华师大丰富的图书信息资料了。"当我拿到华师大的聘书时，心中充满了对刘佛年先生的感激和崇敬，深深感受到一个大学者对实际工作者的关爱，让我从中领悟到一个小学教师应该如何珍爱一切可以学习的机会和时间。

此后，我仍然不断地得到刘佛年先生的指导与激励，当我的论文在全国获奖时，他的夫人王老师转告我："佛年说你的文风很好，他很欣赏你。"在心中暗喜的同时，我仔细思量着，我的文风好在哪儿？在和王老师的交谈中，得知大概是我文章中没有深奥的名词术语，内容比较实在，文笔比较平实但又有点美感。刘佛年先生的评价让我客观地评价自己的文笔，进而概括出自己的写作经验，使一种自己对自己文字的感觉，逐渐变成一种比较稳定的风格。我后来的文章之所以比较受老师的欢迎，这是一个很重要的原因。

一个大学校长，一个在国内甚至国际上享有盛名、备受人们尊敬的大学者，对一个小学教师如此关爱，我想这绝对不仅仅是为了我个人，刘佛年先生在其间所流露的是他内心对实际工作者的挚爱。他是多么希望实际工作者能从理论和实践的结合上，来实现自我飞跃，极大地提高第一线教师的素质。

现在回想起来，上海教育改革的大旗在全国最早举起。著名教育家吕型伟先生先进的教育思想、上海教师率先改革的行为，以及后来的上海市教委张民生副主任的相关举措，对一江之隔的我影响甚大，我从中得到很大的启示和鞭策，真可谓“近水楼台先得月”。所以我内心对上海教育充满了感情。

在教实验班的五年里，我边实践边总结。心想，写论文专著的应是大学教授、专家们的，小学老师能行吗？何必自卑呢？生活需要勇气，改革是需要自信的！我终于走上理论与实践相结合的道路。那时候写文章，也不知道什么评职称，只是觉得工作做一段，就应该总结一下，这也是一种责任。我为了写这些文章连春节都不休息。夏天，家里没有电风扇，我就拿一个小凳子，坐到门口有风的地方写；冬天脚冷就用一只玻璃瓶灌了热水放到盒子里暖脚。这些文章陆续在报刊上发表，还在国家级的报刊如《人民教育》《教育研究》《人民日报》《光明日报》发表，不久我就出了专著。学生毕业后，我又进行了系统的总结，写成了《情境教学实验与研究》一书，这本书获得了教育部我国首届教育科学优秀成果一等奖，接着又获得了我国新闻出版署教育优秀图书一等奖。我自己也因此进入了学术界，当选为中国教育学会副会长，全国小学语文研究会副理事长，兼学术委员会主任，中央教科所、华东师大先后聘我为兼职研究员；此外，我还当选为江苏省人大常委会的常委，又当选了全国人大代表，更没想到在第七届全国人大连续五年当选为大会主席团成员。一个小学女教师在庄严的主席台上，见到过小平同志、江总书记等国家领导人，选举国家领导人，参政议政，这使我联想到，曾经去过的日本。那次访问，我到了13个单位，从大学、中学到小学、幼儿园，除了一位幼儿园的园长是妇女外，其他均没有妇女能在学校领导层占一席地位，而中国的妇女却可以享有这么高的荣誉，我倍感生活在社会主义中国，妇女是多么自由和幸福啊。

在荣誉与硕果的面前，许多人都劝我见好就收，然而我总想到新的高度永远在前面，更懂得自尊，自强不息。这些年我虽是当了祖母和外婆的人，为了孩子素质的全面发展，我又将情境教学拓展为情境教育，为我国素质教育的推行，提供一种有效的教育模式。

第一轮实验结束两年后，已经到了20世纪80年代中期。整体教育改革如火如荼，但我总觉得一个小学教师在一所小学进行整体教育改革真是力不从心，我为此而焦虑万分。心里沉甸甸的我到武汉参加中国教育学会召开的学术会议，特地拜访了到会的北京师范大学顾明远教授，向他请教情境教学该如何继续发展。顾明远先生热情鼓励我："情境教学的前景是很好的，情境教学不仅可以用在语文教学，在国外还运用到理科和数学教学中。你应该充满信心去做。"次年，我和王秀芳校长一起到上海宝山参加全国教育整体改革会议。会上，刘佛年校长和杜殿坤老师都作了发言，给予了我很大的启发。刘佛年先生亲切地对我说："整体改革是一个相对的概念，你可以在全校搞，也可以在你的年级里搞，甚至在你这个班，和你的数学教师两个人一起搞。"他的话，一下子打消了我原来关于整体改革的畏难情绪：整体改革并不是可望而不可即的庞然大物呀！我当时非常清楚地意识到教育本身就应该是整体的，因此毫无疑问，运用情境教学法来进行全校的整体改革是完全可能的。情境教学法就在国际、国内教育不断变革的大背景下，合乎逻辑地向情境教育拓展。

就这样，由小学语文情境教学发轫的，我一人实验的、单科的教学改革，扩展到整个年级，最后覆盖到整个学校。全体教师参与的、整体改革的实验，轰轰烈烈地开展起来了。这时已经到了90年代，很难用三言两语说清楚情境教育的实验和研究有过多少发现的喜悦，有过多少遇挫的苦恼，有过多少跋涉前进的疲劳苦累，有过多少收获成果的欢欣甘甜。

情境教育的发展离不开领导和专家的支持，令我难忘的是1996年的冬天，"全国情境教学—情境教育学术研讨会"在我们学校隆重召开。这次会议是由中央教科所和江苏省教委联合主办的。会议准备阶段，我向全国许多知名的教育专家、学者发出了邀请函。到了12月11日那天，北京的贵宾全部来了，他们是国家教委副主任柳斌，中央教科所滕纯、潘仲茗等三位新老所长，中央教科所实验研究中心主任田慧生（现任中央教科所副所长），对情境教育情有独钟的心理学专家、中央教科所研究员伍棠棣，还有北京师范大学著名教学论专家王策三教授（他是位深居简出的大专家，但这次研讨会他也来了），和他同行的有他的博士生北师大教授、教学论专家裴娣娜，还有天津师范大学教授、小学语文研究专家田本娜（她腿骨折了，硬是让她的老伴诗人闵人先生搀扶着她来的），北京大学哲学系著名教授王东先生（他的母亲、全国小语会理事长高惠莹教授因病不能外出，便写好长篇论文委托她的儿子来参加研讨会）；人民教育出版社社长马樟根先生，小语室主任、小学语文教学专家崔峦（现全国小语会理事长）、《教育研究》新老三位主编夏宝棠先生、连瑞庆先生、高宝立先生，《人民教育》总编刘堂江先生（现中国教育报刊社常务副社长，他母亲还昏迷在医院，但他还是走出病房匆匆赶到南通，开了一天会又赶回北京），与他同行的还有《人民教育》刘然主任，《光明日报》记者王劲松女士，《中国教育报》主编刘应曾先生，基教部主任张玉文女士……

上海、南京、杭州等地的专家、学者也相继到来。例如，华东师范大学课程论专家钟启泉教授，上海教科院顾泠沅副院长，上海师大恽昭世教授、梅仲逊教授，南京师范大学副校长、情感教育专家朱小蔓教授（现任中央教科所所长），教学论专家郝京华教授，心理学专家郭亨杰教授。华南师大现代技术专家桑新民教授，杭州大学著名教学论专家张定璋、董远骞教授（张老师已经70多岁高龄，患心脏病，刚刚安装了心脏起搏器，也风尘仆仆地赶来参加会议。让老先生一路劳顿，我内心既感激又不安）。省里的领导，当时省教委王湛主任（现江苏省副省长）与相关领导也全都来了。

这真是中国教育学术界的一次盛会！领导、专家们很多都放下手头上的工作赶来，走进我这个小学一线教师的实验场。多少年来，他们不仅在我艰难起步、摸索阶段给予我最有力的支持与鼓励，而且一直关心着情境教学、情境教育探索的发展。正是他们让我在困境中见到了美好的前景，充满信心和勇气，没有停步地毅然前行。

70多位贵客，从国家教委、中央教科所领导、省市各级教育行政官员、全国教育理论界的资深专家和学者，到300多位来自各地的教师代表以及年轻的博士，大家在二附小童话楼里欢聚一堂，令二附小到处洋溢着热情和喜气。尤其是柳斌副主任出现在会场上时，大家更为之欢欣鼓舞，当时就有人热烈地谈论着：一个教育部的副部长，走进小小的南通城，走进小学，来参加一个小学教师教育实验的研讨会议，这在中国的教育史上恐怕都是不多见的。

简短的开幕式之后，我开始汇报《为全面提高儿童素质探索一条有效途径》。这是一篇长达四万多字的长篇报告，我以一贯的朴实文风，非常坦诚地描述了自己18年来从情境教学到情境教育的探索历程，如实地讲述了整个实验的真实面貌和自己最真切的感受和体悟。

下午，先由学校青年教师进行了教学基本功展示，然后请柳斌副主任讲话。

柳斌副主任首先对研讨会的召开表示祝贺，他说："我觉得'全国情境教学—情境教育学术研讨会'的召开是一件喜事，对于基础教育界来说也是一件大事，是一件令人鼓舞的事情。它对于我们国家的小学语文教学乃至对于整个中小学的教育改革，都将产生重大而且深刻的影响。"

柳斌副主任把情境教育放在国家教育改革的大背景之下来看待，结合应试教育的诸多弊端和无情的事实，充分肯定了情境教学、情境教育，认为情境教学、情境教育是实施素质教育的重要途径。

柳斌副主任还谈到"情境教学之所以获得很高的评价，在于它既是丰富的实践经验的总结，又符合语文教学规律、思维发展规律和育人的规律"，他从三个方面来谈自己对情境教学、情境教育的看法和评价：

"情境教学除了把知识性、工具性结合起来，使字词句篇、听说读写的训练统一在情境中之外，还要求重视语文的文化性，因为在语文课中讲到的很多'情'和'境'，都深深地打上了中华民族文化的烙印。情境教学以语言文字既是思想的载体、信息的载体，也是文化的载体为依据，要求凭借教材的内容创设情境，引导学生通过情绪的体验感受到中华民族优秀文化的熏陶，从而获得民族文化精神和民族审美感情。情境教学把因'应试'而被淡化了的中华民族的道德规范、情感、意志、情操等文化要素重新确定为语文教学的有机构成，使儿童的兴趣、特长、志向、态度、价值、目标这些人的素质的重要方面，在教学中占据了应有的位置。这样就使语文教学达到了一个新的更高的境界……"

"情境教学强调以'思'为核心，在创造的乐趣中协同大脑两半球的作用，通过形真、情切、意远、理蕴的特点，巧妙地把儿童的认识活动与情感活动结合起来，解决了长期以来因注重认知忽视情感而带来的逻辑思维与形象思维不能协同发展的问题，有效地提高了学生的思维品质，表现了自己的巨大魅力和优势……"

“把德育、智育、美育融会于情境之中，在教学生学会求知的过程当中学会做人是情境教育最大的一个特色。我认为教育是充满感情充满爱的事业，没有感情的教育是苍白无力的教育。单纯的知识传授不能造就一代有理想、有道德、有文化、有纪律的健全的国民……”

“中小学教育重视以情育人，要把美育渗透到各科教学中去，美育可以扩大学生知识的视野，发展学生的智力和创造能力。”“我觉得情境教育的可贵之处正是在于它以‘情’为纽带，在审美体验的乐趣中去培养学生爱祖国、爱人民、爱科学、爱劳动、爱社会主义的精神情操，为孩子做一个堂堂正正的中国人打下坚实的品德、情感、意志的基础。通过情境教育给予学生的不仅仅是生动活泼的新鲜的知识，而且是一个健康的丰富的精神世界。”

柳斌副主任在高度评价情境教育后，表示了美好的祝愿：“情境教学—情境教育是植根于中国大地的，是有中国特色的，而且对于解决目前中国基础教育存在的一些问题是有效的。情境教育的好处是把教材教活了，把课教活了，把孩子们教活了，把教学过程的育人功能充分地体现出来了，因此情境教学—情境教育是对素质教育的一种有效的探索。我觉得应当高度地评价情境教育，并祝愿它在全国各地开花结果。”

柳斌副主任极具激情的报告，深入浅出，既有高度又有深度，大家聆听着他的讲话，不时爆发出阵阵掌声。

会议的第三天进入了专家研讨阶段。70多位专家围坐在童话楼大厅里，从各自的研究领域如教育哲学、教育原理、教学论、德育、教育实验、心理学、文学理论诸多方面，从不同角度对情境教学—情境教育展开了积极的对话、讨论和交流，分析了情境教学—情境教育的内涵，并进行了十分热烈而中肯的评价。

有专家说，情境教学从语文教学改革入手，探索出了把认知活动和情感活动结合起来的教学模式。20世纪90年代，这一教学模式合乎逻辑地发展为情境教育。在教育教学中的种种生动经验及其体现出的思想是对当代人类教育中困惑和危机的回应。他指出：“情境教学—情境教育是我们这个时代的产物，它带有鲜明的时代特征和浓郁的时代气息。它从一个侧面集中反映了新时期我国中小学教育改革的新成果、新思想，同时也从一个特定的角度昭示了21世纪中国教育发展的新走向。”

还有人认为：“情境教学—情境教育的思想内涵是丰富而深刻的，

操作方法是具体而有效的，对小学教育有极大的普适性。”

专家还指出：“情境教学使教学活动艺术化，为教学艺术认识论的探索，做了开拓而又扎实的工作”，“情境教学更具特色之处，还在于它对教材中固有的隐含着的历史经验获得活动过程的还原、展开、重演、再现，其主要着眼点和着力点，放在情感和艺术方面。”

还有人说：“若与苏联维列鲁学派和西方皮亚杰、布鲁纳等人的活动学说相比较，也有它特殊优越之处。”

专家还对我的研究方法也给予了肯定，认为“李吉林同志长达18年的情境教学—情境教育实验，作为一个有特色的中国教育实验，在研究方法上同样为我们提供了一个可资借鉴的范式，这是一个有中国特色的教育实验研究范式。”

还有专家指出：“李吉林的过人之处在于，她不仅自己充满探究精神，而且能激发学生的探究精神，使学生经常保持着一股积极探究的内动力”，“在教学过程中通过艺术途径影响学生的情感发生，则是李吉林老师的一大‘发明’。艺术原本就是人的情意活动的结晶，它源于生活又高于生活，因而往往比现实情境、真实事物更具感染力。”

柳斌副主任及专家的评价既给了我极大的鼓舞，又使我明确了继续向前发展的方向。

1998年夏天，为实施“科教兴国”战略，党中央、国务院统一安排党和国家领导人接见科学家与优秀教师代表，并召开座谈会倾听大家的意见。我有幸收到了中央发来的邀请函赴京。

8月10日，我们乘车去北戴河。出发时外面下着小雨，可当我们到达北戴河时，外面却是阳光灿烂，好像天气也欢迎我们这一群来自祖国各地的客人。我们抵达国务院的疗养处。院内树木繁茂，紫薇花树开着串串的、艳艳的花儿，一个个红屋顶就掩映在红花绿树中。空气是那样的清新，大海就在眼前。每到清晨和傍晚，大家都不约而同地来到海边漫步。会游泳的代表，都可以在规定的区域内畅游一番。

大海总是令我神往的。我喜欢小河，喜欢长江，更喜欢大海。青岛的海、大连的海、厦门的海我都见过。看到这里的海更让我心旷神怡。每天清晨，我第一件事就是站在窗口眺望大海；傍晚，像大家一样，漫步在海边，有时坐在海边，凝神地看着一排排海浪卷向岸边，溅起白色的泡沫，连同夜晚的阵阵涛声，引起我深深的思索和美妙的联想。我真是进入情境了！

在北戴河休假10天后，我们按原计划回到北京。喜讯传来，21日下午，中央领导接见全体代表，大家欣喜若狂，有的代表在京城特意买了新衣服，不少代表还特地去理了发，带着一种特别庄重而真挚的情感，热切地等待着那个美好时刻的到来。

21日下午，我们乘车去人民大会堂。到达人民大会堂，我们站在为摄影排好的位置上，等待着中央领导人的到来。3点30分，江泽民总书记、李鹏委员长、朱镕基总理、李瑞环主席、胡锦涛、尉健行、李岚清等中共中央政治局常委以及中央其他一些主要领导都来了！此时此刻，我们只有用热烈的掌声和发自内心的微笑，来表达我们的激动和喜悦。召开七届全国人大时，我是主席团成员，坐在自己的位置上，只能远远地看着国家领导人进场；而这次我的位置较中间，与站在我们对面的中央领导，只有一米之远，对各位领导看得分明，看得真切！1998年8月21日，在我个人历史上留下最为幸福和光荣的一章。这光荣属于我，也属于全国的小学老师。

江总书记亲切地问："大家都来了吗？"

陈至立部长回答："都来了。大学的来了，中学的来了，小学的也来了！"

江总书记笑容满面地说："我看当小学老师不比当大学校长简单，我们的人才就是首先从小学培养出来的。"

然后，江总书记谈到，当年的水灾之大，时间之长是空前的，他因此而推迟去俄罗斯和日本的访问。接着又十分高兴地说，这次大家在北戴河，边休假边切磋，这是孔子早就提倡的，要在无拘无束中探索，这是最容易出思想的。

江总书记的讲话激起一片热烈的掌声。此时此刻，大家站在指定的位置，内心兴奋不已。国家领导人坐定后，摄影师非常纯熟地拍下这历史的镜头。第二天各大报纸都在头版头条刊登了这张照片，我也将这历史的画卷作为珍藏。合影后是座谈会，中央书记处书记曾庆红同志主持了座谈会，他说："你们是党中央、国务院邀请至北戴河休假的"，"你们是两千多万科教工作者中的杰出代表，是受到大家尊重的。通过你们要转达党中央、国务院对广大科教工作者的亲切问候和敬意。"

接着是7位代表发言，有科学院和工程院院士、北大教授王选等三位科学家发言，然后中国科学院士博士生导师卢柯教授、北京四中校长邱济岳连同我，分别代表大、中、小学老师发言，还有职业教育代表发言，然后便是李岚清副总理就科教兴国战略，迎接21世纪的机遇和挑战发表讲话。

22日，我怀着满心的喜悦、一腔的热情，也怀着一种崇高的使命感离京回到江苏，回到了南京。江苏省政府、省教委热烈欢迎我回家！因为江苏教育战线就去了我一个人，真是荣幸万分。

我传达了中央的精神，谈了自己的感受，也提出了我的建议。我说情境教育正在深入地向前发展，特别希望我们江苏能成立情境教育研究所。

王珉副省长当即表态说："我看，江苏可以成立一个情境教育研究机构。最好还要成立一个情境教育培训基地。"又望着我特别亲切地说："李老师要帮我们培养更多的青年教师，希望你能干到70岁。"听了他的话，我喜出望外，真是北戴河带回的好运呀！情境教育得到从国务院到省政府、教育厅的高度重视。之后，省教委积极策划、筹划建所的工作。

不久，省里发了文，成立江苏情境教育研究所，市教委管理，我担任所长。王珉副省长接受了我们的邀请，特地从南京赶到南通，来到我们学校，为我们"江苏情境教育研究所"揭牌。

我们的情境教育研究所就在1998年，这难忘的一年、幸福的一年诞生了！它为情境教育的深入发展创造了新的机遇，如今我们不仅主持国家课题，还建起了"李吉林情境教育网站（www.qjjy.cn）"，每日有很高的点击率。小小的研究所自它诞生之日起，就一直受到领导、专家和老师的关注和厚爱，我真是既感激又兴奋。

在情境教学—情境教育20多年的探索与实践过程中，课程改革问题很自然地凸显出来了。从核心的学科课程、主题性大单元综合课程到幼小衔接的过渡课程和野外教育课程，我们的改革不断地发展完善。就在"十五"期间，在国际国内基础教育课程改革成为教育改革的主流，课程开发呈现多元性、多主体的趋势下，我虽早过花甲之年，但仍怀着对教育的赤诚和永不泯灭的志趣，申报了"情境课程的开发和研究"这一课题。后来，这一课题被立项成为全国教育科学规划"十五"重点课题。

可以说，从走上工作岗位至今，我一直在做着永远也做不完的课题，那就是一切为了儿童的发展。

是的，情境教学—情境教育的改革探索赶上了一个好时代，遇到了一位又一位好领导，集结了一批志同道合的好同事、好伙伴。在一次推广我教改经验的会议上，当时的市教委主任吟诵了杜甫的诗句“黄四娘家花满蹊，千朵万朵压枝低”，然后意味深长地说：“李吉林的教改真经要让更多的学校、更多的教师取到。希望李老师能带出一批弟子，使教改园地出现‘千朵万朵压枝低’的喜人景象。”他提出的，是我在实验探索的同时进行的两项工作：一是成果的推广，二是青年教师的培养。

说到成果推广，我由衷地感谢各级教育行政部门。早在20世纪80年代中期，我的第一轮实验结束后，南通市教育局先后组织了四次专题会议，在全市推广我的实验。江苏省教委也多次发文，在全省推广情境教学，由省到各个市都成立了“推广李吉林教改经验领导小组”，全省实验点上千个。1990年，国家教委向全国推广8个教改项目，小学语文情境教学便是其中之一。我和我的弟子们经常利用假期，奔波于全国各地，有时还深入山区、农村，到实验点和老师们一块儿设计教案，为老师们介绍情境教学法。记得有一次，在河南开会，我没能和全国小学语文研讨会的代表们一起去洛阳赏国色天香的牡丹，而是应邀到信阳给老师们去做报告。车子出发后大雨滂沱，我们冒大雨按时到达会场。迎接我们的是全体教师起立长时间的鼓掌。同样的，在泰安开会，我没有登泰山，而是应邀给实验点的老师上示范课。“会当凌绝顶，一览众山小”，这样的身临其境的情怀，至今仍是我一个美好的憧憬。

在情境教学实验成果的整个推广工作中，最让我感动的是淮阴市。淮阴市的推广工作从市一级到县一级，又从县一级到乡镇一级，直到村小。从局里到教研室，到各市县教研员都做了大量的工作，先后举办了28期培训班，召开了47次专题研讨会，举行了难以计数的乡镇、县、市多层次会课活动，还定期召开推广工作经验交流会。淮阴是苏北的一个经济欠发达市。情境教学法在苏北农村生根成长，更让我感到情境教学法在基础教育中的普遍意义。我也为苏北地区朴实的教师为推广工作甘愿吃苦受累的精神而深深感动。

随着情境教学向情境教育的拓展，我在学校领导的支持下，把教育科研与教师培训结合起来。教育科研需要年轻人，年轻人需要通过教育科研提升自己。从1979年开始，学校曾让我带过两个年轻人，一个是吴云霞，后来当上了通师二附的副校长；一个是施建平，后被评为江苏省最年轻的特级教师。学校的年轻教师，非常羡慕他俩的成长，一个个要求成为我的徒弟。从实验发展与教师的意愿来看，教师们的想法和学校领导的意图不谋而合。1990年春天，青年教师培训中心在学校成立了。成立大会上，我鼓励青年教师在青年培训中心勤奋学习，切磋教艺，发挥聪明才智，在珠媚园里（我校花园名）长成一片林。后来，我为他们自办刊物题写的名字就是《珠媚林》，寄托着我心中美好的祝愿。

既然挑起青年培训中心辅导员的担子，我就真心实意地对青年人提要求，下任务。我让他们每人订一份“个人成长规划”，分“教学基本功、教学艺术、教育理论、教育科研”四大块，对他们进行辅导和演示。我引导青年人珍惜时间，切不可虚度年华。寒暑假总要给他们布置作业，其中就有写毛笔字、钢笔字，画简笔画、做读书卡、写论文等。我还根据年轻人的特点，和他们一起到郊外，放眼浩荡的长江，于江边抒怀；在长江边的亭子里举行别开生面的“野外读书会”，交流读书心得。这是我跟家乡先贤、北宋安定学派创始人胡瑗学的“游历教学”，也算是青年培训中心的“情境”辅导吧。

在青年训培中心里，年轻人迅速地成长起来了。他们多人多次到全国各地上情境教学的示范课、讲学。在时代的激流中，他们奋力向上，像雨后春笋拔节般地往上长，我只有羡慕和欣慰。

回顾近半个世纪走过的路，蓦然觉得自己是最幸福的，每日和这世界上最纯真、最可爱的人生活在一起，自己的工作就是为这些小花、小树浇水、施肥，让他们快快长大，诗情画意没有穷尽。在儿童的世界里，不断地编织着美丽的童话和小诗。你说它伟大，教的全是小孩；你说它渺小，它却影响一个人长大后的几十年。生活在儿童的世界里的幸福感，无与伦比。

在儿童的世界里，我在爱孩子中，渐渐长大了。我把这种爱，升华成自己的理念，又把它细化成自己的行为。

虽然我仍像孩子那样容易动情，然而，我的情感深沉了，在理性的支撑下，稳定了，执著了。我觉得看山看水小学最美，儿童最让我爱恋。从此我像农民忠实地守着自己的园地，不断地耕耘，不断地播种，不断地收获。泥土般的气息，稻谷似的芳香，仿佛又有清粼粼的河水流淌，让我享受着田园诗人一般的纯净与甜美。

在儿童的世界里，在爱孩子中，我长大了。我是一个播种者，也是一个收获者：收获了思想的、情感的、事业的……果实，我懂得了一个老师的责任。我常常想，一个语文老师不仅是要孩子学好语文，还得给他们一个丰富的精神世界。让他们从小懂得热爱自己的祖国，懂得除了自己外，还有许多人，要懂得给他人带来快乐，有一颗善良的心，崇尚美好，憎恶丑陋。我深知这其中的许多品质，是在纯真的孩提时期就应该开始培养的，而又完全可以在孩子学习祖国语言文化的过程中去渗透，去影响，去强化。我深知小学语文教学应该是人的教育的重要一部分，那是人的语文学习。这正是几十年来我一直追求的一种完美境界，只是昔日朦胧，今日清晰，以至急切罢了。

小学语文把我带到一个美好的境界中，我也通过小学语文教学把孩子们带到了宽阔而多姿多彩的空间里，我的情感与课文作者共鸣，我的心与孩子们相通。情境教学——情境教育——情境课程，正是在对孩子们、对自己终身从事的事业的爱中，在对小学语文、小学教育日益加深的感悟中，在一心想着让孩子们发展得早一点、好一点、全面一点、充分一点的强烈的愿望中，产生和发展起来的。多少次多少回，我把孩子们带入课文描写的情境，课文语言在情境中有了形象，有了生命，有了汉字语言最讲究的神韵。我和孩子们常常沉浸其中，甚至忘我了，陶醉了。

课间，我常常会久久地看着他们，他们不停地奔跑着、叫喊着、欢笑着。下雨天，他们故意在积水潭里跑来跑去。我真担心泥水浸湿鞋袜，他们却若无其事地任水花溅湿裤管。冬天哪儿有冰凌，哪儿有积雪，哪儿就有小手在捧呀，捏呀。我看见冰雪从他们的手里流下了水滴，他们哈着气，冻得小手发红，但绝不舍得轻易扔下雪球。我知道，这就是孩子！他们是校园里的主角，因为有了他们，校园里才有笑脸、笑声、笑语，才让你不断感受到不可遏制的勃勃的生命力；让你不断地聆听着最动听、最富生趣的交响乐，而蹦跳的音符就是儿童生命的火花、智慧的火花。

我的心和孩子的心贴得更近了。情境教育的“缩短心理距离”正是在这一次又一次真实的感受中提升出来的。这使我很自然地想到郭沫若在《女神》中写的诗句：我寻求到“那与我的燃烧点相等的人”，“把他们的心弦拨动，把他们的智光点燃吧”！

我虽然仍像孩子那样喜欢无拘无束，但是我却有了意志，能管住自己了。我年轻时原本喜欢打球，排球、羽毛球、乒乓球都喜欢！甚至一个人拿着篮球在雨中投篮，也感觉挺潇洒的，“球，快乐的精灵！”渐渐地，我忙起来了，要看的书多起来了，因为我深知一个小学的实际工作者的薄弱之处，便是缺少理论。我懂得了一个小学老师应该自觉地走理论与实践相结合的道路。我想到了就去做。我学会了放弃，学会了做减法。我几乎不打球了。寒暑假，我婉言谢绝一次次的邀请和疗养，利用这相对集中的空余时间读书，学习文学、心理学、教育学、美学、教学论，不管是中国的，还是外国的，甚至古代的，我总会尽力去读。我随时做些读书笔记，边读边想：如何让书上的理论活起来，为我所用。一以贯之的认真态度，伴随着这种真挚情感的实践，使我有了许多感受、认识、主张和思想，于是我就拿起笔去写，写随笔，写散文，写经验，写论文，也写了专著，这些成果后来在全国得了很多奖，然而这都不是我的初衷。我觉得通过概括，通过写，把零乱的思路、浅表的认识，变得有条理了，清晰了，深刻了。当然，说起来容易，做起来确实不是那么简单，除了“文革”前的10篇文章以外，我之后写的近300篇论文、随笔，出版的8本专著，都不是40岁以前写的，更多的是在50岁以后写的。我作为女儿，作为妻子，作为母亲，当然现在又是奶奶和外婆，家庭中的多种角色，加在一起的责任和负担是足够一个女人所承受的，这时需要的就是意志。我的个人经历告诉我情感会产生信念，便会转化成意志，并且有勇气拒绝当校长，推掉当全国小学语文研究会的理事长，换届时主动向组织提出不再担任江苏省人大常委会的委员，因为我的时间属于孩子们，属于小学教育。

正是出于对儿童的爱，我不怕吃苦，不怕麻烦。意志使我体验到作为人的一种力量。我觉得意志会使情感持续、稳定、强化。我想心理学上可能并不这样写，情感与意志是人心理的两大区域，其实在一个人的内心世界里，两者是难以一分为二的，它们是互动的，是相互影响的。

眼下，我已是年过花甲的人了，不要说是儿童，就是青年、中年，我都沾不到边了，岁月已经无情地把我推到了老人的行列。但是，我感觉到我的心仍然是年轻的，真正领悟到什么叫“赤子之心”。我总感到世界还是那样的美好，一切都是那么新鲜，仿佛是第一次看到。

我仍然像孩子一样，怀着强烈的求知欲望，什么都想知道，什么都想学。“学习的革命”“建构主义”的丛书，科学精神与人文主义结合的新论，有关课程的书，脑科学的书，我都想学。连中国神舟飞船上天了，我都关心。美国哥伦比亚号为什么会失事？俄罗斯太平号又怎能准确地在预定地点解体、降落？世界这么大，新知识像浪潮一样向我涌来，我永远只能抓一点芝麻，大西瓜是搬不动了。但能抓一点芝麻，总比两手空空要好得多。我十分警惕老人的封闭，封闭就会停滞，停滞就会萎缩。只要像孩子那样，憧憬着未来，敞开自己的心怀，便能不断地呼吸到新的空气，吮吸新的营养，而这一切都是教孩子所必需的。

我仍然像儿童一样，常常睁大眼睛看着这多彩的世界，用儿童的心灵去感受，去体验，心里想着许多问题。外出坐的汽车常常从田边驶过，看着田野里开着黄花的向日葵，看着同样开着黄花的丝瓜花、南瓜花、西瓜花、黄瓜花，又想到麦子、稻子成熟了，都是金黄色的，这是为什么呢？多少回没有想出答案，有一次似乎顿悟了，啊，莫非他们都是太阳的孩子！太阳用金色的阳光给人类和世界万物带来温暖和光明，又用它的金色哺育了瓜果谷黍，奉献给人类。

儿童的眼睛，儿童的情感，儿童的心理，构筑了我的内心世界。是的，正是儿童，是童心，给了我智慧。我想说：爱会产生智慧，爱与智慧改变人生。

我爱儿童，一辈子爱。如今我已不是儿童，但喜似儿童，我只不过是个长大的儿童。我多么喜欢自己永远像儿童！因为我是他们的老师和朋友！

二、一路走一路盘点

于永正

于永正，男，1941年生，特级教师。1962年至今，一直从事小学语文教学工作。先后在江苏省徐州市东站小学、大马路小学任教，1983年调徐州市鼓楼区教研室，并先后任教研员、教研室主任。1995年被评为有突出贡献的专家，享受国务院颁发的政府特殊津贴。2002年荣获“全国五一劳动奖章”。先后出版了《于永正课堂教学教例与经验》《教海漫记》《于永正与五重教学》等著作。

我常常想，中国如此之大，中小学教师数以千万计，他们中该会蕴藏着多少智慧和经验啊！但是，用文字凝固下来的少而又少，许多宝贵的经验自生自灭了，可惜。我有操笔为文的习惯，心甘情愿地做了它一辈子的奴隶。写作，使我一生充实，并有了今天。

在文字里驰骋，感到身心愉悦，头脑清爽。

盘点，即思考；写作，则是思考的物化。

我一路走着，一路盘点着。

今天，是大盘点。盘点来盘点去，觉得有10点是我之所以有今天的关键点。

乡土，塑造了我的品格

一方水土养一方人。故乡的一山一水，一星一月，一虫一鸟，一草一木，一寒一暑，一时一俗，一丝一缕，一饮一啜，都溶化为童年的血肉，不可分割。

同事们常常讥笑我的普通话是“山普”——带山东味儿的普通话。我反而引以为豪，说：“我是山东人嘛！”我故意把“人”说成带胶东味儿的“银”字的音。乡音难改，因为它已溶入了我的血液。

我生在山东莱阳万第镇徐家夼。14岁那年，在赤山完全小学毕业后来到江苏徐州。但几十年来，故乡的梦一直追随着我，故乡永远让我魂牵梦绕。至今，我几乎每年都回故乡一次，看看那里的山，那里的水，那里的父老乡亲，看看和我一起长大的伙伴，寻找我童年的足迹。

柯灵说：“人生旅途崎岖修远，起点站是童年。人第一眼看见的世界——几乎是世界的全部，就是生我育我的乡土。”的确是的，“乡土的一山一水，一星一月，一虫一鸟，一草一木，一寒一暑，一时一俗，一丝一缕，一饮一啜，都溶化为童年的血肉，不可分割。”（柯灵：《乡土情怀》）

我亲爱的故乡有灵山秀水。山山都有见证先人勤劳、智慧的壮观的梯田，那梯田是我心目中最伟大的雕塑。星儿山的梯田最长。那些从山下一直建到山上的层层梯田，有的蜿蜒竟达二华里！春夏，庄稼茂盛，是“一层层梯田一层层绿”，到了秋天，谷子、玉米、大豆成熟了，是

"一层层梯田一层层金"！如果梯田里栽的是果树，就更美了，春天，杏花、桃花、苹果花开的时候，宛如彩霞缭绕山间，景色十分壮观。故乡有风格独特的村舍民居，全是白墙红瓦，整齐划一。家家有门楼，一进门有照壁，照壁上千篇一律地写着一个大大的黑色的"福"字。因家家有门楼，所以门上贴的春联能长年保存完好。殷实人家的门楼建得比较考究一些，门框及大门稍高稍宽，门楣上有门匾，门匾上雕刻着图案，色彩庄重，颇有些气派。

村里最好的建筑是关帝庙。在胶东半岛几乎每个村都有关帝庙。庙宇规模不大，但建筑精巧，一砖一瓦、一雕一刻都透露出对关公的崇拜与虔诚。我们村的关帝庙规模比较大，斗拱飞檐，很有气势。庙内塑着刘、关、张和周仓、关平的像。刘备和张飞显然沾了关羽的光，在这里与关公分享人间香火。而周围村的，大都只塑了关公和周仓、关平的像。刘备、关羽、张飞和周仓、关平是我最早知道的历史人物。小小的我，对关公的许多故事已经耳熟能详了。如"温酒斩华雄""三英战吕布""千里走单骑""水淹七军"等。有些故事是听京戏知道的，最早看的关公戏是"华容道"。红脸，长髯，绿靠，青龙偃月刀……深深地印在我的脑海中。看完戏，回到家还凭着印象画关公。

不知为什么，京戏会在胶东半岛如此盛行，普及的程度如此之高。扶犁掌锄的农民哼"昔日有过三大贤"者，不乏其人。我们村就有一个京剧团，叫"徐家夼京剧团"，演员都是本村的农民，我看过他们演的《失·空·斩》《李逵下山》《红娘》《大刀于七》《打渔杀家》《苏三起解》《华容道》等戏。每年春节、中秋节以及庙会期间都要唱大戏。有时我们也到附近村里看戏。

第一次看《斩马谡》和《李陵碑》时，我都哭了。那时，我还没有戏台高，因听得多了，也喜欢唱，尤喜旦角戏。小学毕业来到徐州后，爸爸知道我喜欢京戏，每个星期六晚上，都会带我到人民舞台听一次京戏。后来我也喜欢上了豫剧，因为豫剧行当齐全，能演大型历史剧。在人民舞台我听过马连良的《借东风》、奚啸伯的《范进中举》和常香玉的《花木兰》。

我是听京戏长大的，京戏把我领进了中国历史。可以毫不夸张地说，把京剧的剧目按年代排下来就是一部中国古代史。京剧给我的太多太多。它增加了我的知识，陶冶了我的情操，丰富了我的情感。我从众多的戏剧人物身上，读懂了什么叫“真、善、美”，什么叫忠勇，什么叫奸诈。是京剧告诉我什么叫“用眼睛说话”，什么叫“精气神”，什么叫“以情带声”，甚至是京剧告诉我，站在课堂上，手应该怎样放。

故乡有真正的春节，男女老少穿新衣，村村屯屯唱大戏；乡亲们走街串户，互相拜年，“过年好”的祝福声不绝于耳；“初三看姑姑”“初四看舅舅”“初六看丈母”的习俗一直延续至今。

故乡有淳朴、勤劳、乐善好施的人民，在故乡的词典里，没有“偷”“懒”一类的词语……

一年暑假我回故乡，在山前店下了火车，离家还有20华里，一个人背着两包东西，开始没觉着吃力，越走越觉得包袱沉重，正在感慨“远路无轻担”呢，后面有人问：“前面的小伙儿到哪个地场去？”（“地场”即“地方”）当我回答了之后，他说：“把东西放在驮篓里吧，顺路。”这位素不相识的五十多岁的农民赶着一头骡子，二话没说，把我的行李放到了驮篓里。他是到寨庄头的，这个村离我村只有三华里。——这就是山东人。

我结婚的那年春节，我带着妻子回老家。一天早晨爬星儿山的时候，我指着山坡上许多地窖口问：“知道这是什么吗？”

妻不假思索地说：“防空洞。”

我告诉她，这是地窖，是用来贮藏地瓜、芋头、萝卜、大白菜等东西的。这些东西存放在里面一可防冻，二可保鲜。有一户挖一个的，也有两家合挖一个的。

妻子惊愕了：“没有人偷？”

“在我们胶东人的字典里，是没有‘偷’这个字的，至少在我们徐家夼人的字典里没有。世世代代都是这样的。”

妻子慨然道：“地窖离村子那么远，要是在徐州……”

一晃离家几十年了。2001年春天，我乔迁新居。我在新家的门前栽了一棵杏树，三棵桃树，我天天看着它们，从上到下打量着它们，就像欣赏艺术品。老伴不解，问我天天围着它们看什么。我随口吟出了《小白杨》中的一段唱词：

小白杨，小白杨……

当初呀离家乡，告别杨树庄

妈妈送树苗，对我轻轻讲

带着它，亲人嘱托记心上罗喂

栽下它，就当故乡在身旁……

吟罢，泪珠竟滚落下来。

我爱我的故乡。

乡土，把我塑造成了一个山东人。

我庆幸遇到了两位好老师

有人说，上学遇到了好老师，工作遇到了好上司，是人生两大幸事。

我很庆幸，在小学遇到了张敬斋老师；在中学遇到了李晓旭老师。张老师使我有了许多爱好，对许多学科产生了兴趣；李老师则使我有了梦想和追求。

我永远铭记着两位恩师。

我是在家乡读的小学。在小学里，我遇到了一位非常好的老师——张敬斋老师。张老师刚来到我们村小时，才18岁。他的字写得好，课文朗读得好，画儿画得好，京胡、二胡拉得好（二胡是他自已做的），歌儿和京戏也唱得好，更重要的是对学生态度好。我脑海里留下的全是张老师的笑脸和那特有的爽朗的笑声。在我记忆中他只生过两次气，但很短暂，笑容很快回到了他的脸上。

三年级时，张老师要我们每天写一篇大字。开始是“写仿”（即“仿影”）。张老师给我们每个学生写一幅字（每幅12个字），我们把纸蒙在上面描。什么时候老师写的字被洇模糊了，老师就再给我们写一幅。到了四年级便“临帖”了，多数同学临的是柳公权的“玄秘塔”，一直临摹到六年级。大家都努力争取得到张老师的红圈，谁要能得到双圈（写得较好的字，张老师给画两个红圈），那简直是莫大的奖赏，会一蹦三尺高！有一次，我有两个字得了两个红圈，激动不已，把它寄给了在徐州工作的爸爸。张老师喜欢写字，他经常给我们讲欧、颜、柳、赵四种字体的风格。

忘不了张老师给我画的一张奖状。那时农村条件差，奖状都是张老师画的。一次期末考试，我语文成绩突出，张老师发给我一张奖状，奖状上面画了一只展翅欲飞的小鸟，并写了一句鼓励的话。我把它捧回家，妈妈笑，奶奶、爷爷也笑。爸爸远在徐州，如果看到了，肯定也会抿嘴笑。

没想到那张奖状还起到了另一个作用——我竟喜欢上了画画儿！开始画的都是动物，后来画人物——临摹古典小说上的绣像。同学梁延生家贴着一幅“三英战吕布”的年画，我便到他家跪在炕头上，照着画。在小学，画的最多的是戏曲人物，尤喜画京剧脸谱。书包上贴的都是脸谱。班级的壁报上，经常贴着我的画儿。春节，别人家贴的都是买的年画儿，而我家贴的都是我自己画的。我最喜欢画戏剧人物和花卉。戏剧人物画得最多的是关公、包公，花卉画得最多的是牡丹、荷花、菊花和梅花。

忘不了张老师在我作文本上画的许许多多的红色波浪线。有时候，一篇作文几乎都画上了波浪线！真的全篇都是妙语佳句吗？哪里！都是张老师的期冀和鼓励！每条波浪线，都拉近了我与课外书和作文的距离。

忘不了张老师教我们拉京胡、唱京戏。从小学三年级我和京剧便结下了不解之缘。开始学的是《李逵下山》中的“俺李逵做事太莽撞”。后来张老师发现我有“小嗓”（假嗓），而且音色好，清脆透亮，有“金属音”（张老师说的），便又教我唱青衣。启蒙戏是《汾河湾》柳迎春唱的“儿的父去投军无音信”。之后，又教了一段《打渔杀家》中萧桂英的一段“老爹爹清晨起前去自首”。学唱的同时，又跟着张老师拉京胡。那时买不起京胡，我用的是张老师做的。和我一起跟着学拉京胡的有七八个人。

唱京戏和看京戏是两码事。看，是旁观，只是感受它；唱、拉、则是参与，是体验它。唱，才能体验到什么叫“以情带声”“声情并茂”，什么叫“有韵味儿”；拉，才能体验到京剧音乐的美——它的悠扬、脆亮、刚柔、疾徐，知道什么是“包腔”（琴谱和唱腔是两个谱子，琴谱音符多）。一段唱词就是一首诗；会的多了，积淀的也就多了。听、唱、拉，充实了我的人生。

忘不了张老师带我们在操场上挖沙坑，发动我们到富水河的沙滩上搬细沙。一个很大的沙坑居然很快就做好了！于是我们就多了几种锻炼方式——跳远、立定跳远、跳高，还在里面摔跤。农村的孩子爱摔跤，在沙坑里摔跤多安全、多尽兴呀！

忘不了张老师带领我们搞的活动——演活报剧，爬山，为梨花授粉、掐花，慰问军烈属……

要知道，我是1948年到1954年在家乡读的小学啊！那时张老师肯定没有“素质教育”的理念，但是他所做的，不正是我们今天所提倡的吗？

小学生的学习全凭兴趣，感谢张老师使我有了广泛的爱好和兴趣。

我没有成为京剧演员，但我身上多了一些艺术细胞；我没有成为京胡演奏家，但我拥有了一份艺术体验；我没有成为画家，但我多了一位教学“助手”；我没有成为书法家，但我拥有了学生喜欢的第二张端庄的“脸”和名片（有人云：“字是人的第二张脸和名片。”）；我没有成为跳远运动员和摔跤手，但我养成了锻炼身体的好习惯，拥有了健康的体魄。总之，众多的爱好，成全了我的人格，也成全了我的教学。

在徐州第七中学，我庆幸遇到了一位刚刚大学毕业的李晓旭老师。我上初中时，学的是“文学”。没有一个同学不喜欢上李老师的文学课的。如果说，小学的张老师使我有了许多爱好，对许多学科产生了兴趣，那么，李老师则使我有了梦想和追求。在我的一篇作文上，李老师批了一句：“此文有老舍风格，可试投《中国青年报》。”是吗？于是，我兴奋地认认真真地把作文抄了下来，小心翼翼地寄出去，怯生生地等待着。然而，至今未发表！但李老师的一句话，使我做起了作家梦，如饥似渴地读书，搜肠刮肚地写稿。书，自然是先读老舍的。退稿很快积了一大堆，但我屡败屡战，毫不气馁。

人的理想虽然不可能都实现，但为之奋斗的人生是充实的。

只要理想和追求在，动力就在，希望就在，充实就在，收获就在。

什么是天才？天才就是凭兴趣学习的人，就是矢志不移地为梦想奋斗而终于成功的人。

我虽然没有成为作家，但收获的是读书、写作和思考的习惯，收获的是人格和思想上的成熟。是文学感动了我。同时，是文学使我懂得了形象的重要。讲课离不开形象，教育离不开形象——尤其是老师自身的形象。我懂得了，于是便努力地、不断地、自觉地打造自己的形象。

读师范，我有了两个翅膀

从跨进徐州师范学校的大门那天起，我就按照我崇拜的老师形象来塑造自己，决心做一名学生喜欢的老师。

但，继续做着作家梦，读书不止，笔耕不辍。两者并不矛盾，先做“人”，后成“家”——我在心里说。

于是我有了两个翅膀。

1959年8月30日，我跨进了江苏省徐州师范学校的大门。

“哦，三年后我真的要当老师了！”我望着教室里张贴的“学高为师，身正为范”“又红又专，一专多能”“举一反三，触类旁通”等标语，自言自语。

于是，所有教过我的老师，一一浮现在我的脑海。老师们成了我的一面面镜子。他们的今天，成了我的明天。那时，我有一个最简单的想法，就是要做一个学生喜欢的老师，决不能做一个被学生瞧不起甚至奚落的老师。

我要做一个像李晓旭老师那样知识渊博、讲课幽默的老师。于是我更自觉地读书，不但读文学的书，而且读教育方面的书，还读哲学，啃政治经济学，不但读，而且做笔记。

学校图书馆是我去的次数最多的一个地方。管理图书的南老师为我读《马克思主义哲学》感到吃惊：“你想当哲学家？”我的想法很简单：当老师、当作家不懂哲学怎么行？“两个翅膀”给我带来了很大动力。星期天，我一个人坐在教室里读书、弹琴（那时每个班有一架风琴）。在玻璃窗上结着冰花的教室里读书、写作的感觉真好。参加工作了，星期天我还喜欢到徐州市工人文化宫图书馆看书。带着两个烧饼，中午不回校。心里觉得自己就像《西行漫记》里写的在长沙读书的毛泽东，不以为苦，反以为乐。

在师范学校读书期间，我也写了不少东西，却只有一篇散文《我们的心向北京》刊登在徐州文联办的《百花文坛》上。但我不灰心，仍雄赳赳、气昂昂地“愤然而前行”。班主任赵维仁老师很喜欢我的作文。有一次，我写了一篇《读〈任瑞卿先生二三事〉有感》，得到赵老师的赏识，不但在我们班读了，还推荐给别的老师，拿到别的班读。这给我增加了很大的动力。

我要像张敬斋老师那样多才多艺。那时学校对我们师范生的要求是“又红又专，一专多能”。我除了继续保持着对文学的爱好外，对绘画、书法、音乐、戏剧仍有浓厚的兴趣。我是“三好学生”，也是学校的文艺骨干，既是合唱队队员，又是民乐队队员——在乐队里拉板胡。

三年的师范学习生活，使我养成了很多好习惯，包括生活习惯。我最感谢母校的，是它培养了我思考的习惯。读书，深入思考了，所以养成了不动笔墨不读书的习惯；“吾日三省吾身”了，所以养成了写日记的习惯；思考自己的明天了，所以养成了读我身边的老师的习惯，记他们的优点，同时也思考他们的不足。

教代数的徐惠通老师是同学们敬佩的老师。他有“三绝”：课讲得绝，字写得绝，京胡拉得绝。徐老师讲课口齿清晰，语言干净，逻辑性强。板书是他的一绝——讲有多快，写便有多快。一个定义，一个公式，一道演示题，说完了，也写完了，而且字迹清秀，字有字距，行有行距，不歪不斜，黑板上像有暗线似的。有时讲得性起，分数分子的“1”，不是由上向下写，而是由下向上推！我们毕业时，把他的备课本给撕开分了——一人两三张，作为书法作品收藏。徐老师无奈的同时也是高兴地站在一旁笑。我在心里说：当老师就应该课要像徐老师上得那么好，要像徐老师那样有几手。

教音乐的陆有信老师，课余时间和我们一起到学校西边的云龙公园玩，他拉手风琴，我们唱。但在课堂上，陆老师对我们要求很严格。他布置的作业，无论是唱，还是弹琴，绝对不允许我们应付。一次，我因没完成他的用分解和弦伴奏的一首练习曲，他便责令我在班里作检查，语调很平和，但我出了一身冷汗。于是我发愤图强，用了半天的时间，拿下来了。感谢陆老师。他使我明白了什么叫责任感，什么叫“教不严，师之惰”。

郭宁兆老师是我在徐州七中读书时的美术老师。我考入徐州师范学校后，她也调到了徐师。她对我们几个从七中考过来的同学说：“我们又能在一起了，这是缘分啊！”郭老师每年中秋节便把我们几个同学叫到她的宿舍，每人赠送一个月饼。要知道1959年到1962年，正是我们国家困难时期啊！郭老师望着我们甜甜地笑，我们也望着郭老师甜甜地笑。我在心里说："郭老师把爱给了她的学生，我将来也要把我的爱给我的学生。"

我就这样按照我敬爱的老师形象塑造着自己。

毕业前一个多月的实习，是对我三年学习的检验。实习结束时，我和实习班的小朋友洒泪而别的场面，是我向母校交出的答卷。我的目标是做一个学生喜欢的老师。一个月下来，我觉得这个目标并不是遥不可及的。

过"组织教学"关

没想到学生会如此乱糟糟。面对着狼烟四起的教室，我竟束手无策。我迷茫，彷徨，沮丧。方知学生并不都是想象中的天使。

最终，是思考帮助了我；是众多的特长使我走出了困境。

做一个小学老师，首先要当好课堂教学"组织者"的角色。

1985年，我被评为江苏省特级老师。那年年底，我接到丹阳师范学校三年级（3）班的同学们给我写的一封信，字里行间充满着青年人对未来的美好憧憬，洋溢着青年学子特有的热情。读了之后，我立刻想到了23年前的我。我当年何尝不是如此？今天的他们，就是23年前的我！那时，我刚刚踏上讲台，被现实的当头一棒打得我心灰意冷。在《教海漫记》里，我回忆道：

1962年9月1日，我带着初为人师的神圣、庄重、热情和希望，穿着一件白衬衣，一条虽然在里面的膝盖部位打了个补丁却洗得脆生生的浅灰色的裤子，跨进了徐州市搬运工人子弟小学三年级二班的教室。

教室里一片混乱。小朋友似乎没有发现我的到来。有两个小男孩扭在一起，显然，他们在我没到来以前就厮打起来了。我赶紧从脑子里"检索"《教育学》《心理学》中的有关"法则"，包括马卡连柯《教育诗》里的法儿，可是用了不起作用。

一个大个子男生说："老师（那时他还不知道我姓什么），你把他们拉出去！"

拉出去？《教育学》上有这么一说？这是"紧急状态"，也只有采取断然措施了，于是我把他们二人拉到教室外面。这《教育学》上没有的一招果然奏效——教室里顿时安静了。

我努力使自己平静下来，想从头来——和蔼又亲切地"背诵"两天前就准备好的充满诗情画意的"开场白"。可是，我怎么也笑不起来，没有那个情绪。

安静了没有5分钟，学生们又开始骚动起来。讲话的，争吵的，因为对方的胳膊过了几乎每张桌子都有的"三八线"而发生"边界冲突"的……

按下了葫芦又浮起了瓢。

这是怎么了？我对我这个师范学校堂堂的"三好生"产生了怀疑。

下课了，学生们议论开了："刚毕业的，谁听他的！"

"多穷！穿条烂裤子！"

晚上，同寝室的一位老师问："你有好一点的裤子吗？"

我说："有。我不是觉得应该给学生一个艰苦朴素的印象吗？"

"咳，书呆子！"

举步维艰。一个多月过去了，用的全是《教育学》上没有的手段——包括罚站、罚蹲（蹲在教室门后）、用粉笔头砸——才使班级的秩序得以维持。

别看孩子小，心眼倒是有的。你用粉笔头砸了他，他愣着头大声喊："老师打人！"

"不打好人！"我回击说。那时，我仿佛不是老师，而是一个粗野的孩子。

"我又不是坏人。"个别胆大而又聪明的人虽然还能找到反驳我的理由，但不那么有气势了。他知道，毕竟有不对的地方。"理"没有那么直了，"气"自然也就不那么壮了。孩子到底是孩子，好蒙。

我并不因此而沾沾自喜，反而陷入了深深的苦恼。

一连两个多月，课都无法上下去！我呵斥过学生，推搡过学生，用粉笔头砸过学生。但收获的还是失败。嗓子哑了，人瘦了，刚参加工作的热情和青年人的朝气荡然无存。我迷茫、彷徨、沮丧，甚至想辞职不干，方知学生并不都是我想象中的天使。

最终，是思考帮助了我，是我的众多特长使我走出了困境。

我开始注意我的同事们是怎样管理班级的，并向他们讨教。我甚至到别的班去听课——确切地说，不是听课是看课——看老师是怎样组织教学，怎样维持纪律、调动学生的积极性的。记得走进教数学的张大训老师班的时候，他惊讶地张大嘴巴：“小于，你怎么关心起数学来了？”我说明来意后，他笑了，说：“请吧！”

别人的经验我吸收着，运用着；自己的经验也一点一点地创造着，积攒着。班级纪律、上课秩序，逐渐有所好转。

但最终使我走出困境，使班级纪律彻底改观的，并在一年之内由一个一盘散沙似的班级一跃而成为徐州市的优秀集体的，是我的才艺。这些所谓的才艺，不过是雕虫小技，在学生的眼里，却不得了了。他们竟认为我是个“无所不能”的人。

我在《教海漫记》里写道：

……

不久，雷锋的事迹在报上发表了。

教音乐的余老师教我班学生唱《学习雷锋好榜样》。可是一连用了两节课都没教会。那时，学校有一架风琴，可是余老师不会弹，全靠嗓子上。

“我来替你上。”我对她说。她求之不得。我让学生把风琴抬到教室。学生们手舞足蹈，一窝蜂似的跑到办公室，又像一群蚂蚁似的把风琴这个庞然大物移进了教室。他们坚绝不让我动手。

学生们从来没有今天这节课坐得这么好，个个正襟危坐，周吴郑王。我被这种气氛所感动（我这个人好动感情），于是，使出浑身解数，把在师范学校学的所有伴奏技巧都用上了，包括分解和弦。琴声使学生们陶醉了。

最后，男女生二部轮唱。歌声清脆、嘹亮，人人脸上洋溢着兴奋和激动。

令我吃惊的是，这节课没让我说一句维持纪律的话。学生们望着我，目光和过去的不一样，好像才认识我似的。

几天之后，大队部要举行“向雷锋学习”主题队会，请我画一幅雷锋像。晚上我在办公室画的时候，被我班的邹启虎小朋友看到了。

第二天早晨，许多小朋友围着我，问："于老师，您会画画？"

不用说，一定是邹启虎告诉大家的。

主题队会召开了，很隆重。主席台正中的幕布上挂着一幅雷锋像。画像得到了大家的认可，会场上到处可以听到学生们的啧啧称赞声。

我班同学神采飞扬："那是俺于老师画的！"

谁问他们了！？

渐渐地，我说话灵了。正是深秋季节，我带领他们爬山，搞军事游戏："急行军""打游击""抓特务"……

课间，只要我不进办公室，周围总是围着一群孩子。调皮的孩子特别有眼色："围着老师干什么？——于老师，您到办公室歇歇去吧！"

"我喜欢和大家在一起。"我说，"哎，我开学初的时候，不该用粉笔头砸你们哟！"

"一点儿也不疼！"他们摸摸头发蓬乱的小脑袋。

"于老师，您跟雷锋叔叔一样，多么朴素。"孩子们说。显然，他们指的是我穿带补丁的裤子。此时，在他们的眼里，"补丁"再不是"穷"的象征。

我意识到，学生们之所以喜欢我，听我的，是因为我有"一手"。岂止一手！于是，我决定教他们唱豫剧《花木兰》。徐州人喜欢听豫剧。豫剧《花木兰》"这几日老爹爹疾病好转"选段，我是在师范读书时跟同学学的，能自弹自唱。我先把花木兰的故事讲给小朋友听，再讲花木兰在机房这段唱词的意思，然后说："请听于老师女声独唱《花木兰》！"

"什么？女声独唱？"小朋友眼里露出异样的神色，又欢呼，又鼓掌！

风琴演奏完慢板的过门，从我嘴里发出的女人一般的声音使小朋友先是惊喜，后是狂热。他们站起来，使劲鼓掌，掌声几乎把风琴弹的过门掩盖住了。

接着，我一句一句地教，小朋友们一句一句地学。调皮的男孩子也像我一样捏着细腔唱，真是其乐融融。

后来，我又教他们写美术字，吹口琴，为他们演奏京胡，唱京戏。我自拉自唱的一段《苏三起解》，更使学生们倾倒！

在小学生的眼里，我成了无所不能的人，硬是赢得了他们单纯的崇拜，这种崇拜膨化了我自身的影响。

跟崇拜我的学生们在一起，我觉得，“教书育人”的氛围和谐而温馨。细雨绵绵也罢，雷霆大作也罢，我们都能共度春风。

有人说，没有崇拜就没有教育。

对的。

但是，不能缺少这样一份清醒：不要亵渎那纯洁的崇拜。

教书30多年了，我从不忘“露一手”，绝不放过在学生面前“露一手”的机会，——尤其是刚接一个新班的时候。

自然，自己必须有一手。有几手更好。

本事越大，师德越高尚，赢得学生崇拜的砝码就越有分量。

这段经历使我刻骨铭心。面对一个乱哄哄的无法上课的班级，面对着无视我的存在的学生，心里的那种滋味，是无法用语言表达的。这是所有走上教育岗位的老师都要面临的问题。于是我在给丹师的同学们的回信中说：“亲爱的同学们，说到我对你们的希望，当然很多。你们马上要毕业了，希望你们做好走上工作岗位碰钉子的准备。我可不是吓唬你们。我刚踏上工作岗位时，最大的感受是书本上写的和现实生活距离太远，并为此陷入深深的苦恼之中。同学们，如果困惑、苦恼、无聊、束手无策一齐向你们袭来，请不要抱怨自己不该选择教师这门职业。一定要挺住。只要多请教，多反思，多探索，不久便会‘柳暗花明’。任何时候，都不要失去对美的追求的信心和勇气。浅尝辄止，鼻尖上碰点灰就打退堂鼓，是所有一事无成者的通病。”

后来我女儿要做小学老师了。她没学过师范专业，心里更没有底，既兴奋又胆怯，向我讨教如何做老师。我也真为她担心，不是担心她的学识，而是担心她组织不好学生。有多少老师论学识、师德都不差，可就是管理不好班级，组织不好教学，无法取得好的教学效果啊！有人一辈子都没过“组织教学”这一关，教了一辈子“乱班”。有人靠“威严”震慑学生，使学生不敢为所欲为，结果把学生管死了。学生在这样一种被压抑的氛围下学习，必然导致思维的窒息、个性的泯灭、人文的失缺，付出的代价更为沉重。我不赞成。我怕女儿会这样。于是，我把我的经验写了下来。不久，《教师博览》杂志索稿，于是我把它寄了出去，取名《为初为人师的女儿支招儿》。没想到发表后，此文竟为多家杂志、书报转载，还被收入《最佳教育随笔》一书。现转引如下，大家可以从中了解我对组织教学和管理班级的一些思考和做法。

老师要在上课铃声未落之前到达教室门口。

铃声落了，教室里的多数人如果对你视而不见，依然我行我素，乱哄哄的（低年级小朋友尤甚），你不要发脾气，而是静静地观察每个人，目光不要严厉，但要犀利、灵活、有神。一般情况下，片刻之后，多数学生会安静下来。此时，你一定要及时给同学们一个满意的表情，表扬表现好的人，表扬要具体，指出哪一排、哪一组的同学安静，哪些学生坐得端正。

如果还有人在说话，甚至打闹，则用一种期待的，或者严厉的目光“盯”住他。无效，则点明某一排某一组某一人仍在做影响大家上课的事。因为你不可能知道他们的名字。再无效，则迅速地走到他们跟前，请他们站起来，严肃地但措辞文明地告诉他们，之所以请他们站起来，是因为他们无视课堂纪律，影响了别人学习。

必要时，则请他们把名字写在黑板上，然后说一句：“噢，我知道了，你叫李勇，你叫王强。”（心中一定要记住他们的名字）不要指责，更不能挖苦，特别是高年级的孩子，他们会知道老师这样做、这样说的意思。这叫给他们个“下马威”，也叫“杀鸡给猴儿看”。——这样说有些不好听，我表达的只是我们的目的。这一招儿肯定有效。

千万不要不管班级里怎么乱七八糟，就傻乎乎地走进教室。否则，你很难把课上下去。

真的，有些小朋友不是你想象的那么可爱。儿童的天性是好动、好说、好问，有人一刻也坐不住。低年级的儿童不懂什么叫“权威”，什么叫“尊重”，什么叫“民主”。所以一定要给他们立规矩，是规矩，就带有强制性、约束性。开始，就要和学生约法三章——上课应该怎样做，不能怎样做，违反了，老师要怎样处分等。

一旦进入课堂，就要像京剧演员一样，精气神十足。走进课堂，要把90%的注意力放在学生身上，10%的注意力用在教学方案的实施上。

要善于用眼睛表达你的满意、生气和愤怒。尽量不要吼叫。训斥只可偶尔为之。

目光要经常瞥向那些神不守舍、好动、好说的学生。可以请他们做点事——比如读书，读单词、表演，到黑板上默字等。这叫“以动治动”。

最要紧的是不断地鼓励、表扬、提醒学生。但话要简洁明了，忌婆婆妈妈式的唠叨。

这样的表扬会更有效：

“第二组同学坐得最端正。”——如果班级里某一角落出现了“骚动”。

“李勇的眼睛一直看着老师。”——如果李勇的同桌走神了，或者在做小动作。

“小强同学善于思考。”——如果小强的同桌读书心不在焉。

要把问题消灭在“萌芽”状态。必要时，把个别学生调动一下。“请小勇和李丽对调一下座位。”最好把个别自觉性差的学生调到离老师近的位置。

对此类问题，处理要果断，快刀斩乱麻，不必说为什么。

最不得已的手段是惩罚——如罚他停课。但最好不要在上课时请他到办公室去，那样做，容易闹僵；碍于面子，他硬是不去，你会很尴尬的。最好当众这样说：“孙浩同学，下节语文课你必须到办公室去，因为你太影响大家了，这是老师迫不得已作出的决定。”课间休息时，把他请到办公室去。

惩罚尽量少用。千万不要体罚，切记。宁肯让教育失败一次，也不要因体罚而造成更大的失败。这种失败是无可挽回的。

要尽快地记住每个学生的名字——首先记住表现好的和表现差的学生的名字。直呼其名地表扬胜于不指名道姓的表扬，指名道姓地批评、提醒，有时效果更好。

把所授班级的学生座次表写出来，上课时放在讲桌上，这样做，有助于记住学生名字，尽快地了解每个学生的长与短以及家庭情况。

要注意教学形式、手段的变化。低年级学生的注意力更是短暂的。

如果第一个词是老师领读，第二个词也是，那么第三个就要请优秀的学生当回老师了。

第一遍读课文是齐读，第二三遍最好是自由读，或者同桌之间互相读。

读书、读词不要让学生扯着嗓子读（低年级易犯这个毛病）。如果要求全班学生读单词，要求能不能声音由低到高，再由高到低。那一定是很有趣的，很有意境的。

板书“大”和“小”，故意把“大”写得大大的，把“小”写得小小的；板书课题《骆驼和羊》，故意把前者写大，后者写小；板书课题《鲸》，则特意把这个字写得斗大，如此，学生一定发出会心的微笑。这也是变化。

第一次分角色朗读，全由学生参与，第二次你如果参与进去，学生一定会读得更有精神。

这个词让学生联系上下文理解，那个词则请他们以动作表示；这个词请学生用它说句话——在应用中理解，那个词则请他们查查词典。

讲翠鸟、燕子的外形，画简笔画，讲鲸，则让学生看图片。

学习《劈山救母》让学生讲故事；学习《桂林山水》，则让他们看桂林山水的课件，并背诵……

这都叫“变化”。没有变化，学生会生厌；没有变化，也就没有教学艺术。

要细心观察学生，全面了解学生，倾听学生的谈话。如果你在适当时机和场合，不经意地说出某一个学生做的一件值得称道的事或值得称道的一种表现，他不仅会感到吃惊，而且受到的鼓舞也会特别大。

表扬要有实质性，忌空泛。“你做作业总是那么细心，很少有错误。”“你回答问题不但对，而且口齿清楚。”——这样说就具体了。

恰当地使用肢体语言，可以让学生感到你的真诚和亲昵，拉近师生的距离。如抚肩、握手、贴贴学生的脸蛋等。

教低年级，可把全班分为几个组（如四个组），上课时，不论哪个同学在哪些方面表现好，都在他所在的组上画一面红旗或一只苹果；有人表现不好则擦掉一面红旗或一个苹果。下课时，表扬表现特别好的组。这个办法对维持课堂纪律很有效。

不要追求课堂教学的热闹，小手如林，你说我说，有时可能是“虚假繁荣”“泡沫经济”。要让学生学会思考，潜心体会文本。告诉学生老师提出一个问题，必须经过思考方能举手。老师的提问要有一定的深度、难度，要有价值。可以直截了当地告诉学生：我不喜欢问题一提出来就举手的人，喜欢想一想，想好了再说的人。

可不要把孩子教浮躁了。宁静以致远。宁静是心无杂念、专心思考、刻苦钻研的意思。

有的学生很优秀，也喜欢举手，你可以这样对他说：“我知道你很优秀，当别人说不出、读不好、写不好时，再请你出马，怎么样？”不能让少数学生“独占课堂”。

课间尽可能多和学生一起玩。如果和他们一起做游戏，要遵守“游戏规则”。倘若你犯规，同样要接受相应的处罚。

这样，学生就会真真切切地感到你是他们中的一员，你和他们一样。

老师要和学生相似，不应该也不可能要求学生和老师相似。

上好第一节课。精心备课，把握准教材，把教材装在心里。准备好教具。组织好教学。一旦学生安静下来，要尽可能地展示自己的特长和才能。如果——

开头的一段话热情洋溢；

板书的第一个字让学生为之赞叹；

第一次朗读让学生为之感动；

用丰富的表情和机灵的眼神吸引住学生；

得体的幽默让孩子笑起来；

充满爱意的一次抚摸让学生感到亲切；

教学方法的变化让学生感到有趣，使他们注意力集中；

那么，你就成功了。

如果这样，而且今后也不懈怠，我敢说，你绝对成功了。

以上说的几个方面能做到一半，也会成功。要有信心。哪一方面不足，就努力去修炼。

肚子里要有几个故事和笑话，找机会讲给学生听。老师讲的故事，学生会终生不忘。忘不了故事，就忘不了你这位老师。讲故事特别能让调皮的学生亲近你。当好动的学生拉着你讲故事时，你不要趁机给他提要求，更不要批评他，否则他会难堪。你可以这样说：“没想到你喜欢我讲的故事！以后肯定有机会。”要利用这个机会和他们进行交流。

我还是担心你驾驭不了课堂——组织不好课堂教学。

必须这样对影响大家学习的学生说：“这个班不是只有你一个人，而是几十个人。你做任何一件事都得先考虑：会不会影响大家。——利己，但不能损人。损人利己是大家所不容的。”对低年级小朋友可以把话说浅显一些：“你一说话，就会影响别人听讲、做作业，所以请你不要随便讲话。”

课堂上，教低年级的老师说得最多的话是组织教学的话。“苦口婆心”这个成语，是教低年级老师的真实写照。

要经常读——注意，我说的是经常读——关于教育学、心理学以及教学论等方面的著作，要养成翻阅各种教育杂志的习惯。读书要跟自己的实际联系起来，要把读书所得运用到工作中去。建议你做读书笔记，把名言名句记下来。

如果你犯了错误——比如问题处理不当，说话欠妥，甚至体罚了学生（我担心你会忍耐不住），一定要当着全班学生的面认错，向学生道歉。老师向学生认错、道歉，错误就成了一种教育资源。

讲到重点部分，或者讲关键问题的时候，一定要组织教学，给注意力不集中的人提个醒儿。否则，学困生的队伍不断扩大将是不可避免的。

品学兼优的学生谁都喜欢，但切不可让学生看出老师的偏爱。偏爱是当老师的大忌之一。你和孩子相处时间长了，会感到每个孩子都有可爱的地方，即使长得丑的学生，慢慢也会看顺眼。更应当关心那些学困生。要学会赏识孩子。让学生感到你赏识他的办法很简单——主动地和他们说说话；夸夸他们的某一长处；拍拍他们的肩；和他们一起玩，如掰手腕；请他们替老师做点事——如收练习簿、作业本等。如果掰手腕你让学生两只手，而且让学生赢一次，他一定会兴高采烈，念念不忘：“哇，我战胜老师了。”

最好当班主任。当班主任才能真正感受到当老师的甘苦，才能锻炼自己。

如果当了班主任，别忘了搞活动。想一想，你童年时代最喜欢什么活动，那时你希望老师搞什么活动。

搞活动的最明显的作用是能够增强同学之间的团结和班集体的凝聚力。

对学生要严格要求，但不要太厉害。清代的冯班说：“师太严，弟子多不令。柔弱者必愚，强者怼而严，鞭扑叱咄之下，使人不生好念也。”意思是说，老师如果太厉害了，懦弱的孩子会被教愚笨，个性强的孩子则会变得暴戾。什么事过了头，都会走向反面。

要像孔子说的那样：做到“温而厉，威而不猛，恭而安”。

如果你今天狠批了张三一顿，明天一定找个理由表扬他。至少要主动和他说话，好像昨天什么事也没有发生。

还有一点要说一说，即对所有学生家长都要以礼相待。不要在家长面前指责学生。

对任何学生都要首先肯定他的长处，把优点放大。也要让学困生的家长树立信心。“罗森塔尔效应”同样适用于学生家长。

尽量不要请家长到学校来，而应该主动到学生家去。老师踏进学生家门，而且心平气和、推心置腹地和家长交谈，学生和家长该是一种什么感觉、一种什么心情啊！在这种情况下，我想，无论谈什么，学生和家长都会接受的。

记得京剧艺术大师梅兰芳说过这样一句话：“不看别人的戏，就演不好自己的戏。”

演戏如此，教学也如此。我实习的时候，就是先听别的老师上课。至今还记得徐师附小李孝珍老师上课的情境。看优秀老师的课，就是读活的教育学、活的教学法，这与读书的感受是大不相同的。你走向讲台前以及走向讲台后务必抽时间听听别人的课。我要不是听了李孝珍、斯霞、王兰、李梦铃、左友仁、李吉林、张光缨、贾志敏、支玉恒、靳家彦、张树林等众多优秀老师的课，恐怕是不会把课上好的。也可以这样说：“不听别人的课，就上不好自己的课。”

以上说的，都是初为人师时所要特别注意的。

你今后若有志于当老师，请你记住古人的这两句话：学高为师，身正为范。

虽然此话只有八个字，但它把怎样当一个好老师讲全了。若干年后，当你把这两句话读“厚”了，读成一本书了，你就是个很优秀的老师了。

我相信你会成为一位十分优秀的老师。

在这些条建议中主要谈了怎样组织教学，怎样能让学生注意听讲，取得好的教学效果。但是，据说西方国家学生上课很随便，可以离开教室——如果不高兴听的话。中国与西方国家国情不同，我们每班有几十位学生，有的多达六十多位。这样一个大集体乱不得。然而，孩子毕竟是孩子，好说、好动、好玩是他们的天性，没有必要的约束，只会使天下大乱。这样，学习就成了一句空话。管而不死，活而不乱——才是我们应该追求的目标。

在听课中感悟，在磨课中历练

京剧大师梅兰芳说：“不看别人的戏，就演不好自己的戏。”

上课何尝不是如此？不听别人的课，就上不好自己的课。

跳出井口，才知道天空原来是无边无际的。

所有成功的课，都在于执教者对文本的准确、深刻、独到的把握。

准确地把握文本，是语文老师最重要的基本功。

把握文本的功力，说到底是文化。

我是个喜欢听课的人。不听名师的课，就不会有我的今天。

在我还很年轻的时候，就听到了著名特级教师李梦铃的课和报告。他讲授的是《狼牙山五壮士》。他诗一般的语言、声如洪钟的朗读和磅礴的气概，令人倾倒；尤其是他对教材准确、独到的把握更令所有听课的老师叹服。李老师在报告中说：“这法儿那法儿，钻研不好教材就没有法儿。”

一句话使我从混沌、蒙昧的状态中走了出来。就像盘古一斧头下来，使我豁然开朗一般。这时才知道：“惟书有色，艳于西子；惟文有华，秀于百卉。”（唐·皮日休语）这时才懂得：“外物之味，久则可厌；读书之味，愈久愈深。”（宋·程颐语）

在这之前，真不知何谓“研读教材”。备课时，总是先看教学参考书，再读教科书。“反过来了。”李老师说，“应该先读课文，读到‘其言皆出吾口，其意皆出吾心’，再看看‘教参’上是怎么说的，那里有什么见解和建议值得采纳。教参教参，仅供参考而已。”于是我就照着李老师说的去做了。幸亏我年轻的时候就明白了要上好课就得钻研好教材的道理，幸亏我是个喜欢读书的人，是个喜欢艺术的人，是个感情比较丰富的人，每篇课文反复读上若干遍（其中有默读有朗读，当然主要是朗读），就能“披文入情”，把握文本的要旨。曾鸣说：“生活是无字的书，眼光敏锐的人看得见精彩的词句。书是有字的生活，感情丰富的人才能深刻领会。”这是确实的。

研读好教材是上好课的前提。透彻、全面地解读文本，是语文老师应该具备的最重要的基本功之一。

后来我又听了左友仁、贾志敏等名师的课，眼界大开！左友仁老师教《小珊迪》抓了三个“想”，教《伟大的友谊》抓了一个过渡句，一下子把全文带起来了！真是“提领而顿，百毛皆顺”啊！左老师朗读的《小珊迪》催人泪下，贾老师朗读的《革命烈士诗二首》慷慨悲壮！

于是我又进一步明白了，备课不但要钻研好课文，还要“备”朗读。跳出井口，才知道天空原来无边无际；走得远些，才知道世界原来风光无限！

我不但明白了，而且照着去做了——备课要备朗读。

于是，我开始给自己布置任务——磨课。一个学期“磨”两课。平时，平均两天教一篇课文，因此我不可能把每一篇课文都研读透，那不现实，时间和精力都不允许。但我一学期至少可以磨两课。我把我喜欢的两篇课文圈出来，从开学的那一天起就去关注它，空闲时，便去读它，琢磨它，搜集相关资料，与同事们研究。等到该教它的时候，我便约请同事们来听。如果自己不满意，修改教案后，再到别的班级上。我要求自己，上过这一课后，要出一篇文章。我早期发表的文章大都是上某一课的体会，如《（草）的教学方法谈》《教〈小交通员〉四步》，等等。平时只要有上公开课的机会（比如接待外地来参观学习的老师、学校举办研讨会、参加各级比赛），我都争取参加，认为这是锻炼自己的好机会。每“磨”一课，每上一次公开课，胜过上三个月的教师进修学校。过程真的比结果重要（当然，多数情况下都有令人满意的结果）。就这样，我自己培养着自己。一学期两课，10年，20年下来，该有多少课呀！能力来自实践，方法来自过程，功力来自不间断的磨炼，动力来自理想和追求。

工作23年后，我被评为江苏省特级教师。不久，被调进了鼓楼区教研室，但我仍坚持在学校带班兼课，一直到现在。特级教师的价值在课堂上，不是在办公室里。“特级教师”只是个牌子，我追求的是事业。不过，说实在的，过了“知天命”的年龄，我才知道教书是怎么一回事。这时我对文本的解读、教材的处理以及对学生的研究，远非年轻时所能比的了。人真的过了50，才能“知天命”吗？孔子的经验真的带有普遍性吗？

如今，我拿到一篇新课文，无须练习，第一遍就能读得声情并茂，连读三遍，就能做到正确、流利、有感情，很少出错误。理解使然，语感使然，经验使然。所以，我现在备课的时间就大大缩短了。“牛”解多了，谁都会成为“庖丁”。

于是不断有人问我怎样研读文本。我说：“反复地读，读多了就看出门道了。”

有的老师又说：“一篇课文我读了不知多少遍了，怎么还没有任何发现啊？”

这要从长计议了——要从读书开始，从丰富生活开始，先做个文化人。因为，说到底，研读教材的基本功取决于一个人的文化底蕴，取决于他的知识、智慧、品位和道德。黄永玉教授在《凭自己的高兴读书》一文中说：“我上学不多，但读书极多，对借书给我的人，我也一直心怀感念，一位长者对我说过的话，几十年后依然记忆犹新，这位长者告诫我说：‘一定要读书，不读书而观察生活等于零。因为你没有文化，没有消化生活的胃。’”

同样的道理，不读书，或读书甚少的人，就很难具有“消化教材的胃”，很难用自己的声音再现课文的情感、意蕴和境界。这个“胃”，就是一个人的文化。准确地把握文本的功力，说到底是文化，当然也靠丰富的经验。

四十几年来，我读书不断，读报不断，“家事国事天下事，事事关心”，不断丰富着自己，充实着自己。40年来，听课不止，感悟不止，收获不止。我总是带着思考去听课。取人之长，避人之短；变人之短，为己之长。因为我带着思考听课，所以，别人的成功也好，失误也好，都会成为我的收获。

如果不听名师的课，只是一个人关在教室里教书，所悟就有限，境界就不会高。正如一个学书者，如果从未见过王羲之、颜真卿、柳公权等书法大师的作品，就永远也不会知道书法竟然有如此神韵一样，当然也永远达不到高的境界。

听名师的课得到的绝不止我上边说的，它告诉我们的东西很多很多。

同事的课也要听，尺有所短，寸有所长，至少它会帮助我进一步熟悉教材。

磨课更重要。实践出真知。我从不浅尝辄止。把课上出味来，学生才会喜欢，才会有好效果，才能成为好老师。我被评为特级教师之后，备课更精心、上课更小心了。因为总觉得不能愧对这个称号。老师们平时都叫我“于特”，什么叫“特”？超出一般才叫“特”呀！

总之，把课上好，是我的责任，也是我的追求。

幽 默

苏联教育家斯维特洛夫说：“教育最主要的也是第一位助手，就是幽默。”

幽默是师生关系和知识传授的润滑剂，教师的幽默可以让枯燥的课堂教学变得有声有色，使学习变得轻松而有效，令学生们回味无穷。

幽默真是我的好助手。它帮我赢得了学生，也赢得了良好的教育、教学效果。

我特别喜欢幽默的老师，所以我也想做个有幽默感的老师。

在课堂上，在与学生的交往中，我都会时不时地“幽”上一“默”。于是学习变得轻松，师生关系变得和谐。幽默无处不在，无时不在。

我教王鲁彦的名篇《故乡的杨梅》。课文写得清丽细腻，小荣读得活脱、传神。其他同学一边看书一边听，人人神情专注，个个沉浸在诗情画意之中。

“细雨如丝，一棵棵杨梅贪婪地吮吸着春天的甘露……端午节过后，杨梅树上挂满了果实。杨梅的形状、颜色和滋味，都非常惹人喜爱……没熟透的杨梅又酸又甜，熟透了就甜津津的，叫人越吃越爱吃……”

课文中的文字变成了有声、有色、有韵、有味的语言，从小荣那清亮甜美的嗓子里发出。同学们仿佛被带进了静谧的果园。

“小建最投入。”小荣读完了，我扫视了一下全班同学，一字一顿、一本正经地说，“他在边看边听的过程中，还使劲儿地咽过两次口水。”

学生们先是一怔，但很快就回过味来，发出一阵咯咯的笑声。

“课文中描写的事物，肯定在他的脑海里变成了一幅幅鲜明生动的画面。我断定，他仿佛看到了那红得几乎发黑的杨梅，仿佛看到了作者大吃又酸又甜的杨梅果的情境，仿佛看到了那诱人的杨梅果正摇摇摆摆地朝他走着，于是才不由得流出了‘哈拉子’……”

一阵更响的笑声过后，我郑重其事地接着说：“如果读文章能像小建这样，在脑子里‘过电影’，把文字‘还原’成画面，那就不仅证明你读进去了，而且证明你读懂了。老实说，刚才我都淌口水了，只不过没让大家发现罢了。”

学生们又笑了。

下课，听课的老师说我很幽默。并说，我把一个重要的读书方法——边读边想象情节，即把抽象的文字“还原”为生动的画面——通过风趣的语言讲出来了，学生不但理解了，而且肯定终生不忘。

我以为，这不是溢美之词。

读师范时，教我们数学的程老师就善于把深奥的道理用幽默的方式表达出来。

记得刚学函数时，程老师说：“函数呀，其实连三岁的娃娃都懂。你们注意没有？三岁的小孩过马路时都知道向左右看看。当他发现左方来了一辆汽车，他绝对不会作出这样的判断：什么时候我和汽车正好在马路当中相碰，什么时候我才迈开双脚。——这就是一个函数问题。三岁的小孩都明白的问题，对于十七八岁的你们来说，就更是不成问题的问题了。”

一阵轻松的笑声过后，函数的学习的确人人感到容易。

一次，一位上中学的学生向我讨教如何写论文。我给他讲了一个关于疝气的故事：一天，办公室的一位同事说：“我的小孩得了疝气，要不要动手术？”一位老师说：“要动。我的小孩四岁时得了疝气，做了手术就好了，术后只留下一道很不明显的疤痕。”另一位老师说：“我的孩子也做过这种手术，手术很简单，没危险。”第三位老师说：“有位老师得了这种病，可是怕动手术，结果连走路快了都不行。几年下来，体质也差了。去年，下决心开了刀。现在一切正常，什么体育活动都能参加，身体也渐渐好了。”听了三位老师的话，那位老师说：“明天我就带孩子到医院去做手术。”

故事讲完了，我对学生说：“你把四位老师的对话整理出来，就是一篇论文，题目是《得了疝气要动手术》。什么论文？如此罢了。你多读几篇论文，读的时候，对照我讲的关于疝气的故事，看看我说得对不对。别小看了这个故事，论文的要素里面都有。”

学生听了，手舞足蹈：“妙，妙！于老师，不论什么问题，你一说怎么就这么浅显明白了呢？”

我说：“‘不论’去掉，换个‘有些’。上小学时，我不就常对你们说‘用词要准确’吗？”

师生二人开怀大笑。

德国的海因·曼麦说：“用幽默的方式说出严肃的真理比直截了当地提出来更能为之接受。”

教学实践充分证明了这确实是真理。

教学中不妨加点“幽默”。适时、适量而又有分寸地“幽”它一“默”，效果绝对不错。

学完《翠鸟》的一、二两段，我一看表，离下课还有七分钟。留七分钟学第三段，绰绰有余。因为这一段并非重点。

我发现小庆打了个哈欠，用胳膊碰了一下同桌，在嘀咕什么。

“小庆，”我语调平缓却十分认真地说，“请你去逮一只翠鸟。”

他慢慢腾腾地站起来，茫然地望着我。我又把刚才的话重复了一遍，并加了一句：“请你不要推辞。”

“到哪儿去逮呢？”他可怜巴巴的，很神气的眉毛被皱起的眉头扭曲得变了形。

全班同学面面相觑，神情迷惘。

“你看看书嘛！大家都读第三段，看看到哪儿去逮，看出来以后，告诉小庆。”

还没等别人发言，小庆自己说：“翠鸟不好逮。它住在陡峭的石壁上，洞口很小，里面又很深，谁上得去呀！”

我哈哈大笑。他说的，正是第三段的主要内容。他读懂了。当我问他为什么请他去逮翠鸟，他赧然一笑，低声说：“刚才我和同学说话了。”

“你有点疲劳了，对不？”我补充说。

同学们听了，立刻发出会心的笑声。

“逮翠鸟这个光荣而艰巨的任务你虽然没完成，却帮助同学读懂了第三段，功不可没！同学们，第三段告诉我们的正是翠鸟的住处。”说完，我转身在黑板上写下了“第三段：翠鸟的住处”这样一句话。

“处”字刚刚收笔，下课铃响了。

这一个幽默的小插曲，使疲劳的学生们为之一振。师生其乐融融，陶陶然于一堂，顺利地完成了教和学的任务。

幽默，绝大多数是临场发挥。在我的课堂上，经常能听到学生们的笑声。

教《在仙台》，一个学生问：“老师，北京的大白菜运到浙江怎么便‘尊为胶菜’？您不是说，胶州出的大白菜才叫胶菜，才有名的吗？”

“嗨！冒牌货吗！不然，为什么要‘打假’呀！可见，那时就有假冒伪劣商品。”接着是一片笑声。

童话课文《小稻秧脱险记》中的杂草被喷雾器大夫用化学除草剂喷洒过之后有气无力地说：“完了，我们都喘不过气来了。”可是，一位小朋友读杂草说的这句话时，声音很大，既有“力”又有“气”。我开玩笑说：“要么你的抗药性强，要么这化学除草剂是假冒伪劣产品。我再给你喷洒一点。”说完，朝他做了个喷洒的动作。全班小朋友哈哈大笑。这位小朋友再读时，耷拉着脑袋，真的有气无力了。我表扬说：“你读懂了。”于是笑声又起。

教《狐假虎威》时，一位小朋友把“扯着嗓子”理解为“拉嗓子”。我“啊”了一声说：“把嗓子拉长？”说完，用双手做了个拉喉咙的动作。动作做完了，我问：“这能受得了吗？”全班小朋友捧腹大笑。我运用“归谬法”，既纠正了学生的错误，又使课堂气氛活跃，使学习变得轻松。

在讨论“当老虎看到大大小小的野兽撒腿就跑，会怎么想”时，有的小朋友说：“哎呀，百兽还真害怕狐狸呢！”有的小朋友说：“奇怪，我又没犯错误，老天爷怎么不让我当大王了呢？”我顺势说：“是呀，再说又没到退休的年龄！”我引现在的“退休”概念于老虎身上，又引起哄堂大笑。

一次上作文课，学生们正专心致志地写着，忽然张宁宁怒气冲冲地带着哭腔报告说：“于老师，刘希隆弄了我一脸墨水！”

我一看，她白白的脸上溅了好几片蓝墨水，最大的一片有手指甲盖那么大。两颗晶莹的泪珠挂在她的眼角上，随时等待着主人发出“冲出来”的指令。

刘希隆解释道：“是我拔钢笔帽时溅上去的，我……我不是有意的。”

我明白了。走到张宁宁跟前说：“这叫‘锦上添花’！白净的脸上有了这几朵‘花’，就更美了。”

张宁宁破涕为笑。

一句幽默的话，化干戈为玉帛。

一天早上，小队长崔广徐收作业时，所属队员李朝军、赵从军、张安军都说没带来。那天崔广徐穿了一件崭新的蓝毛衣，口儿开在右边的肩上，上面钉了四个黄色金属扣子。我说：“广徐现在了不起了，是大尉！你们看，一道杠四颗星！广徐晋升为大尉了，是‘大尉司令’，你们‘三军’更得听他的。”

我平时称朝军、从军、安军为“三军”。

“那我们是什么？还是兵吗？”“三军”之一的朝军问。他最调皮、最滑稽。

“你们当然还是兵喽！而且是列兵。”

“我们不当劣兵，当好兵！”

“‘列兵’的‘列’是‘排列’的‘列’，不是‘恶劣’的‘劣’！”我纠正说，并随手将“列”字写在黑板上。“以后，你们进步了，可以晋升为上等兵、下士、中士、上士。光兵，就有五个等级哩！你们好好干，慢慢来！”

崔广徐真格儿似的，正儿八经地说：“请你们回家拿。如果没做完，中午回家补。”

“三军”听了，吐了吐舌头，乖乖地走了。

从此，“大尉”这个名字一直伴随着崔广徐。如今都40出头的人了，同学们见面仍亲昵地称呼他为“大尉”，“大尉”的来历成了“百谈不厌”的话题。。

一句玩笑话，竟使“三军”那么服帖听话，为学生留下那么多值得回忆的童年情趣。

苏联教育家斯维特洛夫说：“教育最主要的也是第一位的助手，就是幽默。”

幽默的语言可以使知识变得浅显易懂；幽默的语言可以使人精神放松，使课堂气氛和谐；幽默感强的老师可以使学生感到和蔼可亲。当幽默营造出一种热烈的气氛时，不但学生乐于听课，而且会发生“共振”效应，老师的水平也能超常发挥，取得极好的效果。为什么相声、小品演员听到观众的笑声、掌声，越发表演得好，越能淋漓尽致地发挥？道理就在于此。

幽默固然有赖于知识的丰富、思维的敏捷、口语的畅达，但更重要的是要有融融的爱心、博大的胸怀、乐观的情绪、爽朗的性格。

老师笑着看学生，学生就会笑着看老师；老师只有笑着看学生，才会有幽默的心境。

因为我喜欢幽默的老师，所以我也尽力地做一个有幽默感的老师。我深知幽默的重要。

它是我赢得学生喜爱并取得教学成功的得力助手。

感谢“对话”

我说的“对话”有两个意思，一是指读书，二是指与别人交流。

读书是与作者对话，与书中的人物对话；与别人交流则是间接的读书，便捷地吸取别人读书的成果和经验。我称之为“偷智慧”。

所以才有了这样的名言：“读一本好书，就是和一位智者谈话”，“与君一席话，胜读十年书”。

感谢书和我的朋友。他们是我智慧的源泉。

回过头来，越想越感谢我的中学老师李晓旭先生。是他点燃了我理想的火花，使我与书结下了不解之缘，使我做了一辈子有读书习惯的奴隶。做这样的奴隶，不但无怨无悔，反而心存感激。

人不可不读书，当老师的更应读书，要做个读书人。读书所获是文化的最重要的组成部分。

我曾经写过一篇关于读书的文章，题目叫《感谢书》。文中有这样一段话："我这个人读书喜欢想自己。我是抱着从书本中寻找智慧、思想和方法的态度读书的。如果读书不与自己、与工作联系起来，学而不用，对我来说，读书就失去了大半的意义。"简单地说，就是读书的同时读自己。

书是养人的。古人说："书犹药也，善读之可以医愚。"说的就是这个意思。但是，"医愚"的前提是"善读"。所谓"善读"就是书中的养分必须吸收，融入人的机体，否则不会起作用，就如一个失去消化功能的人吃了任何营养品都不能起到强身健体的作用一样。

我从小接受的是"读书要和实际联系起来"，"学以致用"的教育。老师这样说，我便这样做。这对我很有好处。读师范一年级时学了一篇《任瑞卿先生二三事》的课文，很受感动，于是联系自己的思想实际，写了一篇读后感，得到了班主任赵维仁老师的赏识，视为"模范作文"，不但在我们班读了，还拿到了另外一个班读（赵老师教两个班的语文），而且听说赵老师还把它推荐给别的语文老师看。我敢于解剖自己，而且不是"感"而"不动"的人。认识了，有所悟了，便去做。于是在我的学习生活中，也像任老先生那样珍惜时间，努力读书，为做一个任老先生那样的老师而认真准备着。我是班里为数不多的"三好"学生之一。那时我给自己规定的指标是：各门功课考试成绩必须在90分以上。人生总得有个目标，不论是小目标，还是大目标，都是一种动力。

读师范二年级时，我读了一本苏联小说《天职》，深受鼓舞，书中一句"宁肯让生命燃烧，也不能让它冒烟"的话，成了我的座右铭，从此学习更加勤奋。星期六晚上，我常常一个人在教室里读书，星期天常常一个人在教室里练琴。为了做一个合格的人民教师，我"时刻准备着"。

我最喜欢的书还是《论语》《孟子》《三字经》《水浒传》和《三国演义》，以及《唐诗》《宋词》等古典名著。如果我真的像别人说的那样正直、宽于待人、关爱学生，我身上真的有些许中华民族的传统美德的话，那么，这是与受这些古典名著的影响分不开的。这些古典名著，是塑造我心灵的主要雕塑家。

我一步步理解着《孟子·公孙丑上》中的"闻过则喜"的训诫，并一步步地实践着。早在"文革"期间，有一个学生骂我，被其他学生听到后，纷纷指责该生，差一点拳脚相加。我得知后，写了一篇文章叫

《学生为什么骂我》。在文中，我诚恳地、客观地分析了学生骂我的原因，主动承担了自己所应负的责任，并向骂我的学生道歉。我把文章读给学生听，大家都被我的诚意所感动，骂我的学生连连向我道歉。这件事后来传到该生家长的耳朵里，家长向我赔礼。

一天早晨，一个学生向我打“小报告”：“于老师，咱们班刚转来的姓尤的骂你了！”我问：“骂什么？是‘大坏蛋’吗？”他说：“不是，是‘大笨蛋’！——哼，大笨蛋还当老师！‘肃’字我明明写对了，却给我打了个‘×’！”

与我配班的侯老师说：“我找她谈谈，竟然骂老师，太不像话了！”我连忙制止，接着给他讲了《绝缨会》的故事。讲完了，我说：“楚庄王之所以不追查黑暗之中牵爱妾衣袖那个人，是因为他知道这是‘酒后狂态’‘人之常情’。‘酒后狂态’是定性，‘人之常情’是换位思考。我们也要把握好这两点。”

后来我找了一个机会让该生在黑板上默字，其中故意安排一个“啸”字。她又把“肃”字中间的撇、点，写成了点、撇。我给她纠正了，并说：“这不能怪你，怪老师没强调。如果强调一下，像你这么聪明的学生是绝对不会写错的。”她笑了。我只字未提她骂我的事，后来她却主动地向我承认了错误。

还有一次，我的一个徒弟见网上有批评我的话，便为我争辩。我得知后，便对这位徒弟说：“首先要感谢这些批评我的人。批评是深层次的关心。接着要思考别人说的、骂的有没有道理。我们虽然还不能像子路那样‘人告之以有过，则喜’，但至少要冷静，要思考，做到有则改之，无则加勉。”为此，我还专门写了一篇短文，让这位徒弟“贴”到网上去。

我一步一步地理解着这些古典名著中的“忠孝节义”的内涵，并一步一步地实践着。随着年龄的增长、理解力的增强，我认识到“忠孝节义”说的实际上是一种责任，一种社会责任。中科院院士杨叔子先生说得好：“对国家、对民族负责，是忠；对长辈、对父母负责，是孝；对家庭、对配偶负责，是节；对同事、对朋友负责，是义。当然，时代不同，忠孝节义的内涵应有所不同。但‘负责’是一致的。人类社会之所以成为一个社会，因为生活在这个社会里的人应对这个社会有一种责任感。”读书越多，思考越多，我的认识提高得就越快。认识每提高一步，我的实践便多了一份理智，多了一份自觉，多了一份自律，因而也就多了一份高尚。

读书为了学做人，也为了做好工作。说到这一点，我要感谢孔子、叶圣陶、吕叔湘、马卡连柯、苏霍姆林斯基等古今中外的教育家。是他们的著作引领我走进了教育的神圣殿堂，告诉我怎样教书育人，怎样教语文。《论语》使我拥有了教育的智慧；《给教师的建议》使我拥有了投身教育实践的指南；《教育诗》使我拥有了一份从事教育的快乐心情。

同时也感谢各种教育报刊，它们是我不可或缺的精神食粮。教育家和许许多多优秀教师的思想和业绩一次次地感动着我，于是我也努力像他们那样，用我的行动感动着我的学生，把我的课上得让学生更喜欢。我的一本《于永正语文教学实录荟萃》记录下了我为了把课上好所付出的思考与努力。

我读书并不多，读书速度也比较慢，但我肯思考。在认识上每有所得，我便喜不自胜，并努力付诸实践，让理念转化为行为，转化为“生产力”。

我们这个时代“叫嚷和埋怨之声”的确太多，缺少的是行动。有人不读书不看报还则罢了，一旦看了一篇关于某某校长、某某老师的教改报道，读了一本新的理论书，看了一篇具有新理念的文章，便马上与自己的学校、自己的校长和别的老师挂上了钩：“看人家学生、人家校长多好！我们的呢？——啥玩意儿！”唯独不想自己，不考虑自己应当如何做。如果看了报道外国教育的文章，那么，整个中国的教育在他眼里会立刻变得漆黑一团，从北到南，从东到西，都会被数落一番。他似乎不是中国的一分子。

“医愚”，要从“医”自己之“愚”做起。

最近，我看了上海京剧院演的《廉吏于成龙》，剧的最后，于成龙说了这样一句话：“人人治人，国虽治必乱；人人治己，国虽乱必治。”他说的虽然是“治国”，而且很大程度是说给当官儿的听的，但同样值得每个人思考。我说的“读书读自己”，就是“自己治自己”的一个方面。

与朋友交谈，则是间接地读书，是便捷地吸取别人读书的收获和经验。即使别人说的是自己的事，听，也如同读书，只不过是用耳朵去“读”口头语言罢了。“谈笑有鸿儒，往来无白丁”，我的朋友大都是教师，是文人。张庆、高万同、高林生、孙景华、郝敬华、徐善俊，这些特级教师，还有我的同事、弟子们，一见面，三句话不离本行，谈的都是教育。有段时间，张庆研究《道德经》，一见面便向我们“汇报”体悟：“‘上善若水。水善利万物而不争’，咱们当老师的，要做‘若水’的‘上善’之人啊。”同时向我们大讲“人法地，地法天，天法道，道法自然”，告诫我们要按规律教语文，要有正确的学生观。学生与学生千差万别，教学要因人而异，不能强求一致，要顺其自然。

还是张庆。一次，他在一个语文教学座谈会上说：“语感好了，写文章就通顺。怎样修改文章？叶圣陶先生讲：念。一念问题就出来了。读起来上口，听起来顺耳，就好了。叶老怎样教人修改文章？——‘再念再念再念’。听不听由他。主要靠的是语感。”

常听人说，高明的人，能把复杂的问题简单化；蠢笨的人，则把简单的问题复杂化。叶老当然是个高明的人，因为他把修改文章这么复杂的问题，用一个字便概括出来了——念。说得复杂一点，也不过是六个字：“再念再念再念”。张庆老师自然也是个高明的人。“听不听由他”，说的是这是唯一正确的办法，别无他途。改到什么程度为好？“念起来上口，听起来入耳”。如此而已！张庆的话说得同样简洁、明白！

如何修改文章，修改到什么程度，还需要再说吗？

一次，在南京开会期间，与当代教育家、德高望重的斯霞老师谈及作文教学时，她说了这样一件事：“过去，我教一年级时，有一项作业叫‘写话’。一天，一位小朋友在‘写话’中写道：‘今天，有一位法国阿姨到我们学校听课。这位阿姨是女的。’我看了好笑，想把最后一句画掉。再一想，不可。他刚上一年级，刚刚分辨出叔叔和阿姨的区别，他这样写是有他的想法的，是符合儿童心理特点的。”

这是一个典型的“蹲下来看学生”的例子。“蹲下来”和“站起来”看学生大不一样。站起来看学生，就是以大人的标准要求学生，要孩子和大人“相似”；“蹲下来”看学生，就是以孩子的标准衡量孩子，是老师和孩子“相似”。老师和学生“相似”了，就有了共同的想法、共同的看法、共同的理解、共同的语言了。

教育部基础教育课程改革专家组成员陆志平先生到我们区做了一个关于课改的报告。在讲到“对话”时，陆先生有这样一段精彩的论述：“‘对话’指的就是教师要实行‘对话教育’，与学生平等沟通。现代教育以促进人的发展为目标，要求为学生的发展提供充足的空间，这就要求老师转变权威角色，作为学生成长的引导者、组织者，彻底改变灌输的做法，树立‘学生需要什么帮助，我们给学生提供什么样的帮助’的观念。有人打比方说，中国老师把牛拉到一个地方去，告诉它，这里的水最好，草最好，然后就不由分说地把牛的头摁下去——吃；而西方的老师把牛带到同样的地方，只告诉它，你自己去吃吧。同样是吃水吃草，中国的牛吃得很难过，西方的牛却吃得很舒服。灌输的背后是对人性的压制。”

听到这里，老师们都笑了，我也笑了，不过我是笑自己的。——我干过多少“摁牛头吃草”的事啊！

摁，是强迫学习。强迫学习是被动的，是不会有好效果的。强迫学习也是不尊重人的表现。它爱吃什么，应该吃什么，应该吃多少，这些最重要的问题、最应该考虑的问题，我却不管。摁，就谈不上民主，谈不上平等了。

摁，是灌输。学生没有选择的权利，没有一点儿自主。教师“摁”到哪里，就只好“吃”到哪里。

笑过之后，我对老师在课堂上“是个组织者、引导者”这句话，理解得更深一些了。

是的，我们的教学确实应该少些包办，多些自主；少些限制，多些引导；少些理性，多些情趣。一句话：我们应该把摁牛头的手松开了。

感谢“对话”——与书对话，与“鸿儒”对话。我是他们的忠实倾听者，他们是我智慧的源泉。

“对话”是我的生命的一部分。

留下故事

没想到，我精心设计的课，很少有让学生记住的，让他们难忘的，竟是故事。

每次与学生聚会时，他们回忆得最多的，第一是故事，第二是活动。至于我精心设计的课竟很少有谁记住的（除了少数的课还记得其中的片断）。学生说，他们永远忘不了的是故事——我给他们讲的故事，读的故事，还有我和他们之间的故事。

我对学生讲的故事很多，有古代的，有现代的，也有外国的。读的故事更多，因为可以从报刊中信手拈来，朗读两遍就可以进课堂了。学生喜欢听我朗读，我能把故事中的人物读活。这些故事，有的我已经忘记了，学生们却记忆犹新。他们更记住了我和他们之间的故事——其实，有的算不上是故事，只是一个细节而已。耿臻记住了有一次语文考试，考得不理想而掉“金豆豆”时，我跟她开的一个玩笑——“大家小心点儿，咱们班马上要变成小西湖了！”耿臻破涕为笑。张维维记住了她一次数学没考及格而沮丧时，我对她讲的我小的时候数学有时也考不及格的事。魏亚军记住了他小时候偷人家的黄瓜被我知道后，我没有批评他，只是对着他的耳朵，轻声问了一句：“魏亚军，偷到的黄瓜好吃吗？”然后，一笑了之的事。刘其太记住了一个下雨天，他因为生病而晕倒在路旁，正巧被我遇到了，把他背回家的事。晏军记住了生病时我带他到医院就医的事。祖庆涛记住了因留级到我班，课间没有同学和他玩，下课后我和他一起踢毽子的事。张莉的故事长一些：一次我带领全班学生到皇藏峪玩，她下山时不幸摔破了头，我亲自送她到医院治疗，然后送她回家，并向她家长道歉的事。好多同学则记住了我为他们买书、奖书的事……

让学生难忘的，还有大量的活动中的故事。

我不怕苦，也不怕麻烦，经常带领学生到大自然中去，到军营中去，到工厂去，到农村去，到博物馆去……钓鱼、钓虾比赛，作文、写字、绘画比赛，还有多种文体活动，都是我经常开展的。活动中的故事不胜枚举。战松钓鱼掉到河里的故事；耿臻在菜地里捉虫，被男同学把一只青虫放到脖子里而吓得尖叫的故事；白荣光钻坦克，头被碰了个“大老牛”的故事；一天晚上，同学们在庄稼地里捉迷藏，王亚南因为大家久久找不到她，而吓得自己跑出来的故事……活动，对孩子成长来说，是不可缺少的。“缺少这种欢乐，就难以想象有充实的教育。”（苏霍姆林斯基语）著名少先队活动家顾岫荫老师说：“一个人亲身经历一些有意义、有情趣的活动，会在记忆里留下难以磨灭的痕迹，每一个精彩的活动留给孩子的都是一颗珍珠。当他长大后，岁月的丝线把这些珍珠串起来，就成为人生珍贵的项链。”

我总希望我的学生拥有更多这样的珍珠，拥有一个金色的、快乐的童年。

当初我留给学生的只是一些爱的碎片罢了，一些零星的趣事罢了，如今收获的却是温暖的回忆。

我曾听过郭振有先生的一个报告。郭振有先生说过一段很深刻的话："教师有没有文化主要不在于教师的职称、职位，而在于教师有没有生动的个性、感人的故事在学校里流传。有些学校没有文化气息，问学生老师有哪些感人的故事，学生讲不出，或只能讲一些课堂的笑话。"郭振有先生语重心长地说："只有大德之人，才能干大事业。"

如果我在年轻的时候就明白这样的道理该多好哇！我一定会为学生留下更多、更好的故事。

有位教育家说："孩子在未成年以前，接受的是形象而不是理念。"

我想这就是故事之所以会长久地保留在学生心中的缘故吧！因为故事——特别是老师的故事——就是形象。

思　考

我是个普通的小学教师。

如果说有什么特殊的地方，那就是我的思考可能多一些，并且，每有所得，会立即转化为教学行为。

因为我记住了一位哲人的话："思考和实践是成功的双翼。"

平心而论，我真的是一个普通的小学教师，读书并不很多，而且读的速度慢。天资也并不那么聪颖，读小学时，除了美术、作文好一些外，其他学科成绩平平。到了中学、师范，懂得了思考，掌握了一些学习方法，各科成绩才上来了。1977年，我在徐州党校学习时，同班的大学生都考不过我。

学习的关键在于会学习。会学习就是会思考——能把厚书读薄，能把薄书读厚。

走向工作岗位，便思考教育，思考教学，思考学生。我是一个思考型的实践者。我写的所有东西（包括日记），都是用文字凝固下来的思考。写，是最全面、最深刻、最理性、最冷静的思考。我十分感谢我们老师使我对写作有了浓厚的兴趣，十分感谢我的写作习惯。我写东西不是为了发表，只是觉得有点儿意思时，才小心翼翼地寄给报刊社。不是怕不发表，是怕发表了贻害大家。

我不是只说不做的人，从不坐而论道、纸上谈兵。每有所得，必定转化为教育、教学作为。这也正是我至今没有落后于时代的原因。

我这个人爱琢磨。读书看报爱琢磨，备课爱琢磨，上完了课爱琢磨，听别人讲话爱琢磨，听别人上课也爱琢磨，有时还瞎琢磨：本·拉登为什么要炸美国的世贸大楼？琢磨，有好处。它可以使人清醒些、明白些，把事做好些。

当老师的，每天都会遇到这样的问题：课怎么上？这就得琢磨。时间来不及，粗琢磨；时间允许，细琢磨。比如上公开课，一般情况下有较充裕的时间去准备，所以就可以反复地琢磨。有时真是思得食不甘味，卧不安席。一本《小学语文教学精品录》，是我苦思冥想的真实记载。不思不想，怎么能有点子呢？

琢磨，出好课。

一篇课文教完了，我并不就此拉倒，还要琢磨。琢磨它的成功与失误，琢磨下次怎样教；并养成了记教学笔记的习惯——随时记下自己的思考。有的“思考”长一点，自认为像“论文”，便小心翼翼地誊在稿纸上，偷偷地、惴惴不安地寄给了杂志社。你别说，有的居然被编辑看中，发表了（也说不定是被我附信中讨好的话所感动）。不过，实事求是地说，每篇文章都是我反复地、深入地琢磨某个问题的产物。只要琢磨，失误也是收获。不琢磨呢，即使成功次数很多，到头来，所获也有限，就像狗熊掰棒子，累了半天，手里却只有一颗。写文章是高层次的琢磨。写文章能写出有思想的老师，说不定还能写出专家来。光做不写，就会差那么一点。

七八年前，特级教师李济海老师对我说，有一次，他听一位老师教《再见了，亲人》，这位老师分析得十分透彻。分析完了，让学生读课文，学生却把“雪中送炭”读成“雪中送灰”。虽几经老师启发，学生还是读错。折腾了半天，字还不认得！这样的事我也碰到过。有一位很有名气的老师教《黄河象》，教过之后，还有人连课文都读不通顺。更不可思议的是，竟然也有夹生现象！我就琢磨开了——这样教语文行吗？我有没有烦琐分析的毛病？语文究竟应当怎样教才好？不仅我一个人琢磨，还和志同道合的张庆、徐善俊、高林生、高万同、孙景华、郝敬华等人一起琢磨。琢磨来琢磨去，我们琢磨出个“五重”来——重情趣、重感悟、重积累、重迁移、重习惯，而且还在教育部举办的“于永正语文教学方法研讨会”上作了介绍。

琢磨，出智慧；琢磨，出思想。

我的母校——徐州师范学校的校园里，有一座罗丹的“思想者”的塑像（仿制品）。塑像下面镌刻着列宁的一句话：“同志们一定要看看罗丹的‘思想者’。”列宁为什么要我们一定看看？我以为，他的用意是想让我们学会思考。其实，我们的祖先是很强调思考的。“琢磨”这个词就来自《诗经》中的“如切如磋，如琢如磨”。意思是说，学习要像加工兽角、象牙、玉石那样，仔细反复地切磋、琢磨。

列宁的话，古人的话，我都铭记于心。我将一如既往地琢磨下去。学而思，思而学；做而思，思而做；写而思，思而写……总之，活到老，思考到老。

有人说，教育的理论是古老的理论。是这样。教育的许多方面早被孔子、苏格拉底所认识，而且凝成了千古不朽的文字。但是，我思考的是如何运用古今理论家的理论，演绎出新的故事，并借别人演绎的故事，举一反三，演绎出属于自己的故事。

不要忘记“自己曾经是孩子”

苏霍姆林斯基说：“只有那些始终不忘记自己也曾是一个孩子的人，才能成为真正的老师。”

李吉林老师说：“我是个长大了的儿童。”

《相似论》的作者张光鉴教授说：“蹲下来看学生，就是老师要和学生相似。于永正和学生相似了，所以他成了学生喜欢的老师。”

如果说，我在教学中取得了一点成功，原因之一是我有一颗童心。用学生的话来说，我是他们的“大朋友”；用思维科学家张光鉴教授的话来说，就是“于永正和学生相似”；用苏霍姆林斯基的话来说，就是我“始终不忘记自己也曾是孩子”。

教了40多年的书，最终，把自己教成了孩子。

我老伴也这样认为。她说：“别看你离70岁不远了，但面孔还是小孩的面孔，一脸孩子气。——我说的是你的表情，不是那张皱巴巴的脸皮。”

这话我信，虽然不中听。在学生面前，我的面孔就更不是成人的了，多数情况下，是被笑占据着的。有人说，我脸上的皱纹不是岁月用刀刻上去的，是“笑”留下来的，是笑的“定格”。也许吧。

我所崇敬的、喜欢的老师给我留下的都是难忘的微笑。几十年过去了，一闭上眼睛，他们的笑容还会清晰地出现在脑际：张敬斋老师、孙秀英老师、李晓旭老师、赵维仁老师、梁敬儒老师、王明泉老师、郭宁兆老师……笑，我是从我的老师那儿传承下来的。我希望我的学生也能从我的微笑中感受到温暖和亲切，获得信心和勇气，就像我从我的老师的微笑中感受和获得的一样。我相信我的学生也能从我的微笑中获得我所获得的一切，而且我的微笑会使师生之间的距离更近，关系更融洽，因为我的表情中除了微笑之外，还多了一份——用老伴的话来说——孩子气。

当我和学生一起分角色朗读《老山羊和狼》（我读狼说的话，学生读老山羊的话）时；当我和学生一起表演课本剧（我扮哥哥，学生扮弟弟）时；当我和学生一起表演用“黄鼠狼给鸡拜年——没安好心”的成语编的故事（我演老母鸡，学生演黄鼠狼）时；当我和学生一起投入大自然的怀抱，一起扑蝶，一起卧在峄山之巅享受着和暖的阳光时；当我和学生一起做游戏，一样的天真，一样的稚气时，安能辨我是老者？

至今，我还对万物有像孩子般的好奇。什么新鲜的事物都能吸引住我的目光，绊住我的脚。看到一种奇怪的植物，一只不认识的小鸟，便痴痴地看，比小时候还专注。逛西双版纳热带植物园，有的同伴半天便出去了，而我却痴而忘返。当得知那种长得有点像芭蕉似的“大树”就是语文课本里说的“旅行家树”时，竟高兴得扑了上去，抚摸着它，围着它转圈儿，细细打量了之后，抱着它，合影留念。以后再讲《旅行家树》这一课时，便多了一份资源，多了一份情感。我的好奇心比童年时有增无减。但此时的“好奇”与幼时有很大的不同。现在，书读得多了，知识丰富了，认知能力强了，有了“消化生活的胃”，因此，对周围的事物认知、感受便与小时候大不相同，获得的东西自然比小时候多得多。我“消化”了众多的花草树木、鸟虫兽鱼、名胜古迹、田园风光，就会为学生提供丰富的精神营养。热爱自然，可能就从认识一种花草开始；热爱生活，可能就从一次垂钓开始；热爱祖国，可能就从游览一座名山开始。

至今，我还像孩子般的贪玩。善欢散步，操琴，唱戏，打羽毛球，游山玩水……

——所以，课间、课外活动时和学生一起玩，即使自己不会——比如踢毽子——也参与。虽然我一次踢毽子的最高记录才四个，但学生并不因为我笨手笨脚而讥笑我，不屑与我玩。

——所以，我布置的家庭作业极少，有时甚至不布置。学生高兴，我也高兴。他们能有空玩，我则可以免受改作业之苦。

——所以，我星期天经常带学生去爬山。没有别的目的，就是图个气喘吁吁，就是图个到山顶上呼吸新鲜空气，就是图个心情舒畅。当然还会随机搞些其他活动，例如讲故事，捉昆虫，采集树叶做标本。

——所以，我经常带学生钓鱼、钓虾、游泳、划船……我们垂钓是真正的“小儿垂钓”，没有张志和“斜风细雨不须归”那样高的意趣，更没有柳宗元“独钓寒江雪”那么深的意旨，我们只是图个乐罢了。我主张学生要学会游泳。据说，韩国教育法规定：小学生必须学会游泳。太有远见了。会游泳，人生就多了一份乐趣，多了一种锻炼身体的技能和途径，同时也获得了一种自救的本领。即使极少有人能用得上。

——所以，我主张学生应当有爱好，尤其应当学会一种（几种更好）乐器。我要求学生人人会一种乐器，并把器乐引进音乐课堂。只会唱，而不会演奏乐器，那是不完整的音乐教育。不企望学生在这方面成名成家，只是会，只是玩。当然，以后真有成名成家者，不更好吗？人生不会一种器乐，不懂音乐（或者戏曲），就失去了一种养分，一种色彩。没有爱好，玩，就失去了高雅；人的精神家园，就会变得单调，乃至于乏味。我希望学生有广泛的爱好。

小学生应该在玩中长大。玩，是万万少不得的。我是在玩中长大，又是在玩中变得年少的。

至今，我还保留着孩提时代的兴趣。小时候特别喜欢红缨枪。买不起，便自己做。在木头刻的枪头子上，贴上锡纸（即香烟盒里的锡纸），把苘麻染成红色做红缨。一枪在手，觉得自己仿佛就是赵子龙，舞着，叫着。把红泥做的手枪别在腰带上，觉得自己就是小战士——至少是小游击队员吧。现在，我对枪、炮、坦克、军舰、飞机依然有浓厚的兴趣。虽然还是用孩子般的眼光去看，却是用大人的心去思，关心的是国家的发展、祖国的强盛。终于有一天，我们歼7飞机也变成了三角翼；终于有一天，我们的歼11也能和美国的F16相媲美了；终于有一天，我们的战士也挎上了现代化的冲锋枪了，我便孩子般地振奋。

由此，我的学生也关心起军事，关心起祖国的未来，关心起世界的未来。他们和我一样，对飞机、坦克、大炮、导弹、军舰、潜艇产生了浓厚的兴趣。于是，他们便饶有兴味地去做我布置的下列作业：

——中国人民解放军海军有哪三大舰队？中国海军最现代化的军舰和潜艇是什么？中国人民解放军海军水兵服的衣领和袖口上为什么有四条白道，比外国水兵多了一条白道？请你为中国海军设计一艘现代化的军舰（用图画表示）。

——上网浏览一下各国的先进战斗机（包括我国），记下各种战机的名字。我国超7战机何时研制成功？它有哪些主要性能？它的研制成功有何意义？

——什么叫“隐形飞机”？美国的隐形飞机叫什么？真的很“隐形”吗？我国着手研制了吗？

……

最终我把自己教成了孩子，童心未泯。我经常说“要蹲下来看学生”。“蹲下来”，就和学生相似了，苏霍姆林斯基说：“只有那些始终不忘记自己也曾是一个孩子的人，才能成为真正的老师。”“不忘记自己也曾是孩子”，就容易理解他们了。教育需要理解，理解是爱的别名。

我为什么对后进生更亲近，和考试成绩不好的人一起难过？因为他们更需要老师的理解和体贴；因为我读小学时一次考试没考好，张老师的一句“别难过”的安慰话，至今还温暖着我的心。我为什么从来不批评迟到的学生？因为我认为迟到了而敢进教室是一种了不起的勇气，这种勇气只应当赞许，而不应当批评。我读小学四年级时迟到了一次，而我竟不敢进学校的大门，索性选择了逃学！为什么我对上课偷看课外书的学生十分宽容？因为我上学的时候也做过这样的事！直到读初中了，上课还偷看过课外书！工作了，有一天，偶然看到了胡适写的一篇关于读书的文章，文章中说：“那些上课偷看课外书的人，往往有出息。”

从此，我对上课偷看课外书的人不但睁一只眼闭一只眼，而且有些另眼相看了。为什么我对偷吃别人黄瓜的学生不予以责备，事过多日之后，才对着该生的耳朵小声说："偷来的黄瓜好吃吗？"并一笑了之？因为我小时候也干过这样的傻事！什么是小孩？这就是小孩！要理解小孩。为什么我每每听到学生打来"XX同学骂你了"的"小报告"，我总是笑问"骂从何来？"而从不动肝火，因为我上学时也有类似的行为。这时，我便诚恳地找骂我的学生谈话，有时甚至于到学生家里了解原因。古代的齐威王都有"能谤议于市朝，闻寡人之耳者，受下赏"的度量，我们当老师的更没有必要去维护这种不必要维护的尊严。

后退一步天地宽。"后退"的前提是理解，是仁爱。教育，需要理解，需要"后退"。

因为童心未泯，所以我备课时，常常觉得自己就是小学生。怎样导入能吸引学生？怎么处理能有趣味性？怎样朗读能激发学生的想象、能让学生有感受？怎样讲学生愿意听，而且能听得明白？设计什么样的作业既有利于学生的发展，又让学生乐于去做？……备课时，我常常觉得自己是两个人——一个是"老师的我"，一个是"学生的我"。"老师的我"的任何一种想法和做法，都会遭到"学生的我"的质疑，获得了"学生的我"的同意之后，才能写在备课本上，才能实施。不但备课，就是上课、处理学生的问题、安排学生活动时，"学生的我"也常常站出来，给我提个醒，告诉我应该怎样做，不应该怎样做。多年来，我一直按"学生的我"的要求来要求自己，锤炼自己，规范自己，字在进步着，朗读水平在提高着，文学修养和思想修养也在提升着。

"文革"期间，天下大乱。但我的班竟能按部就班地上课！这使我的同事很惊讶。更令他们惊讶的是，我教的一个班都读初中二年级了，一个星期天，他们回到了大马路小学，要求我带他们爬山！好吧，还是原班长王克利整队，还按当年做操的队形集合吧！于是，全班迈着整齐的步伐来到了云龙山下，一鼓作气爬到了山顶！活动完毕，回家的路上，依然步伐整齐，纪律井然！要知道，这是发生在20世纪70年代初期的事呀！那个年代，我们国家还处于动荡时期，学生根本无心学习呀！

有的同事说，于永正带的班之所以这样优秀，靠的是个人魅力。话说大了。确切地说，靠的是我的一颗童心。

因为童心未泯，所以也常常思考童年的遗憾。童年最大的遗憾是古诗文背得太少太少。如果我小时候能打下较深厚的古典文学的底子，那该多好哇！长大了，想学又晚了，已经错过了背诵的最佳期和学习语言的最佳期。

不能再让我的学生有这样的遗憾，再错过这个学习语言的最佳期。于是我便不遗余力地教他们背古诗、词，学点古文，教他们《三字经》《百家姓》《千字文》。我一定要在学生身上圆我童年的梦，为他们打好人生的底色。

一眨眼，四十多年的教学生涯过去了。

岁月的刻刀能在我的脸上刻上深深的、密密的皱纹，却刻不到我的心上。

三、梅花香自苦寒来

靳家彦

靳家彦，男，1944年生，特级教师，曾任天津市南开小学校长。

40年来，他不断从理论与实践的结合上探索小学语文教学科学化，是“导读式教学”的创立人之一。在课堂教学上，他倡导“语思统一、口书并重、内外相通、以读为本”的导读法，主张“生活——认识——表达”的作文训练程序，取得显著的教学效果。

曾荣获天津市模范教师、天津市劳动模范、全国教育系统劳动模范等称号，被国家授予“人民教师”奖章，享受国务院政府特殊津贴。

主要著作有《导读式教学新探》《导读原理与艺术》《导读理论与实践》《小学语文导读论》等。

常有青年教师问我："您作为一名特级教师，成功的秘诀是什么？"积我40余年教师生涯的体会，我坦诚回答："我既未成功，更无秘诀。要说体会，两个字就能概括——刻苦。"

锤炼，不怕吃苦

我9岁丧父，家境贫寒。母亲含辛茹苦，抚养我们姐弟三人。我深知生活的艰难，刻苦读书，从小学到中学，从中学到师范都是保送的。俗话说："有钱难买少时贫。"儿时吃些苦，对一生都有益。

我上师范时，正赶上三年困难时期。从1959年到1962年，几乎人人挨饿，我正是十六七岁的小伙子，更是天天吃不饱。有一次到农村劳动，用铁锹掘地，天亮出工，天黑收工，每顿饭只有一个窝头、一碗稀粥、一小盘盐水萝卜缨，饿得大家下地时找野菜嚼，挖草根吃。生活确实非常艰苦。但我能忍受，从小吃过苦，再难也要咬住牙。我把苦难当做磨炼意志的好时机，只要空闲下来我便读书，以此转移肠胃的感觉。古人说："尝得草根，百事可为。"许多中外文学名著，我都是在这段时间读完的。

"文革"十年浩劫，想读点儿书实在太难了。一是无书可读，二是即使弄到书也不敢公开读。有一次在学校操场烧书，在搬书时我发现一些很有价值的《教学研究资料汇编》，如获至宝，偷偷把它们藏起来。此后，利用夜里写"大批判"稿的时间，一字一句工工整整地抄录下来，一共抄了3大本。这些资料都是许多老教师多年教学经验的结晶，对我这个刚刚走上讲台的青年教师来说，真如同久旱之甘霖。我拼命吮吸着前辈教师教学精华的乳汁，渐渐摸索到一些教育教学规律。须知这样做一旦被人发现，将会带来什么后果！轻则批判斗争，重则打成"反革命"。感谢我的爱人（当时我们还没有结婚），她支持我、信任我，顶住那些威胁利诱，帮我抄写了不少好文章，后来，她也成了一名优秀的语文教师。"感谢"那一段的"重压"，磨炼了我不屈不挠的斗志。"艰苦"是难得的财富，只要你能以坚忍的意志、高尚的精神去战胜它，就会获得胜利的喜悦。

1976年唐山大地震波及天津，我住的仅6平方米的小房也被震损，只好在一所中学的操场搭一个"临建棚"安身。窝棚太小，住不下全家人，我就睡在露天地。两把课椅，一件雨衣，在蒙蒙细雨中入睡。即使在这样艰苦的条件下，我对教学工作依然一丝不苟，认认真真地备课，苦心孤诣地钻研教材，深入到学生中去了解他们的想法和要求。我敢说，40多年来，我没有一节课是马虎应付的，没有一课不是精心准备的。学生的作业我都认真批改，抓紧辅导每一位学生，使他们不断进步。我以这种无声的示范，熏陶感染着我的一批又一批学生。

生活的艰苦、环境的艰难、工作的艰辛，是我们这一代教师人人经历过的。以苦为乐，以苦为安，矢志不渝地追求理想与奋斗目标，是人生意义之所在。“梅花香自苦寒来”，一拿起课本，一走上讲台，一看到学生，一想到未来，一切苦和累都化作清冽的甘泉，心中的甜美很难用语言表达。

钻研，付出辛苦

我的恩师，北京第一实验小学老专家、特级教师王企贤先生对我的一生影响非常大。拜师之后，他对我的要求愈加严格，从师德到教艺，从钻研教材到了解学生，从课余生活到身心健康成长，他都言传身教。以钻研教材为例，他常以“一词未解烟受难，半句不通茶遭瘟”的苦钻苦研精神，要求我做到：“字求其训，句索其旨，言出有据，烂熟于胸。”

新课程实施以来，我以花甲之年学习研究、大胆实践，与时俱进、不甘人后。我逐字逐句认真领会《基础教育课程改革纲要（试行）》等文件，仔细研读《为了中华民族的复兴，为了每位学生的发展》《走进新课程——与课程实施者对话》《语文课程标准（实验稿）》《语文课程标准（实验稿）解读》等书籍，对这次课程改革的背景和目标，课程结构，新课程标准，新课程教学改革、评价、管理、资源与组织推进等方面，树立全新的理念，力求融会贯通。我深感这次改革步伐之大、速度之快、难度之高，都是以前的教改所不可比拟的。它将实现我国中小学课程从学科本位、知识本位向关注每一位学生发展的历史性转变。对于每一位教师来说，认真学习与钻研这次课程改革的一系列理论并将之付诸行动，是摆在我们面前的一项现实而艰巨的任务。

我在教学实践中转变观念，在不断探索中加深对这次课程改革重要意义的认识。以《有这样一个小村庄》一课的教学为例，到目前为止，我已在全国20余个省、市、自治区做公开教学超过百场，并多次为国家级骨干教师培训班进行示范教学，得到学生、教师、家长、专家和领导的鼓励与支持，这更加坚定了我努力钻研下去的信心。我执教的《跳水》《田忌赛马》《董存瑞舍身炸碉堡》等课例曾分别获得天津市一等奖、全国一等奖、联合国儿童基金会与中国政府教育合作项目一等奖；我的科研成果《小学语文导读法》获得天津市首届教学成果一等奖，教学录像多次在中央及地方电视台播放。

时光如流水，转眼间我也到了快退休的年龄了。近年来，我带了不少徒弟。例如李卫东老师，就是十分突出的一位。他一米八几的大个子，瘦削身材，朴实得近乎农家子弟。他能够在窄小阴暗的陋室里刻苦读书，以囊萤映雪的精神读遍他所能搜罗到的书籍，他付出了常人难以想象的代价，披荆斩棘，求索教学改革之路，真可谓到了如醉如痴的地步。他在一所普通小学，踏踏实实地进行教改实验，取得了令人信服的研究成果，出版了40万字的专著，受到领导和同行的高度赞誉。在专著付印之前，我应他之约认真审读，那正是酷暑难熬的日子，我挥汗写下了数千字的述评，既是我钻研的心得，也是我向青年同志学习的小结。“三人行，必有我师。”我向师傅学，也向徒弟学，更向一切人学，教学相长，学无止境。

作为一名小学教师，时间是多么宝贵。我认为，时间再紧，也不能挤掉钻研的时间。鲁迅先生赞扬“海绵”特色，雷锋同志提倡“钉子”精神，都启示我们要学会吸纳，善于挤钻。40多年来，我抓紧点滴光阴，无论寒暑，不管多忙，我总是在读书、思考、钻研、探索中度过我的业余时间。钻研如同打井，只有深钻，才能得水，付出的是汗水，换来的是甘泉。

实践，以苦为乐

我第一次做公开课是刚参加工作那年，为全区的老师上研究课，讲的是《夜莺之歌》。至今回忆起来，我都不知道是怎么糊里糊涂地讲下来的。只记得上完课我回到宿舍，一个人蒙头躺在床上，脑子里一片空白。老校长郑资颖先生热情地肯定我这节课对教材钻研得比较深入，教学设计也不错，只是缺少驾驭课堂的经验，并语重心长地对我说："你要好好总结一下成败得失，不断改进，相信你一定会在教学实践中不断提高。"

"实践"，成为我教学生涯中不断向上攀登的阶梯。40多年来，我始终没有脱离三尺讲台，在教学第一线"实践——总结——再实践——再总结"，不停地向前走。

粉碎"四人帮"之后，我参加了全国统编教材和教学参考书的编写工作。在袁微子先生的指导下，我试教了五、六两册教材。当时这两册教材每册12组45篇课文，三年级又是五年制承上启下的过渡年级，识字、阅读、习作的任务都比较重，如何进行"段"的教学又是新的研究课题。我一课一课地探索，一次又一次地实践，一组一组地总结。那时刚刚拨乱反正，新教材怎么教大家都没底，研究风气十分浓厚。我教每一课书都有十几人、几十人甚至数百人听课，节节如此。那一年，我真到了"废寝忘食"的程度，夜以继日，反复实践。功夫不负有心人，一年下来，我总结了"在三年级阅读教学中加强段的训练"的体会心得，收入人教社出版的《小学语文教学经验文集》中，我还陆续在各地教育杂志上发表了10余篇研究文章。试教结束，我便开始咯血，有时大口大口吐血，但我只休息了一个月便又投入了新的工作。这一年是我工作最紧张的一年，也是收获最大的一年。"衣带渐宽终不悔，为伊消得人憔悴"。艰苦的实践过程，也是加速成长的过程。我体会到，实践，苦在其中，乐在其中，苦中求乐，其乐无穷。

40多年来，我教过23届毕业班，做过600多场次公开教学，规模大时在体育馆上课，听课老师超过5000人。工作量大时，我一个人教两个毕业班的语文课，还担任班主任、辅导员和教研组长，我把这些都看做是难得的实践机会，直至我担任了学校校长、党支部书记主持全校工作，仍然为毕业班授课、辅导，从不放弃实践的机会。我深切地体会到：教学是一个永恒的动态范畴，认识不会穷尽。教学的生命力在于创造，而实践是一切创造的源泉。

由于年龄的增长，加之积劳成疾，我身患肾病综合症、心脏病、高血压等多种疾病，医嘱必须全休。在新课程改革刚刚启动的形势下，我怎么闲得住呢？我抓住每一次机会学习、请教、取经、觅宝，全身心地投入到课改中去，全然顾不得自己是个重病号。我要做一枝两头点燃的红烛，把自己生命的光和热，毫无保留地献给人民的教育事业。

我的书房悬挂着一位朋友书写的对联，联曰：“宝剑锋从磨砺出，梅花香自苦寒来。”我想，即使在飞速发展的新世纪，这种精神也不能丢。

四、一路走来

支玉恒

支玉恒，男，1939年生，中学高级教师。1959年毕业于河北体校，分配到原籍任体育教师，1978年任语文教师。1984年被评为河北省优秀园丁，记一等功。曾任河北省张家口市桥东实验小学校长，后来到山东省威海市高技术产业开发区第一小学任名誉校长。先后出版了《耕耘与收获》《支玉恒小学语文教学文集》《欣赏与评析》《百篇作文评点》《课堂教学实录集》《阅读教学方法集萃》《课标教学新录》《课堂情趣与智慧》等十多本教学专著。

经常有老师问我："您学历不高，又不是科班出身，为什么课讲得那样好？"

的确，论学历我只是中专，初中毕业我考上了体育学校，实际的文化水平，也就是初中那点底子。体校毕业后，我教了20年体育，因为身体原因才改行教语文。

死心眼下"笨"功夫

初教语文时，语文教师的三大基本功——读、写、说，可以说我样样都不行。怎么办？我这个人有一个怪脾气——不论干什么，不想让人家挑出毛病，不想让别人笑话。于是，一狠心，练！汉语拼音一点儿都不懂，找本校低年级的郭兰芝老师教，一连补了三个晚上，攻下来了。字写不好，练毛笔字！一连三四年，备课、改作业、批作文、写总结、写论文，包括写检查，只要写字，一律用毛笔小楷。朗读读不好，借来录音机，读了录，录了听，听了改，改了再读再录再听。每篇课文都要折腾三五遍。文化底子薄，不懂教学理论，买书，看书，做笔记，写心得，一直坚持到现在。

我这个人生性乐观，老招人笑，大家都喜欢听我说话，说这叫幽默。这幽默可帮了我的大忙。上课时，学生两眼瞪得溜圆听我讲课。下课了，我就与孩子们一块踢球，他们二三十个人也从我脚下抢不走球。他们可佩服我了，我说什么他们都听。班里的纪律也好了，一个学期得了20多次周红旗。毕业考试一下子考了全市第一。坐下来一想，我这个语文老师当得还行，心里挺骄傲！

但是上课我还总觉得有点儿无头无绪。没关系，听听别人怎么上。上课了，不管人家同意不同意，我推开门就去听课。老师见我傻傻的，挺真诚，也不好说什么。下了课，就找老师研究讨教，有时也给人家提提意见。真奇怪，老师们不仅没有讨厌我，看样子还很欢迎我。于是，几年下来，我的听课笔记本堆了一大摞。我分别把它们装订成册，包上皮儿，还给它们起了好听的名儿，如叠翠、积玉、传芳、览胜，等等。

那时我们的校长是刘树勋先生。这位校长有个特点——酷爱听课。他一听课，就把怀表掏出来，放在桌角上，听得哪里有问题了，就"吭吭"地直咳嗽，下课就要找你"算账"。他特别爱听我的课，于是我就得到了他许多的“吭吭”。还有一位刘淑娴局长，人很和气，听课听高兴了，脸上就笑成了花，于是我也得到了她许多美丽的微笑。我的语文教学就是在这二位长者的微笑和“吭吭”中一天天进步的。一晃，7年教了7个毕业班，6个班在全市考第一，一个考第二。

渐渐地，我被区市的教研部门盯上了。那时，张家口地区教研室的主任是李德善先生。此人文学水平很高，擅长语文教学。他召集了我和其他几位优秀教师组成了一个类似于“别动队”的特别研究小组，经常在一起切磋交流，还编写了上百万字的教学资料。和李德善主任共同研讨的那几年，是我教学水平提高最快的几年。

踏上自我反思的“战车”

大概是1982年，我教语文的第四年吧，河北省电教馆要来张家口给一位老师做录像课，我偷偷地找到李主任，让他去和省里的同志商量，给我也拍一课。没想到人家答应了。那次是我第一次看见摄像机，拍了郑振铎的《别了，我爱的中国》，没想到这节课被推荐上去，还获了全国的奖。从这以后，我就走出了张家口，应邀到省内的不少城市去讲课。在外面讲课，既是荣誉，也是压力。正是这种压力，逼得我进一步苦学苦练。

1985年，我参加了国家教委举办的为期一年的全国小学教育研究班。在这里，我听了许多专家、教授的理论报告，参加了深入的理论与实践研究，教育理论水平得到了一次空前的提高。在学习交流会上我还作了一个《教学过程的主要矛盾》的报告，并参加了研究班学术著作的编写工作。在编写中我更广泛地阅读了许多学术著作，并做了详细的笔记。

1986年，我第一次出省——北京市宣武区右安门一小的张光缨老师请我去上课。我讲的是《飞夺泸定桥》。当时张光缨老师的姐姐、海淀区教研室主任张光珞老师也带了人去听课。北京，历史悠久，积淀深厚，北京的老师向来都是接待外省的老师去听课。我一个山中小城的老师来这里讲课可不是闹着玩的。我的心一直跳了一天一夜，但我又有点“初生牛犊不怕虎”的勇气。既然作了精心的准备，讲就讲，放开了讲。结果两节课讲下来，张光珞老师连饭也没让我吃，就把我拉到了海淀，再给他们讲。我知道，大概这一炮又打响了。自此，我走出了河北省，又先后应邀到河南、陕西、天津、内蒙古、江西、黑龙江等省市去讲课。

别人的课越听越多，自己的课也越讲越多，我的心里犯嘀咕了，总觉得我们的课讲起来怎么跟理论著述上说的有点儿对不上号。书上说："教学的主要目的之一是发展学生的智力。但是机械地获得的知识是同发展智力无关的。""教师教任何功课（不限于语文），'讲'都是为了达到用不着'讲'，换个说法，'教'都是为了达到用不着'教'。"连老外都说："在绝大多数情况下，数学教师和语文教师在一节课上要讲的时间，不应超过5~7分钟，让学生通过自己的努力去理解的东西，才能成为他自己的东西，才是他真正掌握的东西。"可是我们是怎样讲课的呢？有的老师要讲30多分钟，有的整节课都在喋喋不休地问答。这怎么叫"通过学生自己的努力"去获取知识技能呢？有一个阶段，这些问题把我憋得好苦。

究竟怎样教学生学语文呢？渐渐地，我发现学生喜欢读书，他们更喜欢那种抑扬顿挫的感情朗读。既然学生喜欢，我的课上就让他们敞开去读。结果一段时间下来，学生的语文学习出现了意想不到的变化。他们说话不打结巴了，作文句子通了，连错别字都少了，真是怪极了。一看书，人家早就说过了："阅读是学生掌握阅读技能的最主要标志"，"许多学生之所以不能掌握知识，乃是因为他还没有学会流畅地、有理解地阅读"。再想一想，我们讲课，弄作业，说来归去都是为了一个"考"字。为了考，有的死记硬背；为了考，顾不上学生其他方面的发展。可书上也早就说了："学校的职责不限于传授各种知识，培养各种技能以及发展智慧能力，学校更负有促进与指导人格发展与心理健康的主要职责。"原来，我们好多习以为常的想法和做法都是错的！怎么办？没得说，只能改！

1989年，全国要召开新中国成立以来第一次带有大赛性质的小学语文教学观摩会。当时我也阴差阳错地被作为特级教师邀请去为大会上"示范课"。我暗下决心，在这次大会上，讲课一定要少讲少问多读，让学生在读中理解、读中感悟、读中体会情感，读中受到思想的熏陶。结果讲课获得成功，掌声经久不息。华中师范大学教授、全国小学语文研究会的学术委员杨再隋后来评论说："支玉恒老师把读的功能发挥得如此淋漓尽致，让汉语教学的魅力展现得如此多姿多彩，实在难能可贵”，“为当时从一讲到底到一问到底的语文课堂教学，送来一股清凉的风”。广西教研中心的黄亢美先生也说：“自此全国很多地方兴起了‘支氏品读法’。”

会议后，我针对时弊，深思熟虑写了几篇文章。第一篇是《阅读教学从整体入手》，发表在1990年第3期《小学语文教学》上，没想到却由此引起了全国范围的一场学术大讨论。各种期刊发表辩论文章数十篇，历时一年多。第二篇是《反思“带着问题读”》，第三篇是《“带着问题读”的再反思》，第四篇是《“问答式”必须改革》，均发表在当时的《小学语文教学》杂志上，又引起了新一轮持续一年多的全国大讨论。我很高兴，这反映了小学语文教学领域的沉闷空气已被打破，人们开始关注教学思想与教学实践的改革，但也反映了两种思想正在斗争。

我又想，教学是实践的科学，光在口头上争来争去没有什么实际成效。再说，一种教学思想、一种教学主张，当它没有在操作层面上获得突破之前，是不太容易被人接受的。由此，我更坚定了在教学操作上改革突破的决心。

做人是人生的第一大课题

当老师的都知道，学生是学习的主人，课堂上应该以学生为主体，让学生多说、多读、多动脑。但是在实际教学当中，学生依然是配角。于是我设计了《太阳》一课，在杭州讲，又得到了极大好评。著名特级教师于永正特意为此写了一篇《小学阅读教学的新突破》，他说：“整个教学过程中支老师没有提出一个直接涉及内容理解的问题，全部板书也是由学生完成。两个教时中，进行单独说话、朗读、辩论、书写、板演的学生有近百人次（集体或小组活动的不计）”，“的确，语文教学负荷太重，承袭太多，要突破模式化的框框，实现学生学习方式的转变谈何容易。突破，首先是教育思想上的突破，变教师为主为学生为主”。读了这些话我更坚定了方向。

特别值得一提的是，在这一阶段，我得到了许多老前辈的扶持与帮助，他们为我做出了“做人”的榜样。首先是斯霞老师。1998年，上海S版教材举行教材教法研究会，请我到上海去讲课，当时已近90岁的斯霞老师也应邀到沪参会。斯老师听了我讲的《太阳》，课后特意找到我，跟我谈课谈了一个多小时。斯老师肯定了我的课，也给我指出了今后应该注意的问题。她说："你以后再讲课我还去听！"果然不久她就应邀参加了广东顺德的教学会。她又听了我讲的《高粱情》一课，仍然对我进行了谆谆教诲。斯老师从早上第一节课开始，一直到下午散会，始终端坐会场，认真听课做笔记。她说："我最喜欢听老师们上课，最喜欢听大家讨论教学了，我要好好学习。"有一天晚上快11点了，我外出归来，见斯老师一个人在宾馆走廊里走来走去。我很奇怪，问斯老师怎么了。斯老师示意我小声一点儿，轻轻地说："我今天老是咳嗽，等同屋的老师睡着了，我再进去。不然我咳嗽得人家不能睡。"听了这话，我顿时感到全身的血液在涌动。这是一位90岁的老人啊，一声咳嗽都在想着别人，多么令人肃然起敬！做人，这是人生的第一个大课题，斯老师正是有了这样的人品、人格，才有了她辉煌的教育成就。第二年，江苏省为斯老师庆贺90大寿，斯老师特意给我发了邀请函，我还与斯老师全家合了影，没想到这以后再也没见到老人家。

在我的一生中，袁瑢老师也是我做人和教学的楷模。1982年夏，我随河北省组织的"教育参观团"到南方学习。这天要到上海市实验小学听殷国芳老师的《赤壁之战》。但上课的却是年逾花甲的袁瑢老师。原来当天殷老师的婆母病危，已退休的袁老师不愿让全国各地来听课的老师徒劳往返，心中失望，不愿让殷老师心怀愧疚，也不愿让病危的老人心中不安，更不愿耽误了几十个孩子上课，毅然重执教鞭。虽然袁老师也参与了殷老师的备课，但谁都知道，临时拿书上课不但很难，而且有风险。结果袁老师上课行云流水，举重若轻，让我这个第一次见到她的人心怀崇敬。崇敬袁老师的教艺纯熟，崇敬她博大的爱心。后来她听了我的《第一场雪》，紧接着在洛阳又听了我的课，每次都与我促膝长谈，提出了很多中肯的意见。洛阳会议结束后，大会安排我的老伴和女儿与袁老师同行送她回上海。到上海后，袁老师执意让她们母女住到她家中，时间长达一个星期。每天晚上袁老师都给她们画好第二天出门游览的线路图，注明车次、上车地点、中转地点、下车地点。第二天一早就起来给她们做好了早点，吃完饭，亲自送她们到第一个上车点。下午又早早到终点站等着带她们回家，天天如此！上世纪90年代中期，有一次我和袁老师等几位老前辈去牡丹江市讲课，没想到遇到了洪水，带路的牡丹江市的李守仁老师急得像热锅上的蚂蚁，我们心中也很发慌，但袁老师镇定异常。她说："没什么大关系，人生下来谁不遇到几次考验。我很好，倒是你们要沉得住气，心一慌就乱套了。"我受到了很大的震动和鼓励。后来我去江西瑞昌讲课，返程时，正赶上长江决口，潮头就在后面追着汽车，从后视镜中可以看到翻滚的浊浪。车上人都很惊慌，怕我这位请来的客人被水卷走。我知道，我要是稍显惊惧，全车人都会手足无措。于是，我就像当年袁老师那样稳坐不动，还和他们开玩笑。司机情绪稳定了，沉着地飞驶。因此说袁老师给我的教诲，绝不仅仅是教学上的。

杨再隋老师也是我教学生涯中最尊敬的一位导师。他对我教学上的指导，由于过多，过于具体，这里无法一一述及，只讲杨老师教训我的那一次。有一次在湖北天门市讲课，课前一位著名教授告诉我上阅读课也要读写结合，最好让学生写一写。我很为难。课里没有这样设计，教学步骤环环相扣，从哪里挤时间呢？但又一想，第一，读写结合确实很重要，应该有所体现；第二，加上写作会使课堂添彩，获得好评；第三，我是头一次到天门讲课，这里是"状元之乡"，应该留下好印象；第四，专家特意叮嘱，他又在台下第一排听课，不改一改，人家会不高兴，对我今后也没好处。于是上课时我就做了临时调整，老惦记着挤时间。结果每一个步骤都没有到位，作文也没有写好。下课后，杨老师把我叫到跟前，我只好据实以告。杨老师毫不客气地说："上课就是上课，哪来那么多的私心杂念！没有周密计划，没有精心设计就胡讲一气，这是不负责任！不要以为自己上课比较灵活，就可以随心所欲，改得这样不伦不类，算什么！"杨老师的话像当头棒喝，一下子让我无地自容，也让我清醒。我为了人情面子，为了自己所谓的"添彩"，为了让人家说好，为了讨好专家，竟然拿教学当儿戏，拿学生当儿戏，我陷入了深深的自责。从这以后，我努力克服浮躁之心，克服功利心，时时刻刻不敢忘记"责任"二字了。

返璞归真去浮华

2000年以来，国家颁布了"课程标准"，提倡学习方式的变革，特别提倡了"自主、探究、合作"的学习方式，新一轮课程改革开始了。

但是由于对“课标”精神理解的偏差，在不少方面出现了重形式、轻内容的倾向，例如，实施“自主、探究、合作”的学习方式时，有人认为只要上课就要分组讨论，学生面对面围坐一起，你一言我一语就算探究合作了。针对这一形式主义的倾向，我又设计了《难忘的启蒙》《宇宙生命之谜》等几课。我力争学生在分组时人人任务落实，防止“滥竽充数”现象的发生，使每个参加讨论的学生都有事可干、有话可说，让人人的学习都对本组集体探究的成果负责。这样，课的形态变了，但自主学习、独立思考的基本学习规律没有被打破，而是被纳入了合作探究的氛围中。杨再隋老师在文章中评价说：“从变革的角度看《难忘的启蒙》一课给人的印象更为深刻……支老师以自己独有的教学模式诠释了课程改革的新理念，突破了当今语文教学中的许多思维定式和课堂教学模式。”

这些年，教学交流在全国普遍铺开，一些教学竞赛也促进了教学研究的开展。这就免不了要上许多公开课。公开课、竞赛课的广泛兴起，使广大教师增加了学习借鉴的机会。但是，由于公开课本身的公开性、竞赛性，就免不了给公开课本身涂上了功利的色彩，因此，出现了许多不正常的现象。有的人上公开课不是在给学生上课，而是上给听课的老师；上课时关注的不是学生收获了多少，而关心的是自己出了几次“彩”；上课时不把课堂看成学生学习成长的圣地，而当做了展示个人所谓才华的场所。这样一来，上课时哗众取宠的有，卖弄才情的有，生拉硬扯的有，放任自流的有，不一而足。虽然为数不多，但由于公开教学的公开性，“名师”效应的扩散性，其危害不可低估。看到这种情况，我心痛不已，应约参加了《福建教育》举办的网上讨论《语文教学的返璞归真》。作为主讲人，我讲了近3个小时，回答了10个重点问题。

几十年来，我在小学语文教学这块阵地上一路走来，没有迷失自我，没有迷失方向。这是由于我时刻记得一个教师的责任，记得小学语文教学的宗旨，虚心向老前辈学习，先做人后教书，使自己在年逾70的今天，还觉得对得起自己。

五、杏坛回眸五十年

贾志敏

贾志敏，男，1939年生，特级教师，上海市浦东名师、浦东开发建设特殊贡献者，上海东方广播电台《特级教师到你家》、上海电视台《贾老师教作文》节目主讲。曾任上海市浦明师范附属小学校长、上海市金苹果学校小学部校长。从事小学语文教育工作50余年。主要著作有《贾老师教语文》《贾老师评改作文》（系列丛书）《贾老师读小学生作文》（系列丛书）《贾老师对你说》《一个校长的演讲》等。

我没有上过师范学校，也没有进过高等学府大门，按现在的要求，该是下岗的“不合格教师”。那么，我是如何学会上课，并且在讲台上一站就是50多年的呢？

无奈入“境”

现在的教师，选择这一份工作，或出于对教育事业的憧憬；或考虑到工作比较稳定，多一份高尚、清雅，少一份市侩和俗气；或因家境欠佳，报考师范可免除学费继续深造。而我步入这一岗位，纯属无奈。

父亲是个商人。解放初，正在海外发展的他，应邀回国。岂知，回到上海仅半年即被错捕错杀。我们兄弟姐妹因此戴上了“反革命子女”的帽子，被扫地出门。这一年，我11岁，读小学五年级。

以后几年里，一家人靠母亲帮人洗衣维持生计，我勉强读到高中，还加入了共青团。1958年高中毕业那一年，整风反右之后的整团开始了，我被清除出团。因为“家庭出身不好”这个同样的理由，尽管我读书用功，学习成绩好，连续4次报考大学均未被录取。求学无门，生活无着，只能靠打工代职谋生。

我啥活儿都干：拉车、扛包、送药、绘图……凡能挣个10元、8元，都不敢放弃机会。哪个学校有教师病假，我则忙着去代课。遇上个“产假代课”，则十分难得，至少可以代职两个月。再说，小学里女教师多，代了这个“产假”，另一位教师又“生产”了……

我深知这一份工作来之不易，故十分珍惜。工作没比别人少做，业绩也不比其他教师差。校长见这年轻人还顶用，教课也不错，想给我“转正”，岂知一经“外调”就露了馅儿，好事变成坏事，我被清退了。

惊心动魄

1966年，史无前例的“文化大革命”暴发了。其时，我正在一所小学代职。“革命洪流”洗濯着“污泥浊水”。我们兄弟姐妹8个无一例外都遭到冲击。在大学里教书的长兄被红卫兵殴打致残，病死在医院里。

虽说我敬业，工作也出色，但还是厄运难逃。我被“揪出来”关入“牛棚”，成了批判斗争、游街示众的靶子。戴着尺余高帽，手执破簸箕、坏笤帚，被追打、唾骂。在“革命群众”“红卫兵小将”的“簇拥”下，我被赶着从一楼爬到四楼，墨汁涂满衣襟，鼻涕口水洒得我满头满脸。

呜呼！人的尊严丧失殆尽。

使我最痛心的那一幕，永远无法从记忆中抹去。秋日，已有几分寒意。我被唤进了一个办公室面壁思过。我明白，又要当一回“活靶子”了，此时的我已几近麻木。

一年级近200个孩子席地而坐，又呼口号又唱语录歌曲。这一天，他们要学的课文是“谁是我们的敌人？谁是我们的朋友？这个问题是革命的首要问题”。

读过句子之后，执教老师问道：“什么样的人叫敌人？”

学生答：“坏人就是敌人。”

老师又问：“谁是坏人？”

一个学生说：“黄世仁是坏人。”，又一些学生补充道：“还有南霸天、刘文彩、座山雕、刁德一……”

老师问：“这些人你们见过吗？”

学生回答：“见过——”

“哪儿见的？”

“电影里边。”

老师说：“不对，不对，那是演员演的。真的敌人见过没有？”学生说没有。老师颇有几分得意，说：“那么，给大家看一个真的敌人！”

于是，我被摁着头，反剪着双手押在了这些天真的孩子面前。

此时，教室里群情激昂，口号声震耳欲聋。

我的姓名成了“敌人”的注脚。从此，我成了人人喊打的“过街老鼠”。那年刚好是我而立之年。

洗辱雪耻

只要不失去自信心，只要对事业、对理想尚存一息希望，那么厄运可能是一个深不可测的宝藏。

在那个几乎令人窒息的年代里，我没有动摇过对事业的追求，没有对人生、对前途丧失信心。我对生活仍然充满希望。

希望是热情之母，它孕育着力量，孕育着生命活力。

我的工作热情来自于殷切的希望。粉碎“四人帮”后，天日重现。我“收拾”起尊严，开始拼命地工作。感情是朴素的，动机是单纯的。一则，想把失去的时光追赶回来；二则想向人证实我绝不是坏人。走路快了，吃饭快了，连骑自行车的速度也比往常快了许多。我只图省出些时间，多读些书，多备点课，多和学生接触，多出一点成绩。

当时中央提出要“多出人才，早出人才，快出人才”，我一度头脑发热，自告奋勇：“由本人语算包班，一年教完两年课程，四年级学生随五年级的一起报考中学。”得到校领导同意后即付诸实践。我夜以继日地干，曾晕倒在讲台边，被唤醒后依然“不下火线”。最后，这一班学生的升学率相当可观。当时，此举在社会上、在教育界引起了争议，孰是孰非，各执一词。

此一时，彼一时。假如用今天的眼光去审视这件事，近乎荒谬可笑。唯一获得的好处是，这一年教学实践，我对如何有效地提高学生语文水平摸索到一点途径，总结出一点经验。简言之，即“把课堂还给学生，把时间留给孩子，教师须精讲，学生得多练”。

十一届三中全会后，终于洗辱雪耻，还我一身清白。1989年上海高级人民法院及长宁区人民法院经过艰苦细致的审理，查明我父亲“反革命”一案在“认定事实和适用法律上均有不当”，予以纠错并全面落实政策。从此，背在我身上的精神枷锁全部卸下了。我再次获得了新生。

1994年，我被评为上海市特级教师；1999年，荣获浦东新区开发建设特殊贡献奖；2000年，荣获“浦东名师”称号。

大姐的影子

起初，我不善教课，经常求教于大姐。

大姐贾志勤，长我14岁，1948年毕业于上海圣约翰大学英语文学系，高材生。上海解放后，在一所中学执教英语。由于历史原因，后改教汉语，同样教得出色，颇受学生欢迎。

大姐教我如何把握教材、设计教案、驾驭课堂、评改学生作文等。她学识渊博，语言生动。普普通通的一件事，一经她叙述描绘，就会变得生动有趣，让人爱听。

她介绍的一个个“教例”，给我留下了深刻印象。这对我以后成为一名好教师不无作用。

记得，她告诉我教《评战犯求和》一文时是这样导入的：

师："战犯"是指那些发动战争，对人类犯下滔天罪行的人。德国的希特勒、意大利的墨索里尼、日本的东条英机等均系战犯。"和"指和平。"战犯"与"和平"格格不入，水火不容。如今，"战犯"却乞求起"和平"来了，这是十分滑稽的事情。对此，毛泽东同志是如何评论的？这正是我们今天要学习的《评战犯求和》。

寥寥数语，言简意赅，丝丝入扣。既揭示课文题旨，又激发学生兴趣，可谓精彩。

大姐还教我怎样当教师。她常说，教师首先要爱生，其次要读书。爱生是立业之本；读书是立身之本。她还说，人要有傲骨，但不能有傲气。

大姐去世已经多年，然而，她那平凡的人生、朴素的话语感动了我一生。在我的教学里就有着大姐的影子。

教《我不怕鬼》时，我这样导入课文：

师："字如其人"，意思是，做人要老实本分，写字要规范认真。（板书："鬼"）

师："鬼"字读第三声。它有几笔？

生甲：九笔。

生乙："鬼"字有九笔。

师：都答对了。但是我更喜欢乙同学的回答，因为她的话完整。如果用部首查字法检这个字，该查什么部？

生：查撇。

师：（见无人提出异议）可惜，你和我犯了同样的错误。该查鬼部。你们见过鬼吗？

生：（不假思索）见过——

师：（吃惊）见过？真是"见鬼了"！

生：（迅即改口）没见过。

师：原来，在人们对一些自然现象无法解释时，误以为是神在主宰世界的一切。人生在世，凡积德从善者，死了就上天堂成仙；凡恶贯满盈者，死了就下地狱成鬼。据说鬼的形象丑陋恐怖，所以人们都怕鬼。（在"鬼"字前添加"怕"字）有神论者怕鬼，无神论者则认为世上没有鬼。他们不怕鬼。（在"怕鬼"前添加"不"）有一个人就"不怕鬼”。谁？是“我”。（在“不怕鬼”前添加“我”）

师：“我”是谁？

生：鲁迅。

师：对！鲁迅是个旧时的知识分子，所以人们都尊称他为“鲁迅先生”。你们了解他吗？

（学生纷纷介绍各自对鲁迅的了解。教师再作系统概括）

师：今天，我们要学习的课文《我不怕鬼》讲的是鲁迅先生从日本留学归来不久发生的一件事。

如此导入课文，既介绍了鲁迅其人、故事背景，又激发了学生阅读的兴趣。

大姐是引领我走进语文教学园地的导师。我要感谢大姐对我的引导和教诲。

教师的责任

20世纪50年代初，我在上海一所中学求学。家境贫苦，连10元钱一副的眼镜也买不起。看不清黑板上的字，我便用马粪纸剪成蛋形，中央扎个孔，用它放在眼前聚光，辨认黑板上的字迹，还挺管用。

教物理的是王爵彝老师，很海派，课上时常穿插些笑料调节气氛，很受同学们欢迎。一次，我正用自制“眼镜”边看黑板边抄笔记。猛然，“眼镜”被王老师抽走，他也用它放在眼前调侃着说：“这里面有什么西洋景啊？”此语一出，同学们哄堂大笑，我尴尬得脸上火烧一般。

无奈，我只能用弯曲的食指替代“眼镜”，继续抄写。岂知，王老师以为我不服管教，将我拉离座位，罚我面壁。我当时真是羞愧难当，无地自容。

以后，我再也不喜欢上他的物理课了。他在台上讲电阻、电容，我在桌下偷看故事、小说。从此，物理成绩一落千丈。

半个多世纪过去了，一次校友会上，我又遇及这位老师。当年我们这些毛头小伙都成了古稀老人，年过八旬的王老师居然也来了，实在难得。师生围坐一起，谈兴正浓。王老师对我居然还有印象：“记得，记得。贾老师大名鼎鼎，电视上见过。”

席上，无意间我旧事重提，并向他致以歉意。岂知，他一脸茫然，想不起当年竟然发生了如此事情，说："啊？有这般事？我印象荡然！"他站起身，举着空杯，神色严肃地说："我不喝酒。今天给满上，我喝下这杯罚酒！"

酒在晃动。他深情地说："对不起，贾老师，请接受我迟到50年的歉意！"言毕，一饮而尽。他似意犹未尽，又说："我教学上的一次无谓过失，也许扼杀了一位物理学家。"嘿，还是那个王老师。

此时的我同当年一般，脸上火辣辣的。

这一份迟到的歉意，让我想到了教师的力量和责任……

要感谢谁

平时，我们常常以教育者自居，培育着"祖国的花朵"，铸造着"精英的灵魂"，俨然把自己看成旷世的"救世主"。殊不知，我们在实施教育教学的同时，学生也"教会"了我们该怎样"教书育人"。

一位医术精湛、医德高尚的大夫获得了国家最高荣誉奖。当他手捧鲜花、怀抱奖杯步下主席台时，记者蜂拥而上，"此时此刻，您最想感谢的是谁？"记者问。

大夫平静地回答："病人。"大夫说的是大实话。因为，是成千上万病员为他提供了无数例疑难杂症，是病人成就了他。

由此我想到了自己：我们做教师的要感谢谁？孩子如同躺在手术台上的病员——提供着自己的躯体，让我们去解剖、观察、分析、诊断乃至医治。

30年前，语文课堂上发生的事情，我还记忆犹新：

这一天，我教的是《狼牙山五壮士》。一个平时沉默寡言的孩子要求发言，这让我心中窃喜。他指着文中的句子（班长斩钉截铁地说："走，上棋盘陀！"）怯生生地说："句子里多了一个'铁'字。"

"多了一个'铁'字？"我好生奇怪，问："真的么？"

良久，我才明白原委，便笑着说："你以为班长姓'斩'名叫'钉截'吗？"

顿时，教室里哄堂大笑。此时，他面红耳赤，非常尴尬。以后，这个孩子一蹶不振，闷闷不乐。

我扪心自问，着实懊恼不已。因为我处事不当，伤了孩子的自尊心。好在我及时意识到了，诚恳地向他道歉，得到了他的原谅，抚平了他心灵的伤痕。他叫柳冬生，是冬天生的，我至今还记得。

这件事情一直萦绕在我的脑际，让我懊恼，促我反思，叫我悔改，催我奋进。从此，我吸取教训，引以为戒，再也不敢懈怠，再也不做伤害孩子心灵的蠢事了！

与其说是我在教育孩子，倒不如说是孩子在“教育”着我。我要感谢学生，是他们让我知道，什么才是真正的教育。

病人感谢大夫，称大夫给了他们“第二次生命”；学生感谢老师，视老师为他们的“再生父母”。这实在让我汗颜和忐忑。难怪，那位大夫会不假思索地说，要感谢病人。

切勿由于“举世不师，故道益离”而以为“不师相耻”。真实的是：“知不足，然后能自反也；知困，然后能自强也。”教学相长也。

必须准确无误

课堂教学是一门艺术，更是一门科学。

艺术需要丰富多彩、熠熠生辉，科学则需要严肃认真、一丝不苟。

教课，既要生动，引领学生走进文本，热爱文本；更要严谨，教给学生准确无误的知识。

备课，是教师走进文本的第一步。拿到课文之后，我总是先要读上几遍。读准每个字音，读通每个句子。凡是要求学生做到的，教师必须做得更好。

我是上海人。对南方人而言，说好普通话不是一件易事。前后鼻音、平翘舌音往往分不清，读不准。碰着困难，我一边查字典，一边请教同事、同行，乃至学生。

我认为，教师有不懂或不会的地方是正常的，不用回避。可怕的是滥竽充数、敷衍了事，教给学生不正确的，甚至是错误的东西。

读课文，不但要读通，还要读熟，做到烂熟于心。

文本是教学的材料与载体。对文本中的各个元素的理解可以有所不同，然而，凡属主流的、本质的、重要的东西必须准确把握，毫不含糊。

教完《我不怕鬼》这篇课文之后，我引领学生再回到课题上，指出读“我不怕鬼”这4个字，重音落的位置不同，产生的意思也会发生变化。根据我们对课文的理解，重音应落在哪里呢？由于学生读懂了课文，很快找到了答案：

——重音不能放在“我”字上面。否则，变成你们都怕，唯有“我”不怕，显然不符合课文原意。

——重音也不能落在“鬼”字上面。否则，变成鲁迅什么都怕，就是不怕鬼。这也不符合文义。

——重音落在“不怕”上面是恰如其分的。因为鲁迅是个无神论者，他不相信世上有鬼。

通过深入细致的讨论，并进行亲身体验，学生进一步领悟了课文的内涵。

总之，我们教给学生的必须是准确无误的东西，“教师的眼里是容不得丁点儿灰尘的”。

缺憾的艺术

当球王贝利踢进第1000个球时，记者问他：“你踢进的1000个球中，哪一个最为精彩？”贝利说：“下一个。”

其实，课堂教学也是如此，对于优秀教师来说，精彩的课永远是“下一课”。学无止境，教无止境。备课要不断修改，教学得经常调整，一成不变是行不通的。用同一个教案去教不一样的学生，其教学效果也是迥然不同的。

备课笔记是教师写下的对教材的理解，对教学方法的选择，对教学过程的安排。这是预设的，是教师在上课前的“一厢情愿”。而课堂教学由于教学对象、时代背景等因素的不同，往往会出现许多意想不到的情况，可谓瞬息万变。

《惊弓之鸟》是一个成语故事。讲的是古时候魏国有名的射箭能手更羸不用箭，只拉一下弓就射杀一只大雁的故事。课文结尾处，写到更羸向魏王讲述了雁落的原因之后，没有再写魏王的话。为此，我曾设计了一个拓展性练习，让学生写一两句魏王赞美更羸的话。

学生思维活跃，想象丰富，写得各具特点，妙趣横生。课后，有位听课教师提出，此练习不甚妥帖：当时魏王不可能赞美更羸。因为魏王是一个心胸狭窄的君主，容不得有人超过自己。当他目睹更羸“不用箭，只拉一下弓就把大雁射下来”这一幕之后，心中不悦。据说，当时他口上不说，其实心中早存杀机。返城不久，便把更嬴杀了。

听了这位老师的话，我觉得颇有道理。但此说究竟有无根据，我一时拿捏不准。于是就去请教大学教授，还查阅了《战国策》有关章节。通过进一步钻研，了解到“更嬴射雁”的故事出自战国时期策士的巧言劝君之词。它缺乏作为史学的基本条件，魏王杀戮更嬴，更是无据可查。而作为语言训练，教师抓住阅读材料中提供的资源，让学生做适度的拓展练习，无可厚非。

教学就是这样，永远是一门遗憾的艺术。只有不断学习，反复实践，才能接近其真谛。

真实、朴实、扎实

再好的教案也需要到课堂上去检验。课堂教学要在“实效”上做文章，要在“有效”上下功夫。教学必须创新，不创新没有出路。但教学又有自身的规律，我们必须按照规律办事。

课堂教学应做到“三实”：真实、朴实、扎实。真实是教学的本色；朴实，则体现教师的教风；扎实能让教学目标落到实处。

现时，课堂教学中存在着一种浮躁虚高的现象，尤其是在一些公开教学中，一些青年教师一味追求形式上的多样、课堂上的热闹，很少让学生安静下来，读点书，提些问题。学生离开文本远了，时间长了，对他们的发展没有好处。我们要把课堂还给学生，让学生静下心来好好读书，从书中获得真正的知识。教者要“目中有人”，这里的“人”是指学生；又要“目中无人”，这里的“人”是指听课的教师。

我不赞成像外国人那样一窝蜂地搞什么“热”，他们所流行的不断翻花样的做法并不值得我们的教育去效仿。新的不一定都是好的。面向严肃的课堂教学，不要借新潮之名回避教学中的问题。风中的物体，会有各种各样的形态，站着的、摇摆的、倒伏的。有生命力的教学从来都是迎着压力站着的教学。孔子倡导的启发式教学，现在不是仍在流行并实施着吗？

“善歌者使人继其声，善教者使人继其志。”语文教师要备好课，就应博闻强识，通古晓今，需有“知学”。要当一个语文教师不算太难，而要成为一个优秀的，乃至像于漪、袁瑢那样的出类拔萃的语文教师，实在不易。

苏霍姆林斯基曾听一个历史教师上课。听课时竟忘了记录一个字，因为那课太精彩了。课后，他问那个历史老师："你备课花了多长时间？"那个老师说："我备这堂课直接时间15分钟，但是我一辈子都在备这堂课。"

"用一生的时间备课"，我也是这样实践着的。

悟出的真谛

几十年的教学实践，让我悟出了一个真谛：爱事业、爱学生是教师工作的出发点、原动力。只有播下爱的种子，才能得到真的收获。教师从事的是"阳光事业""未来工程"。也可以这么认为：今天，我们为孩子安排学习和生活；明天，我们的晚年生活将由这些孩子安排。种瓜得瓜，种豆得豆。现在，我们付出一分情，将来得到的却是无限的爱。

作为一名小学语文教师，爱的落脚点在哪里？我认为，除了要全面关心学生的身心健康外，更多的是为孩子们创造一个宽松的、欢愉的学习环境，让他们在毫无精神压力的气氛中学习并掌握祖国的语言文字，变"要他们学"为"自己要学"。

我上每一堂语文课，课前都要花大量的时间熟悉教材、查阅资料、精心备课，不放过教学上的一个难点，不放弃一个学有困难的学生。

从实际出发，求得满意的结果。不弄虚作假，不摆花架子，求真、求实、讲究实效。

我认为，舞台表演艺术与课堂教学艺术两者最大的不同是，舞台表演艺术重在结果，它追求的是完美无缺；课堂教学艺术重在过程，因为它需要的是循循善诱。"台上一分钟，台下十年功。"我们看舞台表演，欣赏到的是"台上一分钟"，我们组织课堂教学，靠的是"台下十年功"。在课堂教学中帮助学生从不断失误之中得以纠正和提高，确实是很艰苦的工作。

正由于此，我坚持认为：课堂教学应该体现"一本两主"精神，即"以学生为本，以训练为主，以激励为主"。根据是什么呢？

学生是学习的主体，教师是组织学生、帮助学生学习语言的辅导者。主次不能混淆，更不能颠倒，课堂的空间与学习的时间理应由学生多占多得，不可以本末倒置。

语言是一种技能，掌握技能需要通过无数次的操练，就像学习溜冰、骑马一样，从不会到会，从不掌握到掌握，必须通过无数次的练习，由失败走向成功。不让学生去实践、去体验，是绝对行不通的。

在我50年的教学生涯中，有辛酸的泪水，更有甜美的甘露。我付出不少，但得到的则更多。我爱孩子，爱给孩子上课，我爱这一份平凡而又普通的工作，我更爱这项神圣而又伟大的事业。

“十年树木，百年树人。”教师的天职是育人，是把希望的种子撒下大地，是把爱的阳光洒满天下。

但求夕阳无限好，何须惆怅近黄昏？老骥伏枥，志在千里。我会用自己的绵薄之力，再为祖国的教育事业添一根柴，将这盆火燃烧得更旺；在祖国教育事业的宏伟蓝图上再添一笔绚丽的亮色，用我的双手托起明天的太阳。

因为，这是我的责任——不可推诿的社会责任。

红烛是极其普通的东西，然而，它可贵的是不求索取，但求奉献。我愿作一根红烛，耗尽自己，为年轻人照亮前行的道路。

六、我走科研兴教之路

丁有宽

丁有宽，男，1929年生，特级教师，全国农村作文研究会顾问，广东省小学语文教学研究会名誉会长，一生耕耘于故乡潮安县浮洋镇六联小学。

半个世纪以来，致力于“教书育人，转化差生”和“读写结合教材教法”两项科研实验。曾荣获“全国劳动模范”“全国五一劳动奖章”等称号，获香港“柏宁顿首届儒子牛金球奖”。

主要著作有《我与顽童》《小学语文读写结合法》《丁有宽与读写导练》等。

我是一名农村普通小学教师。出生于农村，成长于农村。半个多世纪以来，我在农村小学这块园地辛勤耕耘，不断探索教育科学的规律，走“科研兴教”之路。

下面谈谈我如何沿着“科研兴教”这条漫长而坎坷的道路走到今天，把毕生的精力奉献给党和人民的教育事业的。

让农村孩子也健康成长

1951年秋，我刚20岁，从土改工作队转岗，自愿到广东省潮安县浮洋镇六联小学当教师。

六联小学是由潮安县浮洋区6个自然村合办的，因此而得名。当时只有60多名学生，一座孤零零的破祠堂便是学校全部的家当。祠堂外的操场上杂草丛生，场边的老榕树也在萧瑟的秋风中失落了生命的绿阴。教室里没有课桌，平常孩子们自带一张椅子做课桌，有时在幽暗的祠堂里“凿壁偷光”，有时就在古老的榕树下席地坐着上课，像一群居无定所的小山雀，被喜怒无常的天气驱赶着随时迁徙。

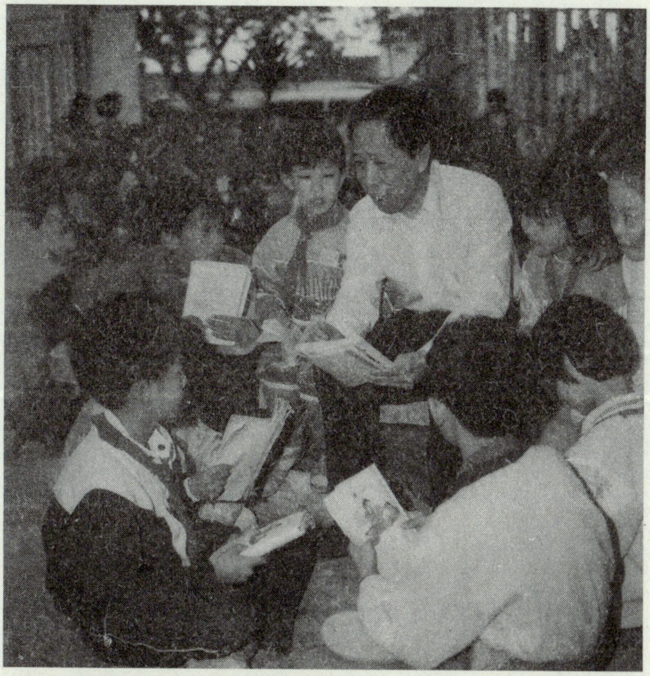

丁有宽老师接受小记者采访

到校的第一天，我在校园里转了一圈，发现上课时有的学生在教室的通道上走来走去，吵吵嚷嚷。几个男孩竟然拽住一位女教师画黑脸，揪耳朵取乐。老师们都摇头说道，农村的孩子又蛮又笨，要教好他们，难哪！有的甚至说“江山可改，本性难移”。

学校的情境使我感到不安，我开始对中国农村的教育进行思索。农村学校条件差，农村孩子孤陋寡闻，鲁莽粗野，这是事实。但因此就笼统地把农村孩子视为愚不可教，这就大错特错了。说什么“本性难移”，孩子的“本性”是什么？难道是又蛮又笨吗？“难移”不是不可移。农村教师若能以满腔热情引导和教育自己的学生，农村学生照样能成长为国家有用之才。然而，现实的情形却是教师把学生当做管束的对象。由于有的教师对学生的教育态度粗暴，方法简单，学生对教师不是怕就是恨，以致有机会就寻找报复。有的教师先是用压的办法对待孩子，行不通，后就改用放而任之的态度对待孩子，因此，不懂是非的孩子，越来越不懂是非，胡作非为。这样师生之间的感情，没有融洽的交流，只有冷漠的对峙。我心想，一定要改变这种恶性循环的局面。个人虽然力量单薄，但只要一切从我做起，水滴石穿，总会有效果的。在改变人们头脑中农村孩子又蛮又笨、难于教好的观念上，自己应该走在前面。一种神圣的责任感从胸间升腾起来，我感到自己肩上的担子沉甸甸的：自己生在农村，长在农村，不能厌恶农村，一定要让农村孩子也健康成长。

校长交给我一个五年级的乱班，并任命我为教导主任。为当好一名教师，我如饥似渴地啃书本，每天五更起半夜睡，点着油灯，学习毛泽东的《实践论》《矛盾论》，钻研苏联马卡连柯的教育理论和有关启发式教学理论，还经常抽空到潮州市韩山师范学校听教师讲授“教育学”“心理学”等课程。结合自己的教学实践，我制订了“结合实际，为农村服务”的教学思路。农民要读报，又不识字，我就让学生利用早读课分组下到附近各个村庄充当义务读报员。星期天，我带孩子们到农民家里，听农民诉苦，为农民写苦难史、翻身史。6个自然村的黑板报也全部由学生们包起来。这样，学校办到了田间地头，直接为农民服务，群众十分欢迎，学校的教育得到群众的有力支持，而学生在实践中也与教师建立起深厚的感情。

经过一年的努力，我已经跟学生打成一片，成了确确实实的“孩子王”。这一年，我任教的班级学生全部升上了初中，在全县名列前茅。班里的7名顽童被转化为好学生。更为可喜的是，在教书育人这口深井中，我找到了两个自己为之终生开拓的泉眼——转化顽童与语文教改。

第二年，六联小学的学生已从60多人发展到300多人。此后，我所教的班级学生参加升初中考试，语文成绩多次在全县名列前茅，也被评为县区的先进班。1955年，六联小学被确定为县、区重点小学，被评为县先进单位。我也被评为县先进教师，光荣出席了全县先进分子代表大会，并在会上作关于教书育人的经验介绍。县教育局还把我撰写的《农村的孩子也能健康成长》和其他教改经验文章编印成册，在全县小学推广。

坎坷不移志，情系教育

为了教改事业，我曾失去了第一个孩子。那是1956年的事了，我跟妻子都是学校的教学骨干，为了不影响自己的工作，我硬起心把不满周岁的儿子抱回到几十里外的老家托给母亲抚养。一天，家里托人捎来信，说儿子得了急病，要我们赶快回去。那天刚好梅县、五华两县的教师专程来六联小学听我的教改试验课。大家都劝我赶快回去抢救孩子。但为了不让这些远方的同行徒手而归，我坚持留了下来，让妻子先回去。那天正遇韩江发大水，妻子一人过不了江。等到我上完课赶回家时，儿子已经不行了。“我对不起你，孩子！”我料理完后事，第二天就回到学校。

寒来暑往，我的教改工作顺利地进行了6年之后，于1957年被迫中断了。这年我因说了几句真心话，被打成了“右派”。一夜之间，我被剥夺了向孩子传授知识的权利。从此，我的命运进入了坎坷的路段。但是不管处境多么艰难，都始终摧毁不了我坚持教改的信念。

就在被宣布为“右派”的第二天，我像往常一样，吃完早饭夹起课本就要到教室上课。这时妻子林季芳挡在门口，按住我的课本，默默无言地望着我。我这才猛然地意识到，教室已经不再是我能够去的地方了。倚在门框上，我泪如泉涌，感到一种不被理解的委屈。

谁能想到，一声令下便斩断了我与孩子们的关系。我被迫离开了“以身相许”的学校，由管教人员押送去劳改，教改的夭折比儿子的夭折更令我撕心裂肺。然而我并不屈服。

“骂就是爱，歌声就是战斗！”我被赶到采石场劳动。每天，200斤的重担横在我孱弱单薄的肩膀上。夜晚，我躺在冰凉僵硬的床板上，关节炎使我痛得冷汗淋漓。清冷的月光从窗外照进来，我思念着妻子，多么渴望妻子能在身边，分担我的孤独、痛苦和迷惘啊！

一个阴雨绵绵的中午，我刚要吃午饭。忽然，听到一个熟悉的声音从劳改场的大喇叭里传出来，震撼着我的耳膜：妻子林季芳正以颤抖的女中音高唱革命歌曲，随后，又念起一篇批判我的发言稿……我木然不动，脸上露出痛苦不安的神色。“难道连季芳也不相信我了？”我的心在颤抖。

我们是一对恩爱夫妻，彼此间感情深厚，妻子林季芳从来都很信任我。谈恋爱的时候，我曾担心由于自己历史上的一点问题——解放初期，我曾因“特嫌”被清查出队（后经查实为冤假错案）而影响林季芳对我的态度。然而，当我将自己的历史向她全盘托出时，林季芳只是淡淡一笑，说：“我相信你。”以后的岁月里，我们夫妻互敬互爱，在生活和事业上，林季芳始终是我最知心的伴侣和同志。我感谢妻子，同时又感到内疚，妻子不但没有跟我过上一天舒服的日子，反而要时时为我担惊受怕。唉，也难怪她……我思绪纷乱，万念俱灰。

这时，同囚室的一位民办教师匆匆走到我身边。他趁别人不注意，把几个熟番薯塞到我的手里。我忽见从番薯里掉下一张小纸条。我打开来，一行娟秀的小字映入眼帘：“骂就是爱，歌声就是战斗！”原来，受到牵连的妻子也是身不由己，但她却表现得那么沉着和机智。一股火苗从心底燃起，我感到全身热烘烘的，力量和信心又回到了我的身上。在劳改期间，我虽忍受着肺结核和关节炎的折磨，但我身在“劳改”，心想学校，抽空偷偷学习苏联教育家马卡连柯的教育思想，深入研究他的班级集体理论和转化流浪孩子的事迹，并结合自己的教学实践，撰写了《班集体形成三个阶段》和70多个教育故事，整理成一本小册子《教育拾叶》。为了使教改实验不致中断，我建议教数学的妻子改教语文。有一次，妻子抱着孩子来探望我，夫妻难得一见，时光千金一刻，我把一切痛苦和委屈置之度外，给妻子修改教学方案，把我的书稿交给她，鼓励她按我书稿中的想法搞教改实验。

我在“反右”中挺过来了，但“文革”的急风骤雨又把我打入了苦难的深渊。我被打成“叛徒”“特务”“未改造好的右派分子”“修正主义教育黑干将”“童心母爱资产阶级黑榜样”。在那些灾难的日子里，人民群众给了我最大的保护。好多次，当地民兵“押”我到大队部，干部群众关起门来“斗争”我，其实是让我吃可口的饭菜。在万人批斗大会上，十多年前毕业的学生给我松绑，扶住我快要倒下的躯体；在我被连续轮斗12个昼夜极度疲倦、支持不住的时候，是我教过的一个顽皮学生冲上来“打”了我一记耳光，把一块人参巧妙地塞在我的口里。人参可以补气生津，极度疲惫的我把它含在口中，元气逐渐恢复，顽强地承受着折磨。每次抓我去游村批斗，所到之处，很多家庭都紧闭门户，拉着自己的孩子不让出去。家长不是害怕，而是因为他们都是我教过的学生，不忍看见人民的好老师遭到那种凌辱和迫害。当我被押送回乡的时候，一位老奶奶颤抖地走到路口，前来送别。这位满头银丝的老人，就是几年前经我教好的一位“捣蛋鬼”的祖母。老人家擦着眼泪，嘱咐我吃下她煮的“压惊蛋”，安慰地说：“好人有好报，量大福大呀！”

我被“造反派”批斗了十几个日夜之后，被押送到我的故乡——磷溪监督劳动。

故乡，多么熟悉的地方，我在梦中曾千百次回到它的怀抱里。故乡，那里有我植根成长的沃土，那里有生我养我的父老乡亲，那里还留下当年我这个儿童团长、地下交通员、土改队长的足迹。可是今天，我被那些打着“革命”旗号的“造反派”挂上“黑五类”的大牌，戴着“反革命”的高帽押送回来。我的内心如刀割般疼痛。

乡亲们出于对我的同情和爱护，把守园赶鸟的任务交给我，借此避过造反派对我没日没夜的批斗和侮辱。

第二天一大早，当我头戴高帽，胸挂大牌，手敲破锣向豆园走去的时候，80高龄的老大叔走近我说：“老三呀！你去守园我真替你捏一把汗。赶鸟好办，只是赶人难，弄不好会惹火烧身啊！……”以前我已听说，有一群野孩子，由一个叫乌妹的女孩子领头，常到豆田里偷摘豆荚。老大叔说的可是这些人？我心中明白，老大叔是在为我担心，也是提醒我必须小心谨慎。

正当我走近豆园的时候，忽然听到几声童稚的尖厉的叫声：“站住！不许动！随即跳出一名衣着单薄，腰束水布，皮肤黝黑，身材瘦长的十三四岁的女孩，她一手叉腰，一手紧握一把明晃晃的小尖刀，威风凛凛地站在我的面前，挡住了我的去路。这突如其来的情景把我吓了一跳。还没等我醒悟过来，这女孩从嘴里发出一声清脆的口哨声，二十几个早已埋伏在四周的孩子一哄而起，把我团团围了起来。只见这些小家伙，手里各执木棍、石块、碎砖、泥团，个个怒目圆睁，朝我齐吼："老叛徒！老特务！打倒老特务！"这阵势，真有几分吓人。紧接着他们四下分散行动，摘的摘，装的装，三下五除二，一下子就将那些还没完全成熟的豆荚扫荡一空，装进自己的筐里走了。

那女孩叫乌妹，是这群小家伙的头目。一个女孩竟能使一群小家伙俯首帖耳，听她指挥，想必一定有她的过人之处。这时我的心情反倒平静了下来。但是，看到这群天真无邪的孩子被这场"史无前例的革命"放出的毒液严重侵蚀时，我的心里比自己被冤屈、被污辱更难受。

孩子是祖国的未来、民族的希望，怎能让他们幼小的心灵蒙上污垢呢！我看着这一切，心里一阵阵发痛。这是停课闹革命所结下的苦果！这一场祸水，正吞噬着祖国千千万万棵幼苗的生命！最危险的，莫过于在幼苗身上注入无知的毒液。我的心在泣血。

不久，又一阵口哨，这群小家伙又冲上来围着我。他们已偷够了，这次围上来是要闹个痛快。乌妹挥着小尖刀指挥，带头嚷道："你是不是叛徒、特务？为什么搞破坏？""快说！说！不说就掷手榴弹！"其他孩子齐声怒吼，离远一点儿的孩子开始掷来石子。

我知道他们是童心受到蒙蔽，便启发说："叛徒、特务确实很坏，他们搞破坏，要恨他们。但是，你们想一想，生产队能叫叛徒、特务看贫下中农的豆园吗？"

乌妹黑眼珠一转，又问："哦？你是真特务还是假特务？"

我稍停一会儿，说："我不是叛徒，也不是特务，我是教师。"

"教师？为什么不到学校教课？"

"你们都是学生，为什么也不到学校念书呀？"

小家伙们想不到我会这样反过来问他们，一时反应不过来，静了一会儿，气氛比刚才缓和了。

"我们的班主任陈老师被抓走了！"一个男孩终于找到了他们不上学的理由。

这时，乌妹也改变了刚才大叫大嚷的口气，补充说："陈老师真好，像母亲一样关心我们，课余还给我们讲故事呢！”

我从这群孩子迷惘的眼睛里，看到他们对老师的怀念和对知识的渴求。顿时，我心中激起了一阵阵爱的涟漪，这涟漪，化成一股清泉，直向孩子们久已干涸的心坎流去。我说：“小朋友，你们的好老师被抓走了，她离开了你们，心里一定很痛苦啊！你们现在想着自己的好老师，她一定也想着你们。大家说是吗？”

一张张小山雀似的小嘴已紧闭着，一双双黑葡萄似的大眼睛慢慢垂下。见他们一个个低头不语，我又说：“小朋友，我也和你们的老师一样，是不得已才离开自己的学生的。现在看到你们，就像看见我的学生一样，心里很高兴。我不能去教书，给你们讲讲故事好吗？”

这群谁也没法治的小家伙，向我围拢过来。那些手握小尖刀的，悄悄把小刀子收进刀鞘里。他们睁着一双双渴求知识的眼睛，听我讲刘胡兰、江姐、黄秋富……我还编写了有趣的简易教材给他们学，编写许多民谣、童谣让他们唱，把山坡变成了课堂。

一天、两天、三天过去了，这群小家伙的心和我贴近了。他们用“老三”（我在家排行第三）亲切地呼唤我，还在园头搭起“人”字草棚，让我累了有处栖身；在坡地架起高脚哨棚，以便驱赶山雀。孩子们还想出了十几种驱鸟的办法，什么草人呀、地网呀……一齐都上阵，把小山雀吓得不敢下园。三天，仅仅三天，孩子们变了，不但没有再打闹，再毁庄稼，还成了我看管豆园的小助手呢。

从此以后，坡地上琅琅书声时时可闻。在那个准备培养头上长角、身上长刺的白卷英雄的年代，孩子们的琅琅读书声，正向无知、愚昧奋力冲击。我强撑着自己虚弱的身体，忘掉自己心灵上的一道道伤痕，把对祖国后一代的深情挚爱，化为理想的晨星、思想的暖流、知识的泉水，去照亮，去温暖，去浇灌这些小苗。

患难与共的妻子林季芳，在我被遣送回乡后，也携带儿女回到家乡执教，家里还有70多岁高龄的老母亲，一家老老少少，就靠林季芳微薄的收入维持生活。

转眼春节来临，万家团聚，我却孤身只影守在豆园。孩子们怕我孤独，约齐来跟我聚会。他们唱歌、打快板，笑啊，跳啊，沉浸在欢乐之中。突然，小河那边传来了一声声“爸爸”“爸爸”的童音。啊，女儿，我的女儿来探望我了！可是，突然又传来“救命啊”的叫喊。我一听是女儿的声音，吓得愣住了。这时，我这群特殊学生中的女生乌妹箭一般向发出喊声的地方冲去。她不顾寒风刺骨，跳进小河，把我的女儿救起来。女儿双手护着胸前，原来她怀里还揣着她妈妈让她送给我的两个番薯。目睹这样的情境，我的眼泪像断了线的珠子一样不停地往下掉。孩子们也哭了。

乌妹边哭边问："丁老师，你爱人是谁？"接着，她像想起了什么，大眼睛一闪，"对，一定是那位长得很漂亮的林老师，她教大家唱歌的。"我默默地点了头。

乌妹像触了电似的，厉声吼道："丁老师，是谁害了你们？"我的回答只是苦笑。

乌妹立即吹起口哨，那群小家伙闻声都来到了豌豆园。乌妹掏出自己身上的压岁钱，吩咐说："小伙伴们，你们立即上街去买猪肉。剩下的人，摘豆！无论如何，不能让丁老师饿肚子。"

这群孩子说干就干，我挡也挡不住。他们动作敏捷，半晌便做出一锅热气腾腾、飘着肉香和豆香的佳肴，端送到我面前。

眼前这香喷喷的一锅"佳肴"，既带有孩子们的怜悯之情、淳朴之爱，也带有他们的幼稚无知。

"丁老师，你快吃呀！"乌妹恳求着说。

"丁老师，你吃吧！"孩子们齐声说。我说："你们的心意我领了，但这锅菜，我不能吃，这是集体的！"

于是，我给孩子们讲周总理童年时代爱护公物的故事，讲解放军"不拿群众一针一线"的革命纪律……孩子们的眼睛湿润了。

不多久，一股清新的风吹遍了这个半山区周围的七八个山村，农民兄弟互相传颂着，说这里来了一位好教师，把二三十个野孩子教好了。

消息传到上边，开始有些同志主张给予表扬奖励，但有些人听说是个赶鸟的，心里不觉生起疑虑：教师不去教书，却来赶鸟，一定是坏人。于是查了档案，挖了老底，查出了我是五类分子。我立即被抓去审讯。"叫你不准乱说乱动，你却乱说乱动！你这是抗拒改造，必须坦白交代！告诉你，毒害青少年决没有好下场！"因此，我被"罪加一等"。在那一切被扭曲了的年代里，还有什么真理可言呢！

可是，事情并未就此了结。乌妹成了"追根"的人物。这个耿直的山村小姑娘不会无中生有，胡编谎话，而且还到处讲我如何教他们学文化，明道理。无论怎样追逼，她都没有以不实之词加害于我。她因此招致了三次陪斗。

我作为危险的“定时炸弹”又被挖走了，被遣送到远离家乡的地方“劳改”。严加管制，加重刑。

乌妹当时已成了被追查的人物，不能与我见面，她含泪写了一封短信，偷偷送给林季芳，要求转达给我：“丁老师，你这样的好老师，一定会有好日子过的。你到哪里，我们都不会忘记你的。”这是一颗灼热的真诚的童心，对我是无限的安慰。我读着短信，内心无比激动，我想了很多：祖国的新一代，并没有烂掉……

1974年，我“劳改”释放后，开始了新的教改实验。当时，学校使用的是省编教材，我觉得教材内容不符合农村学生的实际，就暗地里选“文革”前教学效果好的课文，按“读写结合”的步骤，重新编排教材，引导学生学一篇（或一组课文）紧密结合当时、当地农田建设的情况，带学生参加义务劳动，并开展访问活动，采访、采写、报道新人新事，达到练文炼人的目标，效果良好，并得到干群的赞扬。

就在这时，我的爱妻突然染病去世。她的死，哭碎了多少颗心，哭干了多少人的眼泪，给我的打击也是非常沉重的！为了使教改事业能继续下去，我强忍悲痛，又硬着心肠，让儿子到很远的农场去谋生。把两个小女儿托给当地群众抚养。当时，有些好心的同事暗暗劝我：“丁老师，不要搞试验了，免得再担风险！”我坚定地说：“为了教育好下一代，任何风险我也敢冒！”

为了教改事业，我走过坎坷、曲折的路，尝尽人间苦难，付出了巨大的代价，也换来了丰硕的成果：探索和提炼了“没有爱就没有教育”“面向全体，偏爱差生”等教育思想，完成了“读写结合”的初试阶段和过渡阶段的实验；先后转变20个乱班为先进班，转化了几百名后进生为优秀生或“三好学生”；总结出“练好记叙文的十七个基本功”和“寻美作文，练文炼人”的经验，撰写了几十万字的教学札记。

荣誉志不移，潜心科研

坎坷炼意志，荣誉鼓征帆。改革开放给教育带来了春天，也使我进入了一生中的“黄金时代”。1979年阳春三月，我从大吴小学重新回到曾经执教15个春秋的六联小学。同年，我被错划“右派”得到了纠正，“文革”中的罪名得到平反，我的心情无比舒畅。请看吧！在六联小学绿树葱茏的校园里，熙熙攘攘，一群人正在围着看一队少先队员欢天喜地跳龙舞。这条龙一会儿摆东，一会儿旋西，博得了阵阵掌声。咦！当中那个身穿白衬衫，颈佩红领巾，跳龙头的是谁？就是我。我为什么那么喜悦，我为什么那样欢腾？啊！是党给我带来了生命的春天。

1979年12月28日，国务院授予我“全国劳动模范”称号，并邀请我出席在北京人民大会堂召开的全国劳动模范颁奖大会。在颁奖大会上，是邓小平同志亲手授予我证书和金质奖章。我激动万分，当晚，挥笔抒怀：“雪花飘飘不觉寒，人民会堂尽春光。枚枚奖章金光闪，朵朵红花笑开颜。手捧证书热泪滚，党恩润泽我心田。崇高荣誉属于民，挽救之功归于党。有志何叹年高，老炉能发纯光。教书育人情急，洒尽血汗心甘。”隔天，我和29名劳模在中南海受到邓小平同志的接见。我在座谈会上发言：“我的教改风风雨雨，道路坎坷……”这令人揪心的开场白，一下子引起小平同志的注意。当时规定每个劳模发言不超过10分钟，小平同志却要我继续讲下去，我讲了近40分钟。听了我对极“左”路线的血泪控诉，听了一名农村小学教师坎坷曲折的经历，小平同志称我是“打不死的小学教师”。简短的一句话，道出了小平同志对教师的关怀，对极“左”路线的痛恨，对我的赞扬和期望，似惊雷，似战鼓，给了我强烈的震撼。我暗暗下定决心：小平同志，您放心！过去身处逆境，我“打不死”；如今春风来了，我“吹不倒”！我给自己约法三章：立足本职不改行；艰苦奋斗不特殊；攀登科研不畏难。

劳模大会之后，我回到广东，省委领导同志亲切和我座谈。当时的省委书记习仲勋问我：“丁老师，您有什么要求？”我不假思索地回答：“我要当‘科长’，要当‘主任’。”在场的同志有点儿愕然。我补充说明：“这个‘科’是小学语文教学学科。这个‘主任’是班主任。我还要当少先队辅导员，戴上红领巾。”经我这么一说，大家都笑了。习书记连连点头说：“好样的，好样的！”

为了不辜负邓小平同志的期望，我干起了别人没有干过的事，大胆开辟语文教学的新路子，开始了不畏艰难的攀登。当上全国劳模，不少人劝我急流勇退，停止教学搞行政工作，或者到人大、政协脱产任一官半职。我说：“农村的教育事业是我一切成就的源泉，离开了它，我将一事无成。我要把我的余生献给农村的孩子。”我不改当一名农村小学教师的初衷，始终没有离开农村，没有离开教坛，没有离开我深情挚爱的农村孩子。

拜师求教，给自己不断“充电”

当人们的知识水平达到一定的高度后，如果不继续攀登，做到有所突破，就会出现停滞或徘徊的状态。而这个时候，每前进一步，又都是十分费劲的。1983年，可以说我正处于这种状态之中。我睡不安寝、食不甘味。从20世纪50年代至60年代，我的教学研究，由于种种原因只能是断断续续进行的。经过那几年的总结，我的教学实验虽说已经上了两个台阶，但要建立起自己的体系，还必须继续努力攀登。我感觉到自己视野的狭窄与知识的匮乏，尤其是前沿理论，几乎是一片空白。我意识到深入研究的紧迫感和危机感。我向自己提出了高要求：尽可能地多读书，以更新知识；广交教育界朋友，捕捉一切有价值的信息，凡是有关读写结合的研讨会，不管路途多远都要参加。

带着这种求知的愿望，1983年12月1日，我登上了北上的列车，风尘仆仆到青岛参加全国第一次小学作文座谈会。我在会上作了《读写结合三个台阶五步训练》的学术报告。会议期间，我得到许多同行的启发和鼓励，我决定撰写专著《小学语文读写结合法》，同时设想编写自成体系的读写结合实验教材。之后，我又冒着严寒前往上海，连夜叩响了上海师范大学吴立岗教授的家门。我们两位志趣相投的人一见如故，相拥着一床被，挤在一间不足8平方米的小阁楼作彻夜长谈。从系统论、信息论到控制论，从比较法到素描教学，从凯洛夫到赞可夫，比较着、分析着，渴了喝一口白开水，饥了啃两片干面包。直谈到第二天下午2点，我才意犹未尽地赶往机场。

我的研究得到了很多学者专家的启迪和帮助。我五次到杭州求教朱作仁教授。朱教授从教育学、心理学、心理语言学、工效学（系统科学）以及教育统计学等角度同我进行探讨，为我的读写结合实验奠定了坚实的理论基础。我两次上南京拜访著名教育专家斯霞老师共研爱的教育，多次上京请教霍懋征、高惠莹、刘曼华、张田若、戴汝潜等专家有关语文教改的问题，多次得到上海杭苇、吕良伟、袁瑢等教育专家的帮助和鼓励。我还争分夺秒地学习布鲁纳的“结构论”、蒙德尔的“工程时动论”“系统论”，通过“取消”“合并”“简化”“重组”等步骤，设计序列化、最优化的教学操作结构。我认真学习当代著名心理学家潘寂的心理学、天津大学田本娜教授的“知识结构论”、教育家赞可夫和保尔诺的“发现法”以及埃德加·富尔的《学会生存》一书等，把读写结合的内涵深化，由“静态”变为“动态”的流程，由“有法”过渡到“无法”新的境界，真真正正对全体学生实施全面素质教育。

经过多年的实验和探索，我已经总结出一套体现特色的读写结合教学经验。这些经验通过报刊传播以后，受到广大教师的欢迎，并在教学实践中开了花，结了果。因此我想抓紧时间对这些经验进行系统地整理，升华成理论，使之成书，让更多的同行加入到读写结合这项实验中来。另外，我还有一个心愿：赶在新中国成立35周年国庆节前出书，将这本书作为微薄的礼物，献给养育我的祖国。

为了抓紧时间写作，我连续超负荷地工作，常常连续几个昼夜写作。一天，我笔耕通宵，清晨到井边打水洗脸时，瘫倒在地，竟鼾声大作。一次进京参加全国首届“五讲四美”优秀教师表彰大会，火车从南跑到北，我也从南写到北。在北京除了开会，我一头扎进书稿里，一口气写了两万多字。1984年夏季，我的写作进入到紧张阶段，偏偏这时候眼病复发，开始时我一疲劳眼睛就模糊，几天后两眼一片漆黑了。我瞒着所有的人，看不见就坐着构思。有一次，我摸着上床休息，不慎跌倒在地，幸得被人及时发现，才没出事。大女儿听知我眼病复发，哭着恳求我：“爸爸，请您看在死去的妈妈面上，为了哥哥和妹妹，您就不要写了！”我对女儿说：“爸爸这本书是要向建国35周年献礼的，时间紧得很。爸爸的眼睛是会好起来的。放心，放心呀！”我吩咐身边的人封锁消息，坚持就地治疗，不停止写作。我以前教好的一个顽童的父亲，在福建行医，闻知我患眼疾，特地赶回，用祖传秘方配制中药为我治眼病，竟然大见成效。两眼重见光明已是8月初，我又夜以继日地写了9万多字的书稿。倾注了自己几十年心血、长达21.5万字的著作终于在35周年国庆之际问世了。国内外教育专家、学者、教授纷纷发表评介文章，评价我创立的读写结合法。《光明日报》整版发表介绍全国67所小学实验我的读写结合法优效的报道和短评“小学需要这样的专家”，邀请我讲学的信件雪花般飞向六联小学。本书出版后，共印7次，1986年被评为广东省社会科学科普著作唯一的一等奖，1989年又在全国首届优秀图书评选中获得一等奖。

爱，在一页页的教材中流淌

“数学教学清清楚楚一条线，语文教学（特别是作文教学）模模糊糊一大片。”“模模糊糊”的语文教学，使老师、学生吃了不少苦头，使语文教学长期处于事倍功半、费时低效甚至徒劳无功的状态。为了改变这种状态，我多么盼望能有一套教材，让老师的导、学生的练都有序、有点、有法，我立下宏愿，于1987年开始了艰难的攀登。在编写五年制实验教材之后，1989年我又开始编写六年制教材。我“树一宗，学百家，求创新”，广泛吸取国内外优秀教材的长处；我没有伸手向国家要一分钱投资，自力更生，艰苦奋斗，用“民办”的形式从事教材的编写；我以六联小学为基地，带领学校的一批中青年教师，在上级有关部门的支持下，没日没夜地干了起来……经过艰苦的创造性劳动，终于编出了实验教材，在六联小学和一部分学校中试用。

“一石激起千层浪”，我的实验教材在各地产生良好的反应，引起了上级的高度重视，国家教委领导和一批专家学者及时给予支持，要求该材料上报参加国家级评审。

那是1992年春节，离教材上报仅剩5天时间。教材编写小组的老师，在大年三十放假，回家欢度佳节。可我自己却关起门来，又一心扑到教材里。屋外，鞭炮响个不停，家家户户张灯结彩，喜气洋洋。我的工作室又是另外一个世界，那么静谧，那么紧张，那么严肃。大年三十下午，市委领导秦昌大、市教育局局长李鸿新前来向我拜年。一进门，只见墙上挂满了图表，屋里四处摆着书刊、稿纸，这里一叠叠，那里一堆堆，连站的地方也难以找到，我正争分夺秒伏案疾书。面对此情此景，秦昌大无比动情地说：“丁老师，祝您健康长寿！我们不打扰您了。”我俩双手紧紧地握在一起，万语千言尽在不言之中。

简短的拜年仪式就这样结束了。别看我满面笑容，其实，我的心脏病还在发作，衣袋里正藏着一瓶应急的药。可不管人家怎么劝，我都不肯去医院打针，生怕浪费时间。按照潮州人的习惯，除夕必须合家团聚，吃团圆饭。夜幕降临了，孩子们一等再等，一请再请，我抽了空才坐到饭桌旁。面对丰盛的饭菜，我只动了几下筷子，吃了一碗粥，就又跑进了工作室。大年三十之夜，我工作室的灯光，又亮了个通宵。

我用自己的爱心，编织着一个美丽的梦。我脚踏实地，把美梦变成了活生生的现实。爱，就像涓涓细流，在一页一页的教材中流淌，流向教师的心田，流进学生的心田。我把小学阶段语文教学设计成五步，一步一个台阶，引导学生沿着一条洒满阳光的大道，跨进中国语言文学的殿堂。在我设计的每一大步中，又有一个个坚实的落脚点，那就是一个个的练点。我对一举步一投足，都作了精心设计。一笔一字一句一篇，都放在整个训练体系之中加以深究，找到其准确的位置。我从一砖一瓦垒起，构筑一座雄伟的大厦。我认为，“点”是最基础的核心笔划，识字教学从“点”开始，把识字和书法巧妙地融为一体；我创新设计了“四素句”，并由“四素句”拓展至段、至篇；我的“寻美作文，练文炼人”，学美、找美、赞美、颂美，从课内延伸到课外，在教材中建立了“读写同步，一年起步，系列训练，整体结合”的综合型训练体系，使师生从应试教育的束缚中解放出来，成为素质教育的能动的受益者。在编写教材的基础上，还相应编写了教学指导书《小学生记叙文读写学习法》《小学语文读写结合系列训练法》、教学参考书、练习册、课外辅导书，编制了挂图、录音带等，配套成龙。我主编的五、六年制两套小学语文教材及其配套用书102册，总计1200万字，经国家教委中小学教材审定委员会审查通过，列为九年义务教育小学语文单科教材，并向全国推荐试用。

1993年3月，国家教委基础教育课程教材研究中心和广东省教育厅联合在潮州市举办我的教材教法研讨会，来自海内外100多位教育专家、学者和教师参加。我的教材教法体系得到一次全方位多层面的评议与检阅，对促进体系的完善和这项科研的深化改革起了很大的作用，又得到参会人员的充分肯定与赞扬。《人民日报》《光明日报》《中国教育报》《世界日报》等20多家报刊都先后作了报道。

《广东教育》从1992年第1期起一直开设“学习、研究丁有宽专栏”，全方位地探讨我的教育教学思想。我的教材在海内外产生了很大的效应。1995年1月，广东省人民政府授予我“小学语文读写结合教育教学系列教材”一等奖。

放下了教鞭，一天也不离教坛

1995年秋，全国首届“孺子牛金球奖”颁奖会在北京隆重举行。颁奖会结束后，我正准备启程回潮州，这时河南信阳市罗山县来电，邀请我赴该县讲学、指导。

罗山是国家扶贫重点县，为了实施“科教兴县”战略，他们广泛开展“学丁”活动，已经坚持三年了。这次，县里领导知道我来北京，特地邀请我顺程到罗山传经。怎么办？同行的助手黄三松面露难色，因为我正患重感冒。

“去！”我毫不犹豫地作出决定。我说：“我的根在农村，农村教育永远是我们教学科研的基点，不去行吗？”

火车、汽车，冒着零下17度的严寒，我来到这贫困闭塞的山区县。一路风霜，抵达后的当天夜里，我发热畏寒，鼻涕流个不停。隔天，我还是打起精神，在县里参加座谈、考察活动。当我听了县领导介绍下面的乡镇小学开展语文读写教学实验的情况后，更显得兴致勃勃——

“能不能下去看看？”

“下雪天，山路不好走，您身体又……”

“没关系！”我执意要去。

下乡的那天早上，雪花飘飘，寒气透骨，汽车颠簸着在蜿蜒山道上艰难前行。这时，山道上忽然闪出一个女人，挥动双臂拦车，大家不由警觉起来。待车驶近，同行的女（副）县长却惊叫起来：“是这里学校的一位女教师！”

汽车刚一停住，那位女教师立刻冲进车门，扑到我面前。她是来向我“告状”的。她说，你就要到我们学校听课，可校长偏心，只让公办教师开课，不让我这个民办教师开课，她一大早赶了5里多路来拦车，就是恳求我听一听她的课。

我心头一热，赶快劝慰道：“好！好！等会儿到学校再商量商量，争取先听你的课。”

这位民办教师终于如愿以偿了。那天上午，她的课上得很成功。在赞扬声中，她不由喜泪盈眶。下午，到了另一所学校，一位化了淡妆的女教师的课也上得很好，只是大家感到纳闷：这位女教师平常穿戴都分外朴素，为什么今天却化妆上讲台呢？教室外面还摆着唢呐锣鼓什么的，到底搞啥名堂？

上完课，正准备评课，只见学校教导主任匆匆赶来，一把拉住这位女教师就往校务处跑。一会儿，那位女教师又化了浓妆，着上新装从校务处走了出来，一顶花轿子和一个吹吹打打的小乐队赶紧迎了上去。原来她是待嫁新娘！学校领导告诉我，这位女教师是铁下了心：不开好课不上轿。

新娘上轿了，但轿子却往我这边抬过来。那位女教师翻开轿帘探身问我，课文中某个词语她讲解得对不对，还约好当晚10点半让丈夫陪着她来拜师。

当晚10点半，她丈夫果然用自行车驮着她来了。她和我整整倾谈了两个钟头，才依依不舍地回去。

隔天，县里召开报告会，请我给全县100名教学骨干作教育教学科研报告。

这时节，罗山县白天很短，上午8点天才亮透，下午4点天已昏黑。报告会上午8点开始，下午5点半才结束，很多家离县城远的教师，是连夜赶山路而来，又摸黑赶山路而归的。

我也在“赶夜路”。那几天，送走最后一个来访者之后，已经是深更半夜了，我赶紧整理考察材料，丰富我的教学科研的信息宝库。

报告会开得很成功。上午，讲“爱心是根”，我整整讲了3个小时；下午，讲“科研是本”，我又整整讲了3个小时。我联系自身的实际，联系这次考察活动中掌握的第一手材料，把我的教育、教学理论讲述得既深且活。与会者都听得入了迷，听到精妙处，竟全体起立，举座欢呼。

报告会刚一结束，教师们争相拥上来请我签名留念。有位家很远的女教师，丈夫早就骑着自行车来等着接她回去，我便优先给她题字。可她递上来的，竟是一个用杂七杂八的纸张订成的本子。翻开一看，原来是一个《读写结合法》手抄本。这位女教师解释说：“她没法拥有我写的这本书，只好从一位领导那里借来一本，用楷体抄了下来。”

我太感动了，缓慢地，一笔一画地在“手抄本”的封面上题下“爱心是根，科研是本”，我感到笔重千钧……

在罗山，我住的是简陋旅社，吃的是玉米糊之类的粗粮。我还一直患着感冒，身体不用说十分虚弱。但我的精神状态却格外地好，天涯处处逢“知音”，我感到欣慰。

教材编写的成功，绝不是科学实验的终结，而是标志着跨进了新的里程。近几年来，我的足迹遍布祖国大江南北的山山水水。我虽然由于年老体弱，不能给小学生上课，但眷恋教坛，心系孩子，情倾教育，又在更大的课堂上拿起教鞭。我著书立说，编写教材，调研交流，传经讲学，一天也没有离开教坛，把情和爱洒在神州大地上。

让爱的接力棒代代传

我深知教育和科研是群体的事业，需要一代又一代有识之士不懈地探索和发展，才能使教育事业后继有人，兴旺发达。于是，从1981年以来，我着力培养年青一代的科研接班人。坚持“树一宗，学百家，求创新”的科研品格，立足六联小学，面向全国，走向国际。通过定期举办教学骨干轮训班、研讨会、评奖会、科研成果展示会，以及“心连心、手拉手”等一系列科研活动，言传身教，把独成一格的读写结合教材教法变成千百万教师的教育、教学实践，培养和造就一批又一批的教育精英。30多年来，有几千名海内外年轻教育工作者与我结拜为师徒，沿着“摆脱‘事务型’，跳出‘经验型’，跨上‘科研型’”发展方向，如今已有50名学生被评为特级教师、中学高级教师，有90名被列为中国当代语文名师，有75名被评为全国先进工作者、省教育新秀。看到年轻一代健康成长，我心中的喜悦是无法形容的。

我走过了“科研兴教”这漫长的路，做了一些应做的工作，取得了一些成绩。党和国家给了我许多高规格的荣誉：1979年12月，1989年9月被评为全国劳动模范、全国先进工作者，两次上京参加表彰大会；1986年在全国中小学教师中接受第一位“国家级有突出贡献专家”的称号；1991年9月得到广东省人民政府通令嘉奖、重奖，是首位得到该奖项的小学教师；1995年，荣获香港柏宁顿（中国）首届孺子牛金球奖杰出奖。我荣获党、国家级和省部级荣誉20余项、8枚金质奖章和6个金杯，立大功三次。我还先后得到邓小平、叶剑英、杨尚昆、李先念、江泽民、谢非、叶选平、李铁映等党和国家领导人的接见、看望和赞扬。我深深知道，荣誉的取得是“上靠阳光，下靠土地，是集体智慧的结晶”。

我走过“科研兴教”这漫长的路，深深地体会到：要做一名不愧时代的人民教师，“爱心是根，育人是本”“科研无止境，奉献无穷期”，要锻炼自己具有热爱事业、热爱孩子、偏爱差生之心，艰苦奋斗、大胆改革、不断进取之志，尊重科学、重视实验、实事求是之风，因材施教、灵活开拓、转化差生之功。

晚境不停步，与时俱进，我激情抒怀言志：

留得爱心在，何愁心不灵。

科研求创新，育人献终生。

七、我的成长之路

杨一青

杨一青，男，1942年生，特级教师，原浙江省杭州市学军小学校长，现任荣誉校长，义务教育浙江省小学语文教材主编，浙江教育学院、杭州师范大学兼职教授。

主要著作有《杨一青作文教学探新》《小学管理工作讲话》《搭建飞翔的舞台》《杨一青与和谐教育》等。2005年11月杭州市西湖区举行“杨一青教育思想研讨活动”，2007年1月浙江省教育学会、省教科院、省教育厅基教处和西湖区教育局联合举行“杨一青教育管理思想研讨会”。曾荣获浙江省功勋教师、浙江省劳动模范和全国教育系统劳动模范等称号。

有人说我的一生用两个字可以概括："育人"。当教师时主要是育学生；当校长时主要是育教师。"育人"使我的生命简单而丰富。做教师，努力做个好教师，重点研究小学作文教学，让更多的孩子喜欢作文，写好作文；当校长，努力培养一支优秀的教师队伍，办一所理想中的中国城市小学。我们文明古老的祖国，有着深厚的文化教育底蕴，我们中国的小学应该也完全能够与世界各国先进的小学媲美。几十年来，我和我的同事们用思考，用热情，用汗水，用创造为之奋斗着。我的成长与学校的发展紧密地联系在一起。

我留在了附小

我出生在浙江富阳市偏僻的农村山区，尽管当时的学校，无论是小学还是初中都办在破庙里，条件很差，但是教我的老师都很好，他们教学认真，关爱学生，还组织我们讲故事、出墙报、远足、野餐、捡树种，给我留下了美好的印象。再加上读师范不仅学费不缴，连伙食费也免缴。于是，1957年我就报考了杭州师范学校。1960年4月，我作为杭州师范学校的毕业班学生，来到附属小学实习。记得当时我教的第一堂课是三年级语文《家乡的变化》，指导教师认真地帮助我分析教材以后，让我们自己设计教学方法。我想起了心理学老师讲的，儿童因为年纪小，抽象思维能力比较弱，而形象思维能力相对而言比较强。于是，我就根据教材内容画了两幅画，一幅画的是解放前臭水浜的凄惨景象，一幅画的是解放后臭水浜变成居民新区和绿化带的美好环境。指导教师对我的设计非常赞同。上课时，两幅画一拿出，学生一阵赞叹声，得到了出乎意料的教学效果。课后学生围着我，问我，"下一节课还是你上吗？"我第一次尝到了上课成功的喜悦。

教数学是我这位文科班学生的难点，第一堂课教《一个数是另一个数的几倍》，指导教师和我一起研究用什么方法使三年级的小学生理解这一对他们来讲比较抽象的概念。指导教师不马上表态，放手让我自己先想办法，设计教案。我想还是要运用形象直观的方法，把抽象的数学概念具体化。备课时，我想到师范部美术教研组有大卡车、小推车的模型，那是给我们师范生画画用的，教学时我就把它借来当教具。上课了，我一手拿着大卡车，一手拿着小推车，桌子上放着一堆沙子，我一边做实验，一边和学生讨论大卡车装的货是小推车的几倍。学生非常兴奋，教学效果显著。指导教师高兴地说："你真会动脑筋，运用直观教具，把学生的学习积极性调动起来了。"

这次教育实习，使我初步感到实习指导教师认真负责、充分调动实习生的积极性是多么重要。因为师范生实习是他们第一次走上讲台给学生上课，面对即将终身从事的小学教育事业，给他们的第一印象怎么样，实习的环境是否美好，指导教师是否热情，这对于他们能否热爱小学教育事业影响很大。所以，我工作以后一直比较重视教育实习的指导，还主编过《师范生实习与指导》一书，由浙江教育出版社出版。

师范部还没有进行毕业分配，附小已经安排我下学期当三年级班主任并教语文。当年8月，我怀着对教师职业的美好憧憬，办理了留在杭州师范附小任教的报到手续。在附小的实习和工作，为我这一生的发展打下了良好的基础。

真正走上教坛，与教育的初次接触，是我在附小工作的第一年，当三年级一个班的班主任。由于没有教学经验，这一年我基本是在忙碌、紧张和困惑中度过的。这个班集体比较涣散，班里有一位非常好动的男同学，他不但自己不好好学习，还经常影响别人。更让我为难的是，他还有一定的号召力，常常带几个男同学违反纪律。一次，老师在教室里上课，他竟会翻过窗子，叫了两个同学到教室外面去玩。面对这样的班集体，一开始，我想要通过形象直观的方法来开展教育教学活动，因此经常利用星期天和学生一起到西湖边的儿童公园，到紫云洞外面的牛皋墓去搞活动，想通过活动把班集体建设好。但是，学生并不听我的话，还是经常有人违反纪律，当时我总觉得这些孩子在欺侮我这个新老师。

记得那是一个春暖花开的日子，下午第一节课，突然，一位同学急促地跑到教室门口，一只手捂着嘴巴，轻轻地喊了声"报告"，我一看，是四组五号的W同学，就让他先进教室上课。下课后，我把他请到办公室，想了解一下情况，一看他的嘴唇红肿，便问他，为什么嘴巴肿起来了，他说，是被蜜蜂蜇的。当时学校东面是一大片农田，春天，油菜花一片金黄。W同学听说蜜糖是蜜蜂制造出来的，就认为蜜蜂的肚子里有蜜糖，就去抓蜜蜂，吃蜜糖，结果不但没有吃到蜜糖，反被蜜蜂蜇了。看，孩子们就是这样的天真，真是又淘气，又可爱。

参加工作的第一年，我是带着美好的憧憬走上讲台的，整个心思几乎全用在教好学生上，甚至常常忙得早上来不及去吃早饭，顾不了理发，怪不得师范部教教育学的方老师到附小来指导工作，见到我就说："杨一青，你的头发可以去理一下了。"但是，这个班我还是没有教好，没有把学生组织起来形成良好的班集体。我反思自己，实习的时候上的课比较顺手，主要是因为当时指导老师、班主任、原任课教师坐在教室里，他们在帮助我维持学生纪律。等到自己独立担任班主任，开展教学活动时，就不那么容易了。

新教师走上小学教师的工作岗位，往往首先碰到的是组织纪律关。看来这一关过不了，教育教学工作就很难进行下去。

也许是领导看到了我的问题，第二年把我从这个班调出来，让我与有着丰富教育经验的方老师搭班。她当班主任教数学，我教这个班的语文，这有利于我向老教师学习。

方老师个子不高，四十多岁，教学十分认真，在班主任工作和数学教学方面有丰富的经验。她平时总是随身带着一本小小的笔记本，随时记录着学生的情况。这便于她及时发现问题，记录问题，解决问题。她在教育教学工作中总是提前思考可能出现的问题，防患于未然。比如上劳动课的内容是组织学生给青菜施肥，她在上课前一定要到厕所去看过，到底有没有肥料。她组织开展班队活动，争创英雄命名的"刘胡兰中队"，组织学生讲刘胡兰的故事，唱歌颂刘胡兰的歌曲，学习毛主席给刘胡兰的题词——"生的伟大，死的光荣"，引导学生关心集体，从小学习为人民服务，做好事。全体学生积极性很高，一年后，被团区委命名为"刘胡兰中队"。她和教导主任徐珊老师还经常来听我的课，帮助我组织教学，提高管理学生的能力和教学水平。

俗话说："吃一堑，长一智。"每个人都是在这一堑一智中逐步走向成熟的，我也不例外。第一年工作的失利，我在第二年得到了一些补偿。在与方老师搭班的一年中，我不仅学到了不少组织管理学生的理念和方法，还深深体会到年轻教师刚走上工作岗位，迫切需要有经验的老教师帮助引导。我庆幸在学校领导的关心下，及时安排和方老师的搭班，使我逐步摆脱了忙乱、紧张和困惑的状况，走上了比较健康正常的教师成长之路，为以后的发展打下了良好的基础。所以，我当校长以后特别关心新教师，确定了师徒挂钩等一系列促进新教师成长的措施。

榜样的力量

在成长的过程中，我受到过许多老教师的鼓励和鞭策。他们对我的热心教育，使我成长迅速，更使我永生难忘。他们在我心目中形成了教师的崇高形象，让我了解了好教师的标准，更知道了如何当一个好教师。其中，尤其是斯霞老师对我的影响很大。

2005年1月12日，斯霞老师去世。在将近70年的执教岁月里，斯老师教书育人，桃李满天下。斯老师为教育思想宝库贡献了自己的聪明才智，其中最突出的，就是她的“童心母爱”理论。她的童心母爱，影响了几代人。“童心母爱”理论，最浅显的解释就是，作为一名教师，不仅要掌握知识，更要有童心，有母爱。要与孩子打成一片，必须有童心；要把学生当做自己的孩子一样来看待，这就叫对学生的母爱。斯霞老师是以自己的行动来实践这一理念的。她说：“敬业、爱生，我认为是教师职业道德的核心，也是成长为好教师的关键。我一辈子信奉这四个字。”斯老师上课为什么那么好？那都是平时下了工夫。她对孩子的爱也体现在教学上。一位老师说起斯老师在教学上的一件往事：“我记得很清楚，有一篇语文课里说‘兔子踢死了老鹰’，斯霞老师很困惑，兔子怎么会踢死老鹰的呢？老师自己都不信怎么跟学生讲？后来她就去查资料，但就是找不到这样的记录和相关知识。最后她找到了南师大的教授，最终明白了是怎么回事——斯老师备课就是这样的投入！”大家都知道，斯老师教得好——她创造出“字不离词、词不离句、句不离文”的小学语文随课文分散识字教学法，两年内就教学生认识了2000多个汉字，读了174篇课文，在国内小学教育界首屈一指。而且她拒绝当南京市教育局局长，钟情于小学教学一辈子，这对我的影响也很大。我后来也拒绝了当教育局局长。她是个让我终身学习的老师。

我身边也有这样的一位教师，他叫徐珊。1953年，他被评为全国优秀辅导员，那年全国共评八十余名教师，浙江省两名。1983年他获评全国优秀教师。之后他还参与了浙江省小学语文教材编写。他很敬业，人品极好，语文教学十分务实。他生活清贫，仍不改热爱教育之志。他说作为一个老师要爱学生，推荐老师阅读斯霞老师的童心母爱等文章，常将学习有困难的、调皮的孩子留在家中进行辅导。学生小谷是建筑系统职工的子女。“文革”中期，他爸爸支援内地去贵州，母亲管不住他。为此，徐老师一次次劝告他，一次次进行家庭访问，自己还掏钱为他买课外书，单独为他布置个人的作业，使他对学习产生了兴趣。另一个学生叫小项，家中有兄弟四五个，父母的收入都不高，家中粮食不够吃。徐珊老师自己也有五个孩子，在粮食供应紧张的年份他自己省下粮票给该学生，赢得了同学与家长的信任和爱戴。

徐珊老师的这些作为也影响了我的教育行为。在多年教学中我发现，热爱学生是各种教学方法成功的基石。我有个学生小张，是个弱智儿童。那一年我接班，小张已经六年级了，成绩很差。我去他家家访时家长惊呆了，因为孩子读书6年，从来没有一位教师上门家访。一位只教了一年的教师居然上门造访，家长感动得流下了热泪。自此，小张能竭力完成一些老师布置的作业，与老师更亲近了。我也从此更关心有困难的学生了。

我觉得，教师要有真正的爱心，包含几层意思。一是真诚的爱。要对学生有真诚的爱、发自内心的情感，否则任何理论、技巧、方法都无法奏效。二是负责的严格的爱。教师的“爱”具有特殊性，是一种有社会责任感的爱，这由教育是准公共产品，有民族性和民主性所决定。教师的这种爱不同于父母之爱、朋友兄妹之爱、亲子之情、男女之爱等等，这不是无原则的溺爱，应是严而有格、宽容的爱。对学生不形成思维定势，理解学生是不完善的、是处于发展中的对象。这种爱是理想与感性统一的无选择的爱。要根据时代和社会特点了解学生，设身处地地理解学生。教师面对学生是没有选择的，教师必须爱任何一个学生，这是教师的职责。

我发现所谓潜能生毕业后来看望老师，感谢老师的更多，反而是优秀生“回头律”不太高。原因可能是优秀生觉得成功是自己努力的结果，而潜能生则觉得老师的帮助很重要。从这个意义上说，教师应该更关注潜能生，对于他们来说，你的一份爱起的作用更大。要让孩子在有差异的情况下有差异地发展，而不是平均发展。

有教育家提到“爱护学生要像爱护荷叶上的水珠一样细心”，老师的言行一不注意，就会给学生造成一辈子的心灵创伤，有碍于学生全面发展。师德的基础是爱和相互尊重，教师必须要学会与学生交流思想。

若一位教师连学生的名字也叫不出来，怎能说已经爱学生了，能理解学生的一些过激行为了？又怎能教育好学生呢？教师必须要用心去爱自己的学生。

这就是教师职业的精髓所在。

那时，徐珊老师对我的教学指导很多，他说，课堂是提高教学能力的基地，爱学生也体现在教学上。如上《飞夺泸定桥》一课，他要求我首先了解历史背景，了解环境，如桥的形状、河的气势、两岸山峦的形势等，都要弄清楚。他还要求我制作教具，在试教时常常提出具体意见，让我改进。

徐珊老师还要求我不断写文章，上研究课，最多一学期，我上了26节研究课。要求我课后要不断总结，及时写课后体会。每年假期对我进行科研文章写作的指导。要求我每年都必须要有一两篇像样的文章。这样的鞭策让我成长得很快。

另一个给我深刻印象的是老书记邱碧君，她的事业心让人敬佩。1976年粉碎“四人帮”后，她担任校长。1984年我任校长后，她任书记。那时候，粉碎“四人帮”不久，是学校的困难时期。她对事业的追求，对学生的责任感让我感触很深。比如，学校缺少资金办校办厂，她冒着酷暑几次去杭州大学低三下四恳求别人的帮助，借来两万元钱办起了一个小型的面包厂，提高了教师们的福利待遇。她使我懂得，作为校长，要尽可能扶持教师，为教师服务。

还有一个老教师对我影响也很大，这就是顾培怡老师。她是一个“将自己一辈子都嫁给了小学教育”的教师。她一辈子没结婚，所有的心思都扑在了教学事业上。她是全国先进工作者、全国三届人大代表，小学数学教育专家。当时她的班级升学率高，学生的活动能力与思维能力都很强。印象最深的是她在学科教学中刻苦钻研，那时她对参与“提高学生计算能力”的课题研究极为执著，在全国很有影响。她使我懂得做教师一定要研究教学，努力做所教学科的专家。

就这样，与许多人一样，我之所以在40多年的教育生涯中取得了一些成果，是因为我站在这些老教师的肩上。可以说，没有这些老教师的教育扶持，绝没有今天的我。

第一次发表文章

倘若一个教师只知埋头苦教书，不知教育教学效果如何，那么，他肯定成不了一个出色的教师。只有不断总结，不断反思，不断改进，不断创新，才能在教育战线上有所作为。其实，我坚持写教师笔记的过程就是一个教学反思的过程。在漫长的教学生涯中，我始终自觉地坚持进行教学反思，这对我成长发展具有明显的作用。我后来出版的《杨一青作文教学探新》一书里的大量内容就是教学反思的记录。

1962年下半年，我教五丙班的语文。一次，教导处老师通知我，杭州市小学语文教研员宋寿朝老师想听我的写字课。事前我并不知道。面对这一要求，我当然只能答应。好在我对写字教学比较重视，平时上课、批改作业就比较认真。那一天，我把笔、墨、纸、砚都带到教室，和学生一起学习写毛笔字。我和学生一起讨论字的间架结构，交流运笔方法。我还在一块画有红色米字格的白色油漆水粉板上，当场用毛笔给学生示范写字。当时，教育部提出弘扬中华民族文化，加强中小学毛笔字教学。宋老师听了我的课以后和我交谈，给这堂课以很高的评价，他认为教师对毛笔字教学认识到位、指导到位，尤其是教师能当场示范更是难能可贵。事后，他写了一篇文章给《浙江日报》，介绍我怎样认真进行小学写字教学。

《浙江日报》的编辑张金庄同志把这篇稿子寄给了我，要我自己写一篇教儿童写好字的文章。我回顾了进行写字教学的情况，从引导学生认识写毛笔字的意义到掌握毛笔字的书写要领，从培养良好的写字习惯到调动学生写字的积极性都作了介绍。没过几天，《浙江日报》发表了我写的文章《教儿童写好字》，同时，还发表了我附去的学生任平写的一张毛笔字“勤学苦练，提高成绩”。这是我第一次在公开的省级报刊上发表文章。当时不像现在这样报纸杂志那么多，能在省级党报上发表一位普通小学教师的文章是很难得的。这里要感谢这位热心的教研员的推荐，也要感谢这位编辑的器重。是他们的举动，首次为我搭建了发表文章的平台，使我尝到了在工作中写教学感受的好处。由此可见，教研员、报刊社、出版社的编辑，对教师的培养起着不可低估的作用。

这篇文章的发表，不仅对我，对当时才读小学五年级的任平同学也起着很大的激励作用。任平同学一直坚持学习中国书法，而且取得了出色的成绩。1984年任平获得全国青年钢笔字比赛一等奖。现在他担任浙江大学艺术学院教授，是著名的中青年书法家，中国书法博士生导师。当记者采访他时，他说："我的第一幅在省级报刊上发表的书法作品，是读小学的时候杨老师给我送去的。"

第一篇文章发表不久，1963年1月10日《浙江日报》发表了我的第二篇文章，《教师札记—— 一个问题的启发》。4月21日又发表了第三篇文章《毛亦薇的期终试卷》。这三篇文章的发表，在我个人成长的道路上起着重要的作用。首先，它给我这个初入教坛的青年教师一种成就感，激起了我不断努力、不断求知的欲望，使我进一步热爱人民小学教育事业。其次，这几篇文章的内容都是我在教育教学实践中的做法和体会。姑且不论文章水平的高低，单就从"反思""总结"的角度看，这也是不小的成功，绝不单是写文章的成功。促使我自觉地把自己的课堂教学实践作为认识对象进行全面而深入的冷静思考和总结，从而进入更优化的教学状态，使学生得到更充分的发展。我把自己的教学实践作为认识对象进行反观自照。这是提高教学水平的需要，是一种精神产品的再生产。而初次的成功鼓励了我，使我走向一个又一个成功。

因为这三篇文章的发表，我认识到教学反思的重要性，于是这个习惯就一直坚持了下来。当时，我基本上每天都记，总结精彩片断，思考失败之处，反思自己的教育教学行为是否对学生有伤害，反思教育教学是否让不同的学生在教学上得到了不同的发展，反思自己的教学是否真正达到了教学目标。我特别注意自己在教学中对课堂中不可预料发生的情况进行反思，在和学生互动交流中，根据学生的学习效果反馈，对教学计划进行调整。

教学反思是一种有益的思维活动和再学习活动。可以说，一个优秀教师的成长过程离不开不断的教学反思这一重要环节。教学反思可以进一步地激发教师终身学习的自觉冲动，不断地反思会不断地发现困惑，"教然后而知困"。不断发现一个个陌生的领域，从而促使自己拜师求教，书海寻路。学习反思的过程也是教师人生不断辉煌的过程。教学反思可以激活教师的教学智慧，探索教材内容的崭新表达方式，构建师生互动机制及学生学习新方式。

我做校长以后，反思笔记就加进了学校管理工作的内容。到现在我已经有了近百万字的笔记，成了后来写文章出书的资料。新教师进校后，我常向他们介绍自己写反思笔记的经验。后来学校更是建立了一套促使教师进行教学反思的制度。可以毫不夸张地说，学军小学的老师都习惯了对自己进行教学反思。这也是学军小学教师成长较快的原因。

现在实施新课程，把自我反思、同伴互助、专业引领作为校本教研的三个核心要素，构成了校本教研的“三位一体”的结构。其中教师的自我反思与调整是参与教研活动的前提条件，极为重要。

一个问题的启发

20世纪60年代初，我从杭州师范学校中师毕业参加小学教育工作，当然是响当当的合格学历。但是，我在教育教学实践中感到小学教师绝对不能满足于已有的中师学历，必须向更高的学历努力。这种感悟，最初来源于一位学生对我的一个提问。

那是1962年下半年期中考试以后，章小平同学的造句，已经练过五次了，还是“我愿望成为一个优秀的祖国接班人”。有一天，这位向来不爱多问的章小平大约为这一连串的“判错”憋不住了。她害羞似的问我：“为啥这里要用‘希望’不能用‘愿望’呀？”

这一下，可把我愣住了。我拿着她的本子，一时答不上来。

课后我不得不去查阅高等教育出版社的《汉语讲义》，看了同义词部分。上面写着：“希望”是动词，“愿望”是名词。当时我豁然开朗。通过词性分析来教学这两个同义词，不就方便了吗？果然，通过分析以后，再叫学生练习，全班就没有一个人再错了。

看，同义词里还有那么多知识：同义词的产生，同义词的辨析，同义词的作用，等等。“房屋”与“房子”是因为范围的大小不同，“爱惜”与“爱护”是由于用的对象不同。还有由同义词组成的成语，如“奇形怪状”“粗枝大叶”等。当我告诉学生，“聚精会神”是由两个同义词组成的成语时，大家都感到很新奇。从他们明亮、渴求知识的眼睛里，可以看出他们听得很有趣。诸葛萱小朋友举手就问：“杨老师，‘同甘共苦’是不是由两组同义词组成的？”

“对！风平浪静、平心静气也是啰！”

"还有上一课讲到的咬牙切齿。"

这次同义词教学给了我很大的教育和启发：加强语文知识的学习对语文教师是多么重要。我真正体会到当时常说的"给学生一杯水，教师自己要有一桶水"的道理，深感自己知识不够。于是，我一边继续自学《汉语讲义》和其他高一层次的语文书籍，一边争取到高校业余进修。

我把学习高一层次的语文知识与语文教学结合起来。学习《汉语讲义》中句子部分以后我在教学《开国大典》一文时，就用排比句的知识，和学生一起讨论，"这庄严的宣告，这雄伟的声音，通过无线电的广播，传到……传到……传到……"这一段中，连用三个"传到"的作用。我在学习文章的体裁的时候，就联系语文教材，研究教法。比如诗歌，就挑《全靠部队哺育大》那一首，在学习诗歌知识的基础上，研究小学诗歌教学的方法，然后试教这篇课文。一学期下来，我对诗歌教学、故事教学、寓言教学都花了一点时间去研究。这样既学习了不同体裁文章的知识，又钻研教材，学了教法，促进了教学质量的提高。

一次，我得知浙江师范学院要招收函授生。我抱着试试看的心态，参加招生考试。出乎意料，我被录取了。当时录取的基本上都是中学教师。我们中文专业四五十人中，只有少数几个是小学教师。我感到很荣幸，能在高等院校学习中文了。

1963年开始的浙师院函授学习，对我以后的发展起了重要的作用。首先，它使我感到了继续学习的重要性，提高了我继续学习的自觉性。其次，教育教学实践告诉我，只有把学习文化知识，学习教育理论，学习教育技术，学习教育方法和教育、教学工作紧密结合起来才能取得较好的学习效果。如学习王力先生的《古代汉语》后，我在浙师院《学与教》的书刊上发表了一篇题为《古汉语在小学里有用武之地》的文章，里面讲道："一年前教到六年级课文《平型关大捷》中的'短兵相接'一成语。当时只是含糊地解释为'两支军队面对面地打肉搏战'，其原因是用现代汉语'兵'的意义去解释这个成语，所以讲不通。古汉语告诉我们，古今词义是有变化的。'短兵相接'中的'兵'应解为'兵器、武器'，只有这样才能把词的解释落实到每一个字上去，使学生牢固地掌握知识。"再次，锻炼了我的毅力。函授学习并不是一件轻松的事。平时的教学任务本身就繁重，我参加工作不久，业务还不太熟悉，再加上函授学习要完成大量的书面作业，每学期还有两次面授，真是够紧张的。特别是到了每学期末，所教的学生要考试，自己也要考试，两头都不能放松。但我始终坚持利用业余时间，抓紧学习，还主动向我的学生家长请教，使我的学习取得了较好的成绩。函授不但提高了我的文化水平，还磨炼了我的意志，增强了我的毅力。

回顾自己业余进修的经历，再看看知识骤增的今天，学习对于每个教师是何等的重要。我们必须建立学习型的教师群体，鼓励教师积极参加各种形式的业余进修，让每个教师在学习中发展提高，这应该是当校长义不容辞的责任。

经历是一种财富

经历，对一个人来讲是一笔财富，是一部辞典。一个教师能经历学校工作中方方面面的不同岗位、不同工作，应该说是一种收获。

我参加工作以后，担任过班主任，当过科任教师，教过语文、美术、历史、地理、自然常识，当过事务老师，管过财产、财务，管过学校维修建设，还当过少先队大队辅导员，管过学生思想工作。1973年到1978年间还到西湖区教育局当过教研员。粉碎“四人帮”以后，当过教导主任，管过德育工作、教学工作、教务工作。我乐于做这些工作，因为毕竟经历是财富。

当班主任是我工作中最愉快的回忆，因为我整天和我的学生在一起，和他们一起上课，一起活动，一起种玉米、南瓜，一起演文艺节目。特别是和学生一起野营拉练，大家背着棉被，带着行囊，从杭州走到绍兴，让人记忆犹新。班主任工作使我更深入地了解了学生，逐步地学会了如何组织学生、管理学生，我和学生也建立了深厚的感情，直到现在回忆起来，给我印象最深、感情最深的学生，就是我当班主任时候的。

小学班主任主要教自己一个班的学生。科任老师就不一样，教美术就得教十几个班的学生，与学生的深入接触当然就没有班主任对自己这个班多。往往是这个班课上完，马上又得到另一个班去上课，这一节教的是一年级，下一节可能马上到六年级上课。这就要求科任老师要驾驭课堂、适应不同学生、组织不同学生的能力特别强。当时我抱着一个宗旨，尽量不要麻烦班主任，科任老师要自力更生教学，要以自己出色的教学艺术，吸引学生，提高教学质量。那么，如何吸引学生呢？教学实践中我深深感到，只有激发学生学习的浓厚兴趣，才能紧紧地吸引学生。于是我根据教学内容和学生的兴趣爱好，经常变化教学方法，以激发学生的学习兴趣。记得我教美术课，经常展示学生作品，“六一”节前后尽量让学生有美术作品在报刊上发表。我上历史课，听取学生意见，经常向学生推荐历史故事书，除了找有关课外书讲历史故事外，还引导学生自学，让学生也能讲有关的历史故事。还记得我走到六年级教室门口，常常会出现学生鼓掌欢迎我上历史课的情景。

我感到困难最大的是当事务老师，当时学校条件很差，全校只有一个自来水龙头。学校没有食堂，搭伙在浙江教育学院食堂。那时我国正处在“三年困难时期”，因缺乏营养，我还生了浮肿病。正是在这个时候，老师们推荐我当事务老师，为教学服务，为师生生活服务，负责采购教育教学用品，负责基建维修、设备添置等工作，还为大家买饭菜票。灯坏了要找你，门窗破了要找你，记得最麻烦的是给教学楼搞外墙粉刷。我从来没有做过这种事，也没有学过这方面的知识。但还得自己去找单位，自己找人搞设计，自己把质量关。整天忙忙碌碌的真觉得有点苦，但这对我是一种锻炼。我当校长以后就体会到后勤管理的烦琐和重要，搞基建的艰难和责任。因此，我总是信任他们，支持他们，尽量给他们以方便。

1969年，杭师附小属于拱墅区文教局管理，改名为学军小学。1973年由于区域调整，学校从拱墅区划归西湖区。由于西湖区是新建区教育局，局里急需干部，于是，把我借调到西湖区文教局工作。

当时的西湖区文教局只有七八个人，在岳王庙的大殿里办公。我作为文教局机关工作人员，和当时文教局的领导一起，骑着自行车到梅家坞、翁家山、杨梅岭、满觉陇等农村小学了解情况，到城区小学组织教育活动。在西湖区文教局的五年中，我参加了局里召开的基层领导干部素质会议，参加了上级教育行政部门的有关会议，还参加了不少政府召开的各部门有关人员参加的各种会议。当时文教局的工作计划、工作总结、重要会议的领导报告和局里工作的一些简报，大多也由我负责起草。五年的文教局工作经历，使我从学校教师的层面提高到从县区教育局这一视野来了解社会，了解教育，看待学校。无疑，这对我后来担任学校的领导工作是大有好处的。

研究作文教学的起因

1980年，我教五年级一个班的语文。接班第一天，我告诉学生："从今天起我就是你们的语文老师，你们对我教语文，有什么要求，有什么希望，都可以说。"一位男同学说："杨老师，你上课最好给我们多讲故事。"我说："故事可以讲，我们要培养大家讲故事的能力，希望大家不光听我讲故事，大家要人人学会讲故事。但是，语文课不是故事课，它还有其他的学习任务。"另一位女同学举手说："杨老师，你教语文最好多给我们看课外书。"我说："你说得很对，书籍是人类进步的阶梯，我们从小要多看有益的课外读物，我也会想办法让大家多看课外书的。"

当我问到他们在语文学习中感到最大的困难是什么时，同学们几乎异口同声地回答："作文。"于是我对这班学生作了学习作文情况的问卷调查。全班47位学生中，竟有40人怕作文，还有4个人"恨死作文"，只有2个人不怕作文，很难得有1个人喜欢作文。我问这位同学，你为什么喜欢作文。他说："我长大想当新闻记者。"学生是我们的教育对象，我们语文教师就是要研究我们教育的对象，尤其要研究学生的心理需求，解除学生语文学习中的心理障碍。教师要教学生学好语文、写好作文，而学生中却有86%的人害怕作文，甚至痛恨作文，如果对这一情况不了解，或者了解了不去解决，要提高学生的作文水平显然是十分困难的。因此，我们要深入调查研究，为什么有那么多学生害怕作文，怕在何处？我特地找那几位"恨死作文"的同学交谈，问他们为什么恨作文？他们说，我们其他功课都可以，就是语文成绩影响评上三好生。语文成绩里基础部分、阅读部分也都不错，就是作文部分老师扣分最厉害，作文不好，三好生评不上了。经了解，我总结出学生害怕作文的原因是多方面的：有的语文基础差，错别字、病句很多；有的不懂得观察生活，不会积累写作素材；有的学习态度不够好……其中多数学生反映，主要困难是"没有东西好写"。"没有东西好写"，引起了我的深思。"巧妇难为无米之炊"，学生感到"没有东西好些"，当然就写不出好文章来了。这是值得我们研究的问题之一。

从教师的原因去分析，我也作了调查研究，从教学中反映出来的主要有四个问题。

第一，匆匆指导。教师、学生在思想准备不充足的情况下进行作文教学。教师自己备课不充分，又没有把作文的内容、要求及早告诉学生，让学生有一个充分准备的时间，就走进课堂，上作文课了。比如，当一位老师提出：今天作文是请大家写《记一次劳动》时，班里一片喧哗。少数学生能说“我写种菜”，“我写搬砖头”，但大部分学生由于事先没有思想准备，所以一时想不起来。有的就干脆说：“我没有东西好写。”

第二，空洞指导。指导不具体，尽讲空话。比如写《记一次劳动》，老师指导时就讲，要写“好记一次劳动，一是中心要明确，要反映劳动者的好思想、好品德；二是条理要清楚，不要东拉西扯；三是重点突出，要有详有略；四是句子要通顺……第二次写《记一个熟悉的人》，也不过是那么几句话：中心要明确，条理要清楚，详略得当……几乎所有的作文指导课，就是重复那么几句老调，这对学生有什么大的帮助呢?

第三，孤立指导。作文不与学生生活结合，不引导学生观察生活、丰富生活，写的内容脱离学生生活实际。再是作文不与课内外阅读中得到的写作内容、写作方法和丰富的词语结合。在作文教学中不去联系，把作文与阅读分成两张皮。还有作文的指导、批改、讲评，相互脱节，没有围绕一个统一的目标，形成一个系统的工程，从而使作文教学成为封闭式的孤立指导。

第四，态度急躁。因为写是学生认识能力、思维能力和语言表达能力的体现，是字、词、篇的综合训练，所以学生作文水平的提高非一日之功，必须遵循儿童认识规律和写作规律进行。可是我们有的教师往往急于求成，对一般学生的作文，特别是基础差、困难大的学生，往往批评多、指责多，甚至训斥多，致使学生对作文缺乏信心，产生畏难惧怕情绪。

学生怕作文，认为作文难写；教师也怕作文，认为作文难教。外出听课很难听到有教师上作文公开课。这是当时小学作文教学的状况。

语文是最重要的交际工具，是人类文化的重要组成部分。口语交际、书面表达是人们社会交流的主要形式，随着社会的发展，人们之间的沟通、交流将更加密切，更加广泛。小学作文教学是小学语文教学的重要组成部分，它担负着培养学生表达能力的重任。如何让86%怕作文的小学生喜欢作文，提高小学生的作文水平，促使我下决心开始了作文教学的研究。自1980年开始我从研究儿童写作心理入手，主攻作文教学，以后我上的研究课几乎全是作文课，1989年浙江教育出版社出版了我的专著《杨一青作文教学探新》。

前进路上的“加油站”

1986年9月10日——教师节，金色的北京城阳光灿烂，中南海紫光阁前，古树成阴，风景如画。党和国家领导人习仲勋、乔石、李鹏、余秋里等，在这里接见我们各省市自治区赴京参加全国教育系统劳动模范、先进集体表彰会的代表，并和我们合影留念。

在国务院礼堂，我作为浙江省的唯一代表，登上主席台，从党和国家领导人手中接过金光闪闪的“人民教师奖章”和大红的“全国教育系统劳动模范证书”，心情非常激动。

记得就在赴北京前的几天，9月6日，我在省人民大会堂，刚接受了浙江省人民政府授予我特级教师的荣誉证书。四天后，又在首都接受了党和国家领导人的奖励。奖章、证书、鲜花、荣誉，这一切，使我心潮澎湃、思绪万千……

我始终认为，这荣誉不只是给我个人的，这荣誉也是各级领导的培养、全体教工共同努力的结晶，这体现了党和政府对人民教师的尊重和关怀。

党和国家领导人高度评价教师的工作，他们说：“我国的教育还面临经验不足、师资缺乏的困难，我国过去有陶行知这样的教育第一线的勇士，现在你们在教育的第一线，也是勇士。感谢大家为我国教育事业作出的贡献。”

在北京的几天，我还了解到，我国还有不少贫困地区教师的工作生活条件比我们困难得多，他们的敬业精神、艰苦奋斗的作风深深感动了我。我们真的要好好向他们学习，把教育工作搞得更好。

与会的安徽代表是一位民办教师，他所在的家乡经常闹水灾，他住的是茅棚。为了让孩子们能上学，他将自己家茅棚让出一间做教室，用给老父亲做棺材的木板做桌子，给学生读书。当地农民很穷，交不起杂费、书费，他给代付。有两个学生一度因父母判刑，无人抚养，他就收留下来。一次闹水灾，他住的茅棚也被洪水冲走。他坚持办学，晴天在树阴下上课，雨天在牛棚里上课，以致不理解他的老婆也离开了他。为了孩子们的教育，他艰难地战斗在教育第一线。在全国政协召开的座谈会上，他没有别的要求，只希望自己的学生有个能学习的教室。我们这次来北京开会按照大会规定，可以在北京留两天，到长城、故宫参观游览，也可以到北京学校参观考察，可是他只能早点回去，他说他是民办教师，家里还种着芝麻，已成熟了，必须赶回去收，如果迟了，成熟的芝麻掉在沙地里是捡不起来的。大会还规定返程可以乘飞机，也可乘软卧。可是他只带了三十几元钱赴京，连买普通火车的返程票的钱也不够了，是国家教委师范司设法给他买的返程票。望着他佝偻的背影，我感慨很多，那样的条件，还这样执著，我们的条件比他好多了，我们还有什么理由不好好干呢！

参加教师节全国表彰大会使我体会到党和国家对我们人民教师的关怀，看到了教育战线同行们艰苦奋斗的精神，增强了我进一步搞好教育工作、办好学校的决心。2004年，我被评为浙江省功勋教师，在教师节表彰大会上，当省委书记习近平握着我的手时，我心中感慨万千，给予我这种巨大的荣誉以及人民的信任都是对我莫大的激励。

又一次触动我要更好地做好教育工作、办好学校的决心，是1989年访问日本和1972年访问德国后的思考。

我们知道，这两个国家都是二次大战的战败国，我们是战胜国。可是这两个战败国的经济发展远远超过了我们。1964年日本东京举行了奥运会。日本人说："我们的资源在国外，我们的市场也在国外。"我们也知道，日本是个资源贫乏的岛国，可是他占有了很大的国际市场份额。在我国可以看到大量日本品牌的汽车，本田、丰田、三菱、皇冠，等等；大量的家用电器，松下、日立、东芝，等等。是什么原因使资源贫乏的日本与广阔的国际市场联系起来的呢？是教育，是人才，是科技，是战后的日本狠抓了教育。可见教育对一个国家的发展起着何等重要的作用！

同样，在德国三个星期的教育考察，使我看到，战后的德国"勒紧裤带抓教育"的成果。战后的德国留下的主要是妇女、儿童和老人，面临战后的困难，他们说："我们不像阿拉伯国家，它们的地下挖下去，冒出来的是石油和天然气。我们国家的发展靠的是科学技术，靠的是教育与人才。”的确，战后的德国狠抓教育，促进经济发展，成为欧洲首富。通过两个不同的国家，可以得出同样的结论：必须狠抓教育。我深深感到国家兴衰系于教育的道理，这给我人生的道路上又一次加油，决心为办好学校作出努力。

谢绝教育局长的职位

有人说我一辈子在一所小学干了一件事情：育人。这个坚持也是不容易的。

一天上午，区委组织部韦部长找我谈话，要我出任西湖区教育局局长兼党委副书记，一年后等老书记退休我再兼任党委书记。他说：“你当教育局局长区委认可，人大认可，区政府认可，教育局机关也认可。如果你真的舍不得离开学军小学，校长可以兼着。”为了要我当局长，他还允诺可以把我爱人调到西湖区少年宫工作，为了工作方便，把我的家安排到教育局附近的区政府宿舍，给教育局配一辆汽车（当时区教育局和不少区级机关还没有配汽车）。我在学军小学工作了二十多年，对小学教育很有感情，对作文教学作了一些研究，有了一定的效果，对学校管理的研究正在进行，小学工作虽然清苦，但是很有意义，我多么希望自己能继续在学军小学的岗位上研究作文教学，研究学校管理。我深感我们的教育需要这样的实践研究。

组织部长找我谈话没有成功，过了几天，领导通知我，区委分管党群的章副书记找我谈话。我猜想，肯定还是要我当教育局局长的事。

西湖区委就在美丽的西子湖畔。春天的西湖是那样的平静美丽，垂柳吐绿，桃花争艳，加上温暖的阳光、和煦的春风，是多么的诱人，可是我当时的心里是那样的不平静，无心去欣赏这一切。我暗暗对自己说，还是下决心留在学校里吧。因为章副书记本来就是我学军小学的同事，她任教导主任时我任副主任，她任党支部书记时我任副校长。我对她说：“我们学军小学有你出去当区委领导了，我就留在学校里吧，学校也需要我。我对学校有感情，对教育、教学工作有感情。”我多次要求在学校第一线研究小学教育，办一所理想的中国城市小学，因此决心谢绝教育局长的职位。

为了这件事，我曾去请教当时的省教委邵主任，我说：“西湖区要我当教育局局长，你看怎么办？”他没有正面回答我，说：“我看，特级教师最好校长也不要当，就是做教师。”我明白了邵主任的态度，非常高兴。看来他的观点与我的想法是一样的。

过了几天，我出席杭州市第八届人民代表大会，和市教委金主任、西湖区人大凌主任一起。金主任得知西湖区要我去当教育局局长，他当着我的面对凌主任说：“杨一青这样的校长，我们市里是派用场的，还是希望他在小学里发挥作用的。”由于我的坚持，领导最后同意了我的要求，我终于谢绝了教育局局长的职位，继续留在学军小学工作。这一留，给我“办理想中的中国城市小学”的愿望，创造了条件，使我的理想和规划基本得以实现。

从“支援”到“收获”

那是1985年8月初，应吉林省抚松县教育局和县教师进修学校邀请，我第一次出省到外地讲课。来邀请的刘主任、高老师恳切地说：“我们这儿是长白山区，高寒地带，交通不便，从来没有外地专家肯来讲过课，这次请你，希望你一定能去。”我真的被他们的淳朴和真诚所感动，原则上答应暑假去。

到了7月底，接到抚松来电，他们请我乘飞机从杭州出发，而且要派人到杭州来接我。我婉言谢绝他们派人到杭州来接的决定，答应自己一个人乘飞机去。

飞机从杭州笕桥机场起飞，到沈阳机场降落已是傍晚时分，接我的刘主任已在机场出口处焦急地等着我，我们匆匆买了个馒头，马上赶上赴朝阳镇的火车。凌晨1点到朝阳镇车站下车，刚走出火车站，我就听到高老师焦急的问话声：“杨老师来了没有，来了没有？”

“放心吧！来了！来了！”刘主任回答。

高老师见到我高兴地说：“杨老师你辛苦了！终于把你盼来了！”

看着他们急切的眼神，当时我也很激动，长白山区的同志多么希望我去啊。我们马上上了一辆他们开来接我的车，向抚松县城开去。他们告诉我，来听我讲课的不仅是小学老师，初中教师也来了，小小县城里几乎所有的招待所都被教师住了，我越来越感到这次讲课意义的重大。

也许是因为一夜未睡，也许是车辆在长白山区的颠簸，车到二道花园这个地方我吐了，而且吐得比较厉害。我下车在地上蹲了片刻，略加休息，继续上路。车到抚松，已是上午八点多了。

在抚松我作了一天半的作文教学讲座，与当地教师进修学校教研室和小学老师交流教学体会，参观了当地的县城和山区的几所小学，体会到了当地学校办学的艰辛，特别是漫长的冬天要解决取暖的问题，教师学生艰苦奋斗，勤工俭学，用煤取暖。长白山茂密的森林、清澈的天地、好学的教师，给我留下了美好的印象，使我不仅扩大了眼界，增加了知识，更使我感到外出讲课更重要的是一种学习、一种收获。

从东北长白山区开始到广西、陕西、河南、四川、安徽、江苏、云南等全国各省、市、自治区讲课都是一种学习，到高等学府讲课更是一种学习。

我应邀到杭州大学教育系、浙江教育学院、杭州师范学院等高校讲课，而且被浙江教育学院、杭州师范大学聘为兼职教授。在高等院校讲作文教学，讲现代教育技术的运用，讲教师职业道德，讲学校管理，讲国外教育考察感受。无论是大学的老师、学生，还是继续教育学院的校长、教师们，听课后都给我反馈和意见。在杭大教育系，我得到了斐文敏老师、王炳仁老师关于学校管理、德育工作等方面的指导，在杭师院我进一步知道了个案分析的具体做法。

1994年浙江省教育委员会下文，由浙江教育学院与杭州市学军小学共同举办浙江省小学语文教坛新秀培训班，培训浙江省35岁以下优秀青年语文教师，每年一期，每期50人左右，学习时间3个月左右时间。浙江教育学院负责学员思想、生活等管理工作和教育理论课教学。我们学校负责进行教学法教学和教育实习，以及外出考察学习等的实施内容，并由我和我校另一位语文特级教师唐淑华老师负责这一工作。

来自全省的青年语文教师在这里学习，浙教院汪潮教授给他们讲授语文教学原理，其他教师给他们讲教育学、心理学、教育史等方面的理论，学员在我们学校实习、听课、上课、评课，还组织他们到江苏扬州、南京、上海等地考察学习。至今培训班已培训500多名学员，不少青年教师回去以后或担任学校领导工作，或担任教研员，还有不少评上了特级教师。在这些学员的身上，我们看到青年人朝气蓬勃、积极向上、勤奋好学的精神，这个培训班的学员在浙教院是最守纪律的学员，受到了院领导的好评。平时，我每到省内各县、市，总会遇到新秀班的学员，他们已成为浙江省小学语文界的中坚力量。

到高等学府讲课，沟通了我校与高校的交流渠道，促进了两校之间的合作与发展。特别是高校教师帮助指导我校开展教育科研工作，如我校“小学生主体参与教育模式实验研究”得到了杭州大学教育系教授们的指导。

浙江省义务教育教材的编写是浙江省教材改革的一大举措。我参与了浙江省义务教育小学语文教材第一版的主审工作。1987年第二版开始由主审转为主编工作。有人说，你乘着教材改革的“东风”，拿着教材改革最新信息的“尚方宝剑”，推进了学校的教育改革，促进了教师的发展。

无论是参与教材的审定编写，还是学习贯彻新课程标准，对我的提高都是很大的。新课程改革使我加深了对课程教材的认识，提高了课程意识，认识到课程是由“教学材料、教师与学生、教学情境、教学环境”构成的一种生态系统。课程不仅是文本课程，更是体验课程；课程不再只限于知识载体，而是教师和学生共同探求新知识的过程，尤其是每个学生都是带着自己的经验背景和独特的感受来到课堂的，学生和教师是重要的课程创造者和主体，共同参与课程开发。课程被重新定位，涵义也被放大，即课程不仅仅是教材上固定的内容，一切与学生的学习经验有关的内容都可以看做是课程资源。教师要利用当地的环境资源、地理特点以及网上信息创设探究情境，开发课程，丰富教材。

在学校教育教学管理中，我注重对教师进行课程意识的教育，使教师不仅要重视“怎么教”，还要考虑“教什么”的问题。教师要成为课程教材的开发者。这一意识的增强，与我长期参与浙江省义务教育教材编写工作是密切相关的。

另外，对浙江省义务教育小学语文教材整个编写体系、要求与教材的选用以及练习的设计，我都比较清楚。我能比较全面地理解教材，研究教法，对提高全校教师语文教学能力是有帮助的。

从1999年开始，我又参与到浙江省义务教育小学语文教材CAI课件的编制工作中。在省电教馆的直接领导下，一支包括我们学校在内的、由全省现代教育技术力量较雄厚的十几所学校组成的编制队伍开始运作。这支队伍中有优秀的语文教师，也有优秀的现代教育技术人才，编制的CAI课件分单元、分课文编制。每一篇课文所编制的内容、形式，甚至里面的画面、背景音乐都要一一研究，审查通过。

这一次次CAI课件的制作，不仅使我对教材，对现代教育技术，特别是对计算机网络技术、多媒体技术有了新的认识和提高，更是为学校培养了一批骨干教师，包括语文教师、计算机教师。他们在参与制作CAI课件的过程中，带动全校教师开展了CAI课件的制作，促进了教学手段的现代化。2000年我校教师课件制作的人数就达到教师总数的85%，使用的人数达到100%。

八、激情与思想：我永远的追求

窦桂梅

窦桂梅，女，1967年生，特级教师，现任清华大学附属小学校长。

从1994年开始做“语文教学民族化与现代化”研究，具体目标是“继承工具性，打牢语文基础；注重人文性，弘扬主体精神；体现民族性，遵循汉语学习规律”。2001年作为教育部更新教育观念报告团成员，在人民大会堂作《为生命奠基——谈语文教改的三个超越》的专题报告。

先后荣获吉林省五四青年奖章、全国模范教师、全国师德先进个人、全国中青年十杰教师提名奖等称号。

主要著作有《为生命奠基》《我们一起成长》《窦桂梅阅读教学精品录》《窦桂梅与主题教学》等。

启程——自立

教师成长固然有赖于好的环境，但更重要的是取决于自己的心态和作为。我认为，社会是课堂，实践是砺石，他人是吾师，自身是关键。只要你务实肯干、积极进取、开拓创新，就会在现实生存的土壤中找到自己的生长点，并以自己的成长影响周围。从这个意义上说，谁来给教师良好的成长环境？是教师自己。

我来自农村，那块沃土把执著追求和脚踏实地的精神植入我的生命——我坚信，要自强不息，要奋力拼搏。不管在哪个单位，从事哪门教学，只要埋下头来，任劳任怨，必能迅速成为业务骨干，作出成绩，显示出存在的价值。

1982年，15岁的我走出山村，走进吉林师范学校。4年后，我以优异的成绩毕业留校做文书工作。同学们羡慕，我却不情愿——既然学习了四年的师范，就该成为一名好教师。几经周折，我终于被改派到吉林市第一实验小学报到。由于分配太晚，我被安排到教务处做辅助工作。在这个岗位，我一干就将近5个年头。先后代教过语文、音乐、数学、美术、自然常识、思想品德几门小学课程。每一次代课，我都全力以赴。代数学课时，所带班级成绩名列前茅；代音乐课时，上过大型公开课。这期间，我感觉自己还是喜欢语文，而且教语文也能更好地丰富自己的底蕴。因此，几年里，我没有停止过恳求领导要求岗位更换——教我最喜欢的语文。终于，1991年，我如愿以偿。“打杂”的5年，使我开阔了眼界，积累了经验，综合素质得以全面提升。我也会不自觉地把音乐、美术、多媒体、信息技术等形式整合到语文教学中。

靠“韧”劲学习——小时候没有读过多少书的我，当上老师以后觉得腹中空空，于是我把书籍作为自己成长的土壤。当然，上网也成了我阅读的一部分。因此，无论工作怎么忙，我都挤出时间学习。教育名著、文学经典等各类书籍占据了家里四面的墙壁。《南方周末》《人民教育》《书屋》等报纸杂志也成了我生活的伴侣。从23岁到32岁在作为居家女人最为辛劳的时期，我利用9年的时间，从函授的专科一直读到师大研究生课程班。记得报考中文函授本科的时候，我每天晚上5点钟到师范学院进行补课学习，晚上9点钟到家后，给孩子做明天上幼儿园的菜，有时给自己的教学备课，有时还给学生改作业。之后，我再复习成人高考的内容，直到半夜才睡觉。半年下来，我以第二名的优异成绩考上了中文函授本科。几年来，记下了二十多万字的读书笔记、五百多万字的文摘卡片。

靠“闯”劲实践——日积月累，书读得多了，听得也多了，我越来越感悟到：课堂教学真是一门艺术。有领导、专家指导的公开课更是提高教学水平的快车道。于是我找到校长，要求上公开课。工作了三十多年的李校长，从没有见过自己争取上公开课的教师。他告诉我，要先在年级组内练练，然后再说。于是年级组的教研活动，我特别积极。除了年级组内老师的帮助，我三天两头请领导、专家听课，每一次接受领导评课，我都郑重地把本子打开念道：“上节课里您告诉我有以下几条缺点，您看这节课我改了多少。第一条……第二条……”我经常用录音机把自己的教学过程录下来，回家细听，把发现的问题记在心里，争取在下堂课改进。1992年我终于有了一次上公开课的机会，那节课是执教《王二小》。一次次教学设计，一次次试教，推翻了，再重来……第二天就要上公开课了，下班后，我一个人留下来做最后一次试讲。在我眼里，那一排排空空的座位就是我可爱的学生……由于太投入，竟忘了去托儿所接孩子，托儿所阿姨等不及了，把孩子送来，可是课还没讲完——于是我一手抱着孩子，一手拿着粉笔继续演练……公开课上由于巧妙的情境营造、生动的语言感染、真诚的师生交流，加上《歌唱二小放牛郎》的感人歌声，打动了所有学生和听课教师。从此我一炮打响，便有了更多的机会在市级、省级公开课中得到历练。当然，平时，我努力把每一节课当公开课来要求自己，久而久之，课堂教学水平取得明显提高。1995年和1997年，我先后代表吉林省参加全国小学语文教学大赛，均获一等奖。

靠“恒”劲积累——不断地积累已经成为我的自觉行为。在琐碎繁杂的工作之余，我努力挤出时间写教学随笔、教育心得，哪怕是几十个字也赶紧记下来。另外，我在“教育在线”网站经常粘贴自己的豆腐块，以便和网友交流。几年来写下了一百多万字的教育教学笔记。出版了《为生命奠基》《我们一起成长》《窦桂梅阅读教学实录》等个人专著。在清华附小的两年中，和教师们一起大胆实践，勇于尝试，每一次听课都给老师评课，努力做到优点说透、缺点不漏、策略给够。特别是到年底听了五百多节课后，给76位一线教师，每人写了一封长信，结集《教育的对话》——总结我和教师们交流中的收获和思考，并发给他们，作为我的工作总结。这种交流的方法让老师有了一些感触和思考。可以说，在和教师对话的过程中我们能彼此了解，共同鼓励，一起成长。

强调教师专业的发展，首要的是教师要有自我专业追求。在我看来，正确的信念就是稳定的动力。教师的自我专业追求如果内化为信念，就不会被消解，从而形成坚毅、持恒的信念。追求就在自身的土壤中，一旦拥有它，生命的种子就会迸发出无限潜能，生根、发芽、开花，并结出丰硕的果实。

跋涉——自觉

仅有专业追求是不够的，还要体现在行动上拥有专业探索精神。作为语文教师，就要冲破以教材为中心、以课堂为中心、以教师为中心的樊篱，去超越教材、超越课堂、超越教师，引导学生进行语言的积累、生活的积累、情感的积累。为学生的生命成长奠基，为中华民族的文化复兴奠基，是语文教师的历史使命。

1994年下半年我新接了一年级五班，一直跟班到2000年。在“自己的园地”倾注了全部心血，和我的学生，以及其他科任教师一起用心经营了六年。

超越教材——“用教材教而不是教教材”。以往的语文教学，大多数教师只守着一本教材教学。然而，我发现，语文学习更重要的在于高品位的阅读和积累。于是我有意识地扩展阅读内容，在尊重教材的基础上，把教材看做一种可以改造的客观存在，积极审视和批判教材，科学地处理加工教材，准确地自选教材。

在教学中，我和学生大胆地对现行教材进行增删取舍。努力让教材成为学生发展的重要策源地，并在此基础上扩大篇章的积累量。六年中，在积累内容的纵深递进中，学生积累了1000多条成语，100多个寓言故事，200多条古今中外格言警句，平均每个学生的识字量在3000字左右……更重要的是，我将读书的视野从课文引发开去，从文学的视野走向人文的视野，走向文化的视野，把读书作为学生重要的语文学习过程。从“感动共和国的50本书”，到美国教育部推荐给学生必读的书目等，学生不但语文知识得到大量积累，同时在书籍的人文熏陶中建构了精神世界，形成健全人格。

再比如，这六年里我带领学生从自己编辑的《诗词300首》中背诵积累了300多首古今诗词。从《诗经》的“蒹葭苍苍，白露为霜……”，到毛泽东的“天高云淡，望断南飞雁……”；从王维的“人闲桂花落，夜静春山空……”，到马致远的“夕阳西下，断肠人在天涯……”孩子们积累着诗的语言，感受着诗的情怀，从而抓住了学生记忆的黄金时代，摒弃了“课内背教条，课外背广告”的现象。比如张一帆同学在一次期末考试中“马失前蹄”，一向得意的他沮丧极了，在我开导他的第二天，他送我三首词《西江月》《生查子》和自己独创的词牌子——《独笑傲》。他在这首词中写到：

泪眼已朦胧，成绩难留心中。
风光还是旧时同，恰似，一场春梦。
往事不堪回首，回首必见伤痛。
荣辱成败瞬念空，仍笑，明朝春风。

试想，对一个小学生来说，这是多么了不起的创造！强化语文的诗教，时时拨动学生诗的琴弦，可以说，融会在书籍中的智慧、风骨、人生态度以及表达样式等都成为学生建立人生终极关怀的永恒资源。在教学程序的安排上，“钻入教材”是基础，“跳出教材”是拓展与深化，前者重认同与理解，后者重反刍与应用。从教材中来、到生活中去的认识路线，使教学目标落到实处。不但应在量上扩展延伸，还应带领学生就教材的一些内容进行延伸、修改、重组、再创造，让教材成为学生积极发展的广阔策源地。《人民教育》在1999年的第2期发表了我的《敢向教材发难的孩子们》一文。文中讲了对《狐狸和乌鸦》《狼和小羊》等课文进行延伸课文内容、续编故事情节的创造；讲了《荷花》《小站》等课文如何修改教材内容的情境；讲了《一夜的工作》《为人民服务》等课文向作家、领袖提意见的鲜活事例。

可见，超越教材的过程，就是让学生多角度、多渠道、全方位从书本中积累文化知识，间接获得情感体验、生活经验等人生涵养的过程。我们自豪，自豪的是中华民族文化资源的丰厚，可我们却痛惜地看到一代又一代国人人文素养越来越单薄。我，一个从事“人之初”教育的语文教师，如果不能在孩子们阅读背诵的“童子功”季节引导他们走进阅读的空天阔海，让他们在书中与历史对话，与高尚交流，与智慧撞击，从而打下沉实、厚重的文学素养和人文素养，我们的民族将来怎么会拥有高贵的、文明的、创造的现代人呢？！“书是人类进步的阶梯”这句话说得真是太好了。那么，这个阶梯的第一个平台首先由我，由我们小学语文教师来搭建。

超越课堂——“以社会当课堂而不是以课堂当社会”。我告诉学生，也提醒自己，学好语言不仅在课堂，生活也是语文学习的大课堂，它有着广阔的天地，与生命的成长共始终。

因此，我的语文课将语文引向自然，引进社会，引进生活，引进时代，着眼语文与生活的密切联系，从而拓展学生的生活领域，扩大学生的视野。六年中，请学者教授专家来讲座、答疑；带领学生参加社会服务劳动；参加社会团体举办的各种活动，如体育表演、口头作文大赛、课本剧表演等。我还经常和学生逛书店，看展览，看焦点访谈，进行热点采访及社会调查活动。班级组成记者团，采访同学、老师、家长以及社会阶层。当然，还要让学生把看到的、听到的、想到的、感受到的表达出来。于是我每学期鼓励学生自己动手编辑杂志，迄今已编有《萌芽文集》《创造文集》《诗画文集》《发现父母》等，从中我们可以看出学生亲近大自然，触及社会热点、焦点时所表达的对自然、社会、人生的认识和体会，从而培植了学生们的理性情感。

超越课堂，不光把语文从课堂延伸到学生的生活活动中，还要触及到学生的心灵里。我们开展了家长和孩子的心灵对话活动。一封封故事真实、感情真挚的家长来信，从《莘莘学子话艰辛》到《书的故事》，从《不堪回首的文革》到《孩子，我正在看着你们呢》……他们讲述着自己的求学经历、少年生活、工作压力、下岗困惑、母子情深、父子隔阂……同学们觉得来信的家长虽然是事业的强者、人生的英雄，但又是活生生的普通人，他们不像电影小说中的人物那么遥远，而恰恰是自己最亲爱的爸爸、妈妈。就这样，一封封学生《望星空》《苦难是人生的老师》《永恒的伴侣》等回信，带着滚烫的泪，含着浓浓的情传到家长的手里。且不说学生怎样情动辞发，写作水平如何提高，单就精神世界的启迪就是最好的自我教育。家长看后抑制不住内心的激动，又回信和孩子们交流自己的读后感。有的提出希望，有的提出建议，有的赞叹不止。梁大为的妈妈读着那些理解、支持、鼓励的信不知哭了多少回。张继扬的爸爸一篇一篇回味着孩子给他的回信，并利用双休日把自己家亲戚的孩子叫到家里，把回信当做活教材教育孩子们……最后在家长的强烈要求下，他们自发编辑一本结集——《发现父母》。相信，这份精神礼物将成为他们人生历程中一座不朽的纪念丰碑。

六年级的下半年，我又开展了教师和学生的心灵对话。我给75个孩子写了75封心灵对白。根据每个学生的性格、特长、优缺点等用六年里发生的小故事进行叙说。从写给赵航平的《想念你优美的声音》到写给黄杉的《努力吧，石头会变成钻石》；从写给宋宇庭的《擦干眼泪你会变得更潇洒》到写给谢瑶的《你拥有比分数更重要的东西》。学生以自己的爱回报了我的爱——从齐林的《让生命闪光》到工策远的《点亮一盏心灯》，从孟楠的《太阳每天都是新的》到《酒逢“知己”千杯少》，一封封都那么纯真，令我感动、感激，甚至提建议和意见的信都化做了爱的翅膀让我的心伴着幸福的泪飞翔！所有的感觉都沉淀成一句话：“当老师，值！”

由此，在超越课堂的过程中，语言已经不止是作为交流情感和思想的工具，语言更是人的生存空间、生存条件、存在方式。学生的生活活动、情感活动、心灵活动等所有的生命运动都是语文学习的过程，只有在这样的语文学习中才能感受自然，发现社会，体悟人生。只有这样的语文学习才能使他们的身心得到健全的发展，为他们的终身学习和精神成长奠定坚实的基础。

超越教师——“师生共同成长而不是拔苗助长”。引导学生超越教师，实际上是教师的一种自我超越，是教师富有时代魅力的精神境界。如何让教师可持续发展，成为学生心目中一本百读不厌的大书呢？如何让学生有能力脱离教师的搀扶学会学习，最终让教师成为学生学习的伙伴呢？

师道之尊，可以使学生仿之、效之，但绝不是不可超越之。教师不是全部知识、全部真理的化身。我们决不能结束真理，那么，我们就应该放下架子，蹲下身子，与学生一起去探求真理，发现真理。开创教师和学生真正平等的对话平台。在这样的环境中鼓励学生有超越之胆、敢于超越教师的精神；有超越之识和能够超越的能力；有超越之智、实现超越的成功。语文教学应该寻找一种和孩子谈话的轻松，平等态度的亲切，心灵坦诚的和谐。语文绝对不是只依靠教师就能学好，而是要学生自己从鲜活的文字中感悟到独特的情感，从平凡的生活中感悟到高尚的情操，从一个标准答案中体会一次独立的思考。教师要永远相信自己教给学生的和学生教给你的一样多。对于学生的成长来说，语文教学能成为教师和学生终生追求真善美的友人和伙伴，教师和学生在语文课堂一道幸福成长，那才是真正的教育和理想的学习。

首先，努力让孩子找到自己是好孩子的感觉。我这样提醒自己："如果每一个孩子都学会了认识自己，都找到自己是一个好学生的感觉，都有了自信和创造的尊严，他们获得的是终身享用不尽的真正财富。"

其次，要学生超越教师，就要把思考、发现和批判的权利交给学生，就要给孩子一个喜新厌旧的头脑，而不是让学生接受自己的答案。一个从小就不会用自己的脑子去分析思考和辨别批判的人，我们怎么能指望他去开拓、去创造？我们要追求语文教育人文底蕴的积淀，我们要谱写思想冲破牢笼的教育诗篇。只有这样，我们的眼前才会出现一幅幅生动的画面：学生上台当老师，敢和你平等对话，敢挑你的毛病，敢提出和你不同的见解、不同的观点……

记得讲第11册《我的战友邱少云》一课时，我想让学生心中永远树立邱少云这位著名战斗英雄的伟大形象。于是抓住课文的两句话："邱少云像千斤巨石一般趴在火堆里一动不动。烈火在他身上烧了半个多小时才渐渐熄灭。这个伟大的战士直到生命的最后一息，也没挪动一寸地方，没发出一声呻吟。"进行了精心设计。首先让学生划出最能表现邱少云精神的词语，在挖掘了"千斤巨石""一动不动"词语后，我引导学生抓住"半个多小时"思考："烈火刚刚烧到邱少云身上的时候，他是怎么想的？""当他疼痛难忍的时候是怎么想的？""直到生命的最后一息时又是怎么想的？"学生受到感染和启发，有的说，邱少云想到了没有新中国就没有他的生命；有的说，邱少云太伟大了，他一定在心里高喊"共产党万岁！祖国万岁！"有的说，为了战斗的胜利他一定会想，这点痛算什么，我才不怕呢。正当我非常激动地准备和学生带着感情朗读这两句话时，有个学生却说话了。他说："要是我的话，那非疼死我不可，我想，火刚开始烧的时候，他坚持住了，真是了不起，不过火烧到一半的时候他有可能就昏过去了，那么他后来什么也没有想。"又有一个学生说："我不同意老师和同学的意见，我曾被水烫过，疼痛的滋味实在难忍，那么火烧的感觉会更难受。如果说他到生命的最后一息没动一下的话，他心里肯定没有想那么多，心里肯定只有一个念头：挺住，挺住，再挺住！坚持，坚持，再坚持！就是凭着任何力量无法抗拒的意志，他坚持到了最后。"还有个学生说："老师，我觉得你让我们猜邱少云心里是怎么想的不好。其实，我们一边读，一边想象当时的情境就会很感动的。本来读的时候想掉泪，可是一分析就没有感情了"。还有的同学奇怪地质疑："邱少云他们是先遣部队，埋伏在离敌人很近的地方，大火在他身上燃烧了半个多小时，他身上带了子弹和手榴弹，那么，这些一点就着的易燃物品被烧了那么长时间，怎么没有爆炸呢？"一个悲壮的画面被拆卸得七零八落，学生的激情没有了却变成了一个个困惑、一个个怀疑。我呆住了，面对英雄，老师会认为他们是神，并把成人的认识强加给学生，而在学生的眼里他们却是活生生的人，学生们才不接受你的看法呢。的确，神是遥远缥缈的，而人的情感却是相近相通的。由此看来，靠老师是不够的，只有自己去想、去悟、去创才是最可靠的。

可见，超越教师的过程，不仅是体验自己学习所获得知识的过程，还是教师和学生思想碰撞和观点交锋的过程，也是独立思考、独立判断的过程，更是追求真实、探求真知、献身真理的过程。

综上所述，超越教材、超越教师、超越课堂的过程就是教师和学生超越习惯，超越传统，超越自我体能的、知识的、智慧的极限，从而实现自我审美的过程、自我创造的过程。由此可见，为生命奠基的过程，就是自我超越的过程。

凭着全心全力的付出——天道酬勤，我登上了事业的一个又一个台阶。1998年我被吉林省命名为教改典型。2000年，省教育厅为我召开了《窦桂梅语文教改成果展示会》。2001年10月24日，作为国家教育部更新教育观念报告团的主讲人，我走进人民大会堂，做了《为生命奠基——谈语文教改的三个超越》的专题报告，《人民教育》也全篇刊发。

超越教材、超越教师、超越课堂的过程就是师生超越习惯、超越传统，从而努力实现超越自我的过程，即为生命奠基的过程。理想的风筝飞得高远，是由于实践的线索柔韧。因此，教师专业探索表现在“思想的技术”也好，表现在“技术的思想”也罢，都必须是“紧贴地面而行”。与其描述千万遍花儿的美，不如让花儿一瓣一瓣地开放。

探索——自我

如果抱守以往的经验或成绩，自己的专业就会停止成长。因此，新课程下的语文教师应该继往开来，让经验成为进一步研究的出发点，并站在“课程”的高度，成为新课程的建构者、践行者、创造者——既要改变传统的教学理念，更要改变每天都在进行着的、习以为常的教学行为；既要紧贴地面行走，又要怀抱问题意识，大胆尝试探索，拥有专业发展精神。

基于这样的认识，我在语文教学中，逐步尝试通过“主题”教学，打破以往孤立割裂的学习范式，让语文教学紧紧地统一在主题创设的情境中，从整体上着重于人性的开发与启蒙，认识生命个体的尊严、价值与美好，建立人与世界和谐美好的联系，培育对生命的尊重、对审美的追求。这样，在语文素养全面养成时，每一个“主题”就是孩子精神成长的脚印，并构成学生的成长道路，成为其人生轨迹。

进入新世纪的2002年，我调入北京这“百川汇合”的教育入海口，来到教育阵容强大、实力雄厚的浩瀚无边的“大海”——海淀区，并工作于清华附小。面对新的校园、新的领导班子，我在这国家课程改革的重点实验区，一次次经历观念的洗礼、理念的撞击、实践的研讨，短短两年里，我的教育生命再一次注入了成长的活力，获得了历史上从未有过的提升。

1. 为什么提出主题教学

我想，《为生命奠基——谈语文教改的三个超越》之所以能在全国有一定的影响，并成为清华附小的教学理念，是因为它改变了20世纪90年代语文教育的“少慢差费”现状。无论从“大语文观”的角度，还是从为学生打好“人生的底色”的角度来说都有一定的现实意义。但是，回顾以上六年的语文教学探索，我倾注了大量的精力和全部的热情，在教学中增设了大量的活动项目和选读内容，并且大多是利用课余时间努力实现对教材与课堂的超越的。但我的课堂教学还只限于改良层面，而且总有那么一点“茶壶里面翻波浪”的味道——我感觉到，自己当然也包括相当一部分教师仅仅是从课外打包围战，而未完全进入主阵地。

回顾自己的学校生活，检索在学校积累的知识，如目不暇接的满汉全席。然而，随着时间的沉淀，我发现这些“片断”的知识不是遗忘就是孤立，甚至与其他经验无法链接。尤其是在目前知识爆炸的时代，许多昨天的“知识和方法”在今天新知的浪潮席卷之下溶解了，猛然间，我觉得所学内容变成一场空。

窦桂梅老师和杨振宁先生在课堂上

作为一名语文教师，作为学校的业务校长，我深深懂得：教学，尤其是课堂教学，是教育活动的基本组成部分，是教育改革中探讨的重要问题。因此，目前我面临的任务不光是教学实践，还要对已有的经验进行反思，通过对教育教学的深入研究，进行进一步的整合与创造，形成既符合课堂教学实际，又能指导我校课堂教学改革，提高教师课堂效率的科学的课程体系。这对我来说是一项艰巨的挑战。

那么，怎样让学生在较短的时间内，有效地积累智慧和情感，立体建构一个教学体系，在主课堂上做到合理高效，追求“教学最优化”呢？即从新课程观的高度，在“三个超越”上又有所超越，“让课堂焕发生命的活力”，使教师和学生以整体的生命，而不是生命的某一方面投入到课堂活动中，从而更好地为学生的生命奠基。我读了西方统整课程理论，联想到了比较文学中的母题研究，于是就提出了“主题教学”。

这里的主题，不是思想主题，不是知识主题，也不是写作主题，而是文化主题。即以人文性为线索，兼顾语文知识和能力以及思维发展等，类似于比较文学中的母题。于是，在语文教学中，我将语文教材零碎散落的，甚至单一的内容和形式重新作一番统整。这样的教学，密度强，容量大，学生所学习的知识是不可限量的，如信息资源的获得，价值取向的形成，当然包括知识以及能力的掌握与提高。

在海淀中心学区领导们的指导下，在我校领导们的支持下，我一边定期为教师们上教学观摩研讨课，探讨如何以教材的一篇带动多篇，一边尝试在现有教学的基础上如何进行扩展与提高。“主题教学”的探索当然不是闭门造车，而是努力在理性思考支撑下去实践，去摸索。“主题教学”是从更高的层次——生命的层次，用动态生成的观念，重新全面认识课堂教学，整体构建的新课堂教学观。在研究过程中，我注意两方面的关系与整合：一方面是知识体系的内在和多重的联系，以求整合；另一方面是学生生命活动诸方面的内在联系、互相协调和整体发展。基于这些思考，2002年我为海淀中心学区教师上了《朋友》两节课，就以“朋友”为主题，自选古今中外关于友情的四篇文章，本着以上思考展开教学。初步的尝试，取得了较好的效果，得到了相关领导、老师的鼓励和指导，更使我坚定了这一追求，使我的教学实践以及理论认识又有了新的提升。

需要说明的是，主题内容的选择是多角度的，结构是灵活多样的。因此，主题教学的模式也应该是开放的，而不是固定的。教师根据教材提供的主题单元，或者自己建构的主题单元，挖掘主题内涵，结合相关语文知识灵活地创意、规划、实施。强调整体和综合，强调综合性语文学习。如何让学生学得兴趣盎然、有所收获，需要教师的智慧和劳动。

可喜的是，我们学校现在使用的北师大语文教材就是以“主题单元”取代“知识体系单元”来建构的。作为教授实践主题单元教材的教师，就不用花大气力对教材进行统整，而应该领悟教材以主题单元编写的意图，很好地使用教材。当然，也可以在大语文观中审视或者建构教材，即超越教材并且围绕主题重新选编内容。这样做，就打破了原来以知识逻辑体系框限人，和那种知识单元教法“见学不见人”的弊端。“主题单元”让系统性退隐幕后，让学生通过主题学习，建构和凸现后隐的体系。可是，我发现大多数教师对“主题单元”缺乏认识，仍然按照“知识体系单元”的形式一课一课地教，学生一课一课地学——课程教材再先进，如果我们的教师仍然穿新鞋走老路，甚至以不变应万变，改革的结果可想而知。“主题”教学不仅可以作为组合教材的一种方式，也可以作为实施教学、改革课堂的一把钥匙。

2. 怎样实践主题教学

从语文学习规律的角度进行“主题”教学，那么语文学习就是既要着眼于民族的未来，又要着眼于学生个体的发展，引领学生关注文化，亲近母语，在他们熟悉的生活中，寻找语言文化的根源，汲取语言文化的汁液，让他们在语文生活中找到精神的栖息地，在立体多维的大语文生活中，沐浴母语文化的光辉，通过体验与熏陶，理解与扬弃，鉴赏与反思，使得语文素养在同类的量的累积中获得质的提升，从而夯实学生语言文化的根基。

教师既能当主题教学的“设计师”，更要能当主题教学的“建筑师”。因此，落实主题教学的内容和主题教学的环节是非常重要的。教师必须花费大量时间收集相关资源，并花心思、下工夫创意教学流程。当一个主题越具有意义，越深入或精致地处理，越能置于情境脉络，越根植于文化、背景、认知以及个人的知识中，学生便越容易学习、记忆和生成。当儿童的生活兴奋点与社会建立起不同、具体而主动的关系时，学习就趋于统整，因此，学习的链接就不再是个问题，并能整合地成长——也许，这是一次真正的学习。

当然，在主题单元学习的最开始，教师就要将整个单元的内容、计划、目的、学习时间以及将要进行的主要活动通盘考虑，全面规划：课前教学的设计、整合的教材、选择的方法、设计的教案……都需要细致策划。甚至可以把“创意”全盘托给学生，和学生一起拟订方案。目的是围绕“主题教学”，关注人的发展，为师生间和谐发展、共同成长提供条件；关注学生的个体差异，为学生提供积极主动的活动保证，促使课堂多向、多种类型信息交流的产生和反馈。

为此，我们可以把语文“主题”教学分为三个层面：第一个层面是指通过文本这一载体表现出来的言语方式、知识信息以及能力附加等；第二个层面是指母语文化系统负载的民族精神、风骨情操等人文积淀；第三个层面是指个体的精神、理想、人格的生长与形成。相比之下，其中第一个层面是显性的，后两个层面是隐性的。不过，三个层面没有顺序之分，而是你中有我，我中有你，互相包容，交织在一起。

（1）整合——建立第一对关系：人和自然、社会

教学时，首先要抓住以上三个层面的“共振点”，也就是那些连接着孩子的精神世界和现实生活的“触发点”，即主题。也许你有这样的感受：学习一篇文章或一部作品时，首先感受到的是人世间的爱恨与冷暖，领悟到的是自然万物的生命短暂和崇高，感慨高科技带来的神奇和悲欢……也就是说，首先吸引你的是无形的精神滋养而不是那些语言表达形式。这一个个情感激荡起伏的“兴奋点”，如“诚信”“亲情”，以及对自然的关爱、对弱小的同情、对未来的希冀、对黑暗的恐惧，等等，就是主题。当然，主题教学内容要根据学生的年龄特点确定。

比如去年秋天，看到落叶满地，我便在一年级围绕“落叶”的主题，设计系列主题教学内容。比如整合几篇文章进行细致学习；捡地上的树叶进行“拔根儿”的游戏；选合适的落叶进行贴画写话的比赛。下面就以课文为主，附带其他内容编创的“童话剧”为例，为你展示一个主题教学情景。

主要课文是：

秋天到了，天气凉了。一片一片的树叶从树枝上落下来。

树叶落在地上，小虫爬过来，躲在里面，把它当做屋子。

树叶落在沟里，蚂蚁爬上去，坐在当中，把它当做船。

树叶落在河里，小鱼游过来，藏在底下，把它当做伞。

树叶落在院子里，燕子飞来看见了，低声说：“电报来了，催我们赶快到南方去呢。”

教学伊始就创设情境，教师和学生扮演课文中的不同角色，采用

文本、师生、生生对话的方式，抓住“爬、躲、藏、游、飞”这些表现小动物动作的词语，比较品味。然后再采用朗读的手段体会落叶给蚂蚁、燕子、小鱼、小虫带来的情趣。之后加入江苏版教材的《秋姑娘的信》：

秋姑娘摘下片片枫叶，给她的好朋友们写信。一封写给南去的大雁，让它们路上多加小心。一封写给要冬眠的青蛙，盖好被子别着凉生病。一封写给贪玩的松鼠，快准备好充足的食品。再写一封给山村孩子，别忘了给小树裹上“冬衣”。咦，树上的枫叶都到哪去了？哈，全被秋姑娘写了信！

目的是让孩子们体会落叶的聪明能干，还能写信给南去的大雁、冬眠的青蛙、贪玩的松鼠、山里的孩子。最后和学生一起朗诵我编写的小诗：

春天来了，带着微笑，飞上树梢。
风吹过，哗啦啦，我们舞蹈。
风住了，静悄悄，我们思考。
放假了，乘着风儿，带上奖状，回到大地的怀抱。
小虫的屋子，蚂蚁的小船，鱼儿的大伞，燕子的电报……
啊，大地，亲爱的妈妈！在你的怀里，我们好好睡觉。

这样，用描写“落叶”的童话、诗歌组合进行教学，孩子们认识的“落叶”就人性化了、立体化了。这落叶，在春天，带着这样的微笑来到地上；夏天，风吹来它们舞蹈，风停止它们思考；秋天，它们就带着奖状落到大地。蚂蚁的屋子、小鱼的大伞、燕子的电报，还有给青蛙、松鼠、大雁的信……嗨！都成了落叶的创造。就这样，“落叶”带着快乐回到了妈妈的怀抱，静静地睡去。来年，落叶还会继续当屋子、做小船、拍电报、写书信。

主题教学把原来破碎分解的知识体系以及人文内涵整合成一个“集成块”，由个及类，由类及理，个性与共性组成立体的主题，学生阅读同一主题下的系列话题，会在更大的空间中，多角度地获取信息，在同一主题的语境中，进行审美教育和情感熏陶的升华。

（2）积累——建立第二对关系：人和母语文化

主题教学好比一个背景。这个背景既包括母语文化和世界文化这个巨大的“场”，也包括母语文化的继承、世界文化的吸纳，还包括每个孩子成长的精神环境，这些都是语文教学要考虑的必要因素。让所有孩子拥有基本相似的母语文化背景是我们应尽的职责。

因此，在小学阶段，教师一定要引领学生多角度、多渠道、全方位从书本中积累文化知识，间接获得情感体验、生活经验等，丰富人生的涵养。

小学阶段是个体开始体认人的社会意义和价值过程的重要阶段。这一阶段的教学，依靠有限的教材是远远不够的，我正是从这一点出发才把超越教材看得如此重要。但是，怎样让学生在目前学习科目繁多、学习压力繁重的前提下，对于母语文化的积累做到高效率——这确实是我们必须考虑的问题。

比如，对于我国古代诗词的积累。以前我只注重积累的量，并没有过多考虑如何积累得更有效。如果利用“主题”来建构，比如按照四季、地域、风俗等分别组合成“山水”“离别”“节日”等，学生学习起来就会轻松许多，从而学会对比与区分。那些经过一代又一代生命参与和历史证明了的诗词精品，被“统整”之后，就如同空气一样从学生的口中进入大脑，流入血液，渗透到生命深处，让学生们在诗品、诗意、诗情、诗格、诗韵汇成的大海中遨游，实现学习的快慰、成长的欢欣。

譬如对蕴含在童话、寓言、对联等内的中外文化精神的传承。采用主题教学的形式所体现出来的内涵，既有精神成长、社会生活以及世界万象的内容，更包括学生在社会化过程中对母语文化的深刻认同。如果说整合是为了学生在建立正确的人与自然、社会关系的基础上分辨自然人和社会人异同的话，积累则是在建立人和母语文化丰富的关系基础上，逐渐学会分辨本民族文化和其他民族文化的异同。也就是说，在教学上，除了积累语文知识，还要休现对地域文化和母语文化的尊重。教学内容应尽可能以母语和世界文学精品为主要内容，体现国家、民族的精神。在语文学习的过程中，唯其如此，语言才不止是学生交流情感和思想的工具，更是学生存在的精神家园，这样的教学才能使他们的身心得到健全的发展，为其终身学习和精神成长奠定坚实的基础。

由此，语文知识的组织和统整必须置于个人、社会、学习研究所形成的脉络中。当真正的课程统整深思熟虑后，你会发现知识学科不但不是敌人，而是有用的必要的盟友——在广阔的文化知识天地中汲取人类的文明和思想的养料。

总之，母语教育强调文化背景的渲染是十分重要的。主题教学的过程就像在一幅伟大作品的背景或者框架中，整体把握，螺旋渐进。只有通过积累包括语言材料、篇章样式、人生体验、思想情感等方面的内容，学生知识和情感的大楼或者母语文化的画面主体，才能一点一点地被“描绘”出来，从而在超越教材、超越课堂、超越教师的过程中，完成一幅壮美深远的图画。

（3）自省——建立第三对关系：自我的确立

如果说强调积累是强调对于文化的认同和传承，那么主题教学中的另一个层面，反省——自我的确立，就是强调对于个体人格或个性的塑造。努力让所有孩子拥有个性化的精神世界是语文教学追求的重要目标。

我的基本立场是：不是在教学中造就学生的思想，而是让学生个人的思想在课堂学习中汲取营养而成长，由种子到大树，由开出花到结出属于自己的果实。因此，主题教学也是学生的灵魂吸取自身成长需要的营养过程。它不是把学生的语文学习视为一元思想的灌输，而是引导每个学生在获得基本认同的前提下，根据自己的个性及经历产生不同的感受，走上正确便捷的知识积累和精神成长的跑道，并最终建立起属于自己的丰满而充满活力的生命世界。

我在进行以《亲人》为主题的课堂教学时，以同一个作者魏巍的《再见了，亲人》《我的老师》为主讲教材，结合现实社会，补充其他语文资料，包括音像资料，跨越时代，跨越国籍，跨越自己，从不同的角度、不同的侧面，探讨对亲人的理解，从中体会多种亲人的理解。教学时，从会意字“亲”入手，想象“树木高高立，枝壮叶儿绿；父母和子女，就像叶连枝”，领会亲人之血脉相连。然后引导学生倾听窗外的声音，在那些抗洪抢险的战士、抗击“非典”的白衣天使，以及中央电视台的“感动中国的年度人物”身上体会同一个祖先、同一个中华的亲人之爱。

接着重点引导学生跨越国界，放眼世界，体会中朝友谊在《再见了，亲人》中爱的奔流与燃烧、人间至贵的爱的轰轰烈烈。最后回到《我的老师》中不是血缘关系的平平淡淡的爱。另外，结尾推荐几本书给同学，如描写人间亲情的《爱的教育》《马燕日记》《我们仨》等。索性引发开去，推荐沈石溪的《鸟奴》《红奶羊》《一只猎雕的遭遇》，椋鸠十的《独耳大鹿》《雁王》《消失的野犬》等动物亲情故事。我想，这小小的课堂是不能把“亲人”的主题讨论得全面而深刻的。重要的是让学生引发开去，让他们各自带着对“亲人”的体悟，去感知世界、感知文学。我相信，学生作为父母的亲人、老师的亲人，在这堂课中不仅仅是学会感动，还会把这堂课获得的感受内化为自己的力量，去学会爱。那么，无论是轰轰烈烈，还是平平凡凡，随着生命的成长和生命的感悟，都会带着各自的领悟和体验体现这份爱的实实在在，并伴他们走好生命的每一天。这样，主题教学就在个体人格建构过程中起到了应有的作用。

由此，主题教学中感性的情感和理性的思想，可以在不自觉中引领学生品味课文的遣词造句，体味其匠心所在。反之，学生得到的将是没有生命的读写之“技”，丢弃的却是影响终生的精神之“道”。对于学生的成长来说，主题教学下的语文学习，学生知识积累多了，眼界开阔多了，思想认识自然就变得开阔起来。进而产生思想的交锋、观点的碰撞、心灵的放飞，从而丰富了他们的认识，开掘了他们的智慧。随着时间的推进，这样的课堂——标准化的结论、服从化的关系、程式化思维的坚冰就会被打破。也许，丰富多维的立体主题教学的过程，就是很好地践行陶行知的“先生最大快乐是培养出值得自己崇拜的学生”的过程，也是让学生懂得“吾爱吾师，吾更爱真理”的过程。

总之，围绕特定主题教学所带动的人文性就像是一首乐曲的主旋律，得到落实的工具性就是那不断颤动的琴弦，而教师，就是指导学生弹奏高妙乐曲的琴师。因此，主题教学作为一种“文化”，就统领了语文的工具性和人文性，我们就不必在这两者如何统一的问题中纠缠或困惑了。当然，主题教学的研究还处在青涩阶段，主题阅读、主题作文等方面的研究也有待进一步开发，距离成熟还有一段距离。

只要有行动就会有收获。我们把教学改革的实践目标定在探索创造充满生命活力的主题课堂教学上，目的不是限于教材一隅，不是单纯的教和学，而是师生共同参与，互相合作，共同探索，在感受课堂的情感涌动中一起幸福成长。努力让学生获得多方面的满足和健全的发展，努力让教师的劳动闪现出创造的光辉和人性的魅力。

反思——自省

教师是否愿意花时间反思自己的工作是教师是否具有专业素养的标志。没有最好，只有更好。学海无涯，艺无止境。教师的专业追求、专业探索到专业提升要靠不断的反思。教师要学会在言说和行动中思考，在反思批判中成长。自己的教育生活就是一种学术行为，自己的一言一行都应不断反思。这也许将成为需要时时温习的功课。

我愿把自己一路走来的反思提出来与广大教师们共勉：

激情不老——这应该成为为师品格的重要追求。马克思说，激情是人追求自己的对象世界的一种本质力量。只要生命在，激情就在。教师的激情就是要点燃学生的情绪，照亮学生的心灵。对教育的激情，应该从现在的外在表象化为内在的精神气质，不因年龄的增长、环境的改变、地位的升降而改变。

读书一生——好教师的知识结构应当由三块组成，即精深的专业知识、开阔的人文视野和深厚的教育理论功底。古典文学修养和哲学修养的不足，决定了我要以为学生生命奠基为追求，必须靠读书学习进行自身的弥补和进修，要像永不干硬的海绵一样不断地吸收和纳取。

宁静致远——一个好教师不全是靠培训成长起来的，更不是靠检查、评比造就的。教师很苦很累，比如各类名目繁多的学历进修、课改通识培训，市级的、省级的，甚至国家级的教学比赛压得老师喘不过气来。教师自由发展的空间，已被剥夺殆尽——整天忙着读人家的"书"，自己的"书"却没有读。这种外在负担过重将导致"肤浅后遗症"。因此，与其忙忙碌碌，不如围绕自己的特色钻研下去，深化、细化、创造属于自己的心灵财富，在浮躁的现实中寻求到一份属于自己的宁静的心境，并置身其中朝着理想的目标默默地努力，静静地成长。

以写促思——写作不仅是积累经验的一种方式，更是逼迫自己勤于阅读和思考的强劲动力。因懂得这些，虽工作辛劳、文笔稚嫩，但我仍坚持用文字记录自己的教育生活，让忙碌的我不断与宁静的我进行对话，让冲动的我不断接受理智的我的批判，让实践的我不断接受理论的我的提升。

慎独养身——个人独处，他人不知，能严格按照慎独去做，没有其他杂念，实实在在按照道德准则去做。面对荣誉，要拿得起，放得下。不要在乎别人的毁誉，而要自信自醒，打击你的力量就是前进的力量。但问耕耘，莫问收获，竭尽全力，就是胜利。可以说，慎独是最好的善待自己。

伸展个性——教师不能没有独特的风格，不能没有鲜明的个性。随波逐流、循规蹈矩是自己成长的最大敌人。“独立之思想，自由之精神”也应成为我们为师的座右铭。我想对自己说的是，人云亦云的尽量不云，老生常谈的尽量不谈，要学会独立思考，而不是跟着“风”跑。对自己的教学，不要考虑完美，要考虑最有特色。

爱在细节——教师要学会爱，爱在细节，因为教育就是一堆细节。比如，对待生活在当今社会环境的学生，教师缺少的不是强力和果断，缺少的是教养和耐心，需要的是更多的等待和细心。“随风潜入夜，润物细无声”。尤其对所谓的学习、心理有“障碍”的学生，要学会做“寒里”和“雪中”去“送炭”的人，更要成为给在困难或痛苦中的学生及时送去精神安慰的人。

海纳百川——无论是现在还是过去，谁走在我的前面，谁就是我的老师，包括学生，尤其是那些老教师——敬业、博学、钻研、激情、严谨、刻苦等教育传家宝，已经成为我们“通向现在和未来美好教育境界的阶梯”，把我们引领到当今课程改革的风口浪尖上。我心中永远铭记他们，并在今后的工作中时时记得向周围的同志学习。

合作同进——如果说以前的成长靠的是个人奋斗，那么新的时代与环境，强调的却是团队的力量。尤其是在激烈的竞争环境中，必须要真正的合作。没有合作之心的人，内心是焦躁而绝望的，也不会取得什么真正的成功。你有什么样的情怀，就有什么样的处世方式；你有什么样的期许，就有什么样的行为。因此，强调个人发展与竞争，一定要依靠环境和伙伴的合作——学会沟通、学会倾听，同行彼此理解，彼此支持，共同分享经验，以减少由于孤立而导致的个人行为。

海星角色——教育，不变的永远不会变，改变的必将会改变。创新不是推倒历史，更不是在沙漠上建设大厦。回顾过去是有益处的，如果我们对前人视而不见的话，我们身上的独创性就不会很好地保存下来并取得快速的发展。教师要成为一名真正的审视者、反思者、继承者，应当永远把自己定位在教育海洋中微不足道的一颗海星的角色——也许，这是一种理性状态。

结束语

一路走来，感慨良多。“我听到时光的钟声，告诉我已经长大了……”这是我和学生在毕业典礼上唱的歌。那钟声是在告诉学生——自己告别童年，长大成为少年、青年。虽然从教18年，但前程漫漫，我将一如既往地跋涉下去。成长的路上，为自己的生命奠基，为学生的生命奠基，仍需要同志的关怀、专家的引领——而这将是我前进的动力。

感谢时代，感谢大家。

九、没有终点的追求

李明新

李明新，男，1968年生，特级教师，现任北京市北京小学校长。北京市劳动模范，北京市“五四奖章”获得者，北京市学科带头人，曾被授予美国华裔陈香梅校长奖章，获全国首届小学青年教师阅读教学大赛一等奖。出版了《追求实与活的语文教学》《语文教学活力说》《建构主体性课堂教学》等专著。

放下编辑同志的约稿电话，仔细思考“名师”这两个字，我又有些后悔答应撰写这篇稿子。我反问自己：你是名师吗？你名于何处？是啊，从教近20年，我尽管已经成为特级教师，但是随着研究与实践的不断深入和体悟，我感到无论对于教育事业，还是对于语文教学工作，我只是刚刚跨入门槛，我只是行走到了对事业与专业追求的一个新的起点上。对于目前的我来说，只能写一写自己的“成长追求”。

做有志之师

39年前，我出生在北京的偏远农村。15岁时考入为郊区县代培教师的北京回民学校民族师范班。毕业时，一个偶然的机会留在了实习的北京小学。是这样一所名校，是这样一块沃土，把我从一名普通教师培养为特级教师。也许有人会问：你是不是从小就喜欢当教师？是不是受了哪位老师的影响从而树立了当教师的志向？说实话，当初我最朴素的想法就是考入师范后可以免学杂费，国家还发给伙食补助，而且从此可以“农转非”。这样的待遇对于一个农村孩子来说已经很具吸引力了。至于从事神圣的教师工作、树立从事教育事业的志向，当时我是一点想法都没有。

立志做好教育工作是当教师以后，是教育实践使我产生了“莫当教书匠，要做教育家”的信念。1988年我参加工作时，小学教师的社会地位、经济待遇都还很低，小学男教师少得可怜，更是被人看不起。不是有那么句老话嘛：“家有三斗粮，不当孩子王。”记得我刚刚工作不久，有一位家长见到我，一个劲儿地说：“你们天天哄这帮孩子，真是不容易。”听着这个“哄”字，望着他异样的笑，我什么也没说，却一下子明白了导致小学教师社会地位低的一个重要原因，那就是没有“专业的形象”，只是做大家都能做的“哄”小孩子的事。从此我暗下决心：一定要好好工作，让人们知道，教师不是哄孩子的职业，而是一门需要不断研究的专业。

教育工作绝不是随便找个人就能做得了的工作。苏霍姆林斯基、叶圣陶不都是所谓的“孩子王”吗？但是，他们是真正的教育家。我身为一名教师，为什么不能向他们学习，也把教育教学工作干好呢？拿语文教学来说，从教育理论到教学实践，有那么多的问题需要去研究，决不能做一个一辈子就只教书本上知识的教书匠，而一定要在语文教学上有所研究、有所建树，成为这方面的专家。我立下了这样的志向，便有了这样的追求。

如果说生活、事业的航船是在茫茫的人生大海中航行的话，那么志向就是彼岸高山上的灯塔与航标，它可以让人搏击风浪，永不放弃。志向给人以勇气，给人以力量，给人以毅力，给人以执著的精神。正是立下了这样的志向，多年以来，我从没有改变过自己的追求，反而随着我对教育工作的认识、理解，这种志向、这种信念更加强烈。正是有了这种志向，社会上几次下海经商的热潮没有动摇我干教育工作的决心；正是因为有了这种志向，十几年来，我把自己的岗位作为研究的平台，不断地反思、改进、创新；正是因为有了这种志向，在与学生的交流中，我不断地摒弃落后的教育观念、方法，弘扬新的现代教育理念；正是因为有了这种志向，在与家长坦诚的沟通中，他们了解了我的教育思想，感受到我是在真诚地关心他的孩子、研究他的孩子、帮助他的孩子，并从他们孩子老师的身上看到了教育的生机、活力，看到了新时代的教师的新形象；也正是因为有了这种志向，我更加远离了“实惠主义”的急功近利的手段，沉稳心境，研究育人的方法。

没有志向的教师，只能靠短暂的激情提高工作的质量；而树立志向的教师，理想和信念的力量将使他在脚踏实地和矢志不渝的追求中提升工作的价值。

做育人之师

教师最根本的工作是什么？这是一个最基本而又往往容易被我们忽视思考的问题。我们许多教师每天都在勤勤恳恳地工作，勤恳得顾不上再思考“什么是教育”“什么是教学”“什么是教师”这些看似简单而又应该不断思考的问题。

而我呢？当我有一天在艰难地处理完学生的问题的时候，当我有一天疲倦地整理好判完的作业本的时候，当我有一天自己都不满意课堂教学的时候，我沉静下来，认真地重新思考“教师”这两个字……

对于“教师”“教学”“教育”我一直思考到了今天。近20年教育的成功经验与失败教训告诉我：没有剥离教育的教学；教学工作的根本在于育人；教师是引领学生追求人生幸福的人。如果我们把每天的工作全部定位在那一张试卷上，如果我们的眼睛只盯着书本上那点知识，不把育人作为价值追求，那么就永远成不了“明”师。

李明新老师和孩子们在一起

我曾教过一个学生，他是个聪明的男孩子，他的母亲是日语教师，父亲是德语翻译。他一直崇拜的国家是日本，还给自己起了个日本名字。他既不认同自己的祖国，也不认同自己的同学。同学们都不太喜欢他，他也不喜欢与同学来往。针对他的这种情况，我找他谈话，他就是认定日本什么都比中国好。我想这与他的家庭背景有关，也与他的年龄有关。怎么办？一味地训斥吗？不行。我接班后没几天，他妈妈郑重地告诉我，从我教的第一天起，那个男孩子就喜欢我讲课，每天回家都滔滔不绝地模仿我怎样教学。我就抓住他这一点来拉近与他的感情。他本来就喜欢看书，后来在我的影响、鼓励下，又喜欢上作文。一次暑假，他把所读的成吉思汗的历史故事书编成了“电视连续剧本”。有一次，我讲《草船借箭》，最后的板书是一首诗，很吸引学生们，他更是喜欢。第二天，他竟应和了一首诗，把成吉思汗的故事也编成了古诗。听到我的称赞，他得意极了。凭借这些契机，我和他聊历史，聊祖国灿烂的文化，讲日本侵略中国的罪恶行径，并告诉他日本的文字是从我们中国的文字发展而来的。渐渐地，他改变了自己幼稚而又不正确的认识，思想上有了进步，和同学们的关系也融洽了。

一个语文教师，绝不是简单教写几个字、读几篇文章，而是应当传承祖国灿烂的文化，丰富学生的精神世界，做一个引领学生追求人生幸福的人。让学生因你的教学感到校园生活是那么快乐，让学生因你的教学感到祖国语言是那样充满魅力。这是一种教学价值与教育境界的追求。

2001年的元旦，我收到了一封以前的毕业生的来信，她告诉我她没能考进名牌重点大学，而是上了一所普通大学，她曾经失落过。但她最终决心用“做有骨气的人”的话勉励自己，要走好今后的路。这使我回想起当年的一些往事：那时我发现她很爱读文学方面的书籍，便送她一本《朱自清散文选》，还在扉页写上了勉励的话语：“做有骨气的人。”谁想，这么长时间了她还记得。我想，这就是语文教师育人的力量所在吧。

在长期的教学实践中，我感到，无论你是哪个学科的教师，在与学生的交往中，都要把“尊重”二字摆在最重要的位置上，这是育人的重要前提。因为，“尊重”是爱的春风，它能够照苏万物。我认同这样的说法：教育不是在塑造泥偶，不是在加工机器，不是在训练骏马，而是在影响人的灵魂。因此在工作中，我尊重学生，了解他们，研究他们，洞悉他们的内心世界，使教育工作深入到孩子的心中。在我教过的学生中有一个男孩子，由于种种原因，从来不服从班主任教育，总是跟班主任对着干。我接班后不久，按照他给的地址去家访。在寒冷的黑夜里，顶着刺骨的北风，我找了两个多小时也没有找到他的家。第二天，我耐心询问他是怎么回事，结果他说给我的是一个假地址，理由是：一要考验我有没有耐心，二是他的妈妈正犯心脏病，怕老师告状加重了妈妈的病情。我没有严厉地批评他，而是和蔼地说：“给老师假地址是不应该的。你用这个方法考验老师，想知道老师是不是合格？你妈妈有病，你应该如实告诉我，老师会妥善安排的。不过，从这件事也可看出，你是很爱你妈妈的。只是对老师的信任和爱还不够。”听着我真诚的话语，他感受到了老师那颗坦诚、火热的心，惭愧地低下了头。由于我经受住了“考验”，这个学生逐渐有了很大的进步。后来，他把真实的地址写给了我，主动邀请我家访。正是我把教师的心贴在学生的心上，正是我把学生作为真正的人来对待，满腔热情地爱他们，理解他们，尊重他们，才使学生的人格得到了健康的发展。

一个成熟的教育工作者应当力避过于学科本位的倾向，语文教师不要只想“语文”，数学教师不要只想“数学”，必须首先想到“育人”。那些一门心思教知识而全然目中无人的教学，不是成功的教学。一名语文教师必须站在育人的高度来审视自己的教学实践。

做专业之师

教育实践讲究科学性和艺术性的统一，其质量的生长点之一就是“研究”。我想，小学教师之所以社会地位低，与自身的工作模式有关。为什么许多人看不起这个工作，就因为你自身的工作方式、方法证明了它的层次低，缺乏专业研究的特征。重复过去，重复经验，重复自己，是许多教师容易走的道路。

面对更新的教育理念，面对发展的时代，面对变化的学生，以“不变应万变”的教学经验，往往在教育对象面前显得软弱无力。一句话，教育需要不断更新的经验，需要研究型教师。没有教师的专业发展，没有日常的教学研究，没有不断的创造性劳动，教学工作就会失去生命的活力。

我很庆幸成长在北京小学。它在教师的专业发展中一直倡导教师要有一双发现问题的眼睛，把研究、解决问题作为质量的生长点。“带着课题走进教室”，这是学校的一贯要求。

“带着课题走进教室”，就意味着每一天都要有新的创造起点。

记得有一年，我接了一个四年级班，通过调查，我发现学生都很发憷写作文，在学生眼中作文是语文的堡垒，作文是折磨人的学习内容，甚至把作文看作是教师惩罚学生的手段。学生对作文不感兴趣，作文内容假、大、空也就不足为怪。

我给学生布置第一篇作文时，朱晓阳的眉头皱成了疙瘩，赌气地趴在桌子上一字也不写。我走到他面前，他可怜巴巴地求我：“老师，您干脆让我抄几遍课文吧！我真不会写。”

“就写写你的暑假生活吧。”我说。

“没生活。”

“怎么没生活呢？”

“暑假天天呆在家里，哪也没去，所以也没碰上谁掉到水里，没法救人。这怎么写啊！”

我忍不住笑了，他竟然认为写暑假生活就是写做好事，写英勇救人。原来学生把作文与生活割裂开了。

于是，我把调动学生作文兴趣、提高作文能力作为研究的课题，从激发作文兴趣、引导学生观察生活入手，使学生逐步消除怕作文的心理。

一次周五放学时学生问我留不留周记或大作文，并且希望最好别留！我说："那好，今天不留作文，也不留别的作业，老师只是特别想知道你们上了一周语文课的感受，还有希望我今后怎么教语文、怎么留家庭作业。可是时间来不及了，你们回去能不能给我写封信，把心里话说出来？"学生说行。结果周一都交上来了，连朱晓阳都写了几句希望的话。其实，这就是一次作文练习，只是不动声色，消除了习作者的心理障碍。它帮我摸到了学生学习语文的许多真实情况。

在研究中我发现，学生作文要写得好一定要有一种冲动，一种倾吐的欲望，否则，就会生编硬套。我开始寻找契机，激发学生的写作欲望。春天来了，学生们提出要去春游。我便在语文课上引导学生描绘初春的美景，用古诗颂春，以歌声赞春。学生情绪高涨了，我借机向学生发问："谁能说说春游的好处？"学生纷纷发表意见。正在学生说得兴高采烈时，我一本正经地对学生说："这么大好的时光别荒废了。现在外出容易发生安全事故。俗话说，'一年之计在于春'，要珍惜春光，多读几篇课文，多学点知识多好啊！因此，我决定今年我们班不去春游了，继续上课。"话音未落，班里已像炸开了锅，许多学生站起来表示坚决反对，有的涨红了脸和我辩理，有的表示下课后要找校长反映情况，还有的干脆说要把情况反映给教育局。我说："这样吧，你能不能给我写封信，讲讲道理，让我改变这个决定。谁写得好谁就为全班立了大功。"学生马上表示："好，就这么办。"

教室里安静下来了，刷刷的写字声如同哗哗流淌的溪流令人心醉。田晓晔下课了也不休息，一气呵成，写了一封一千多字的长信，语言委婉，对我动之以情，晓之以理。其他同学也写出了情理相融的好"作文"。课题研究，给了我教学的智慧，提升了学生的学习质量。

教学与研究语文19年，"不重复过去"是我一直遵循的原则。任何教学设计都应随时间、环境、学生等因素的变化而进行调整，乃至动大手术，绝不"克隆""复制"。无论是日常教学，还是上公开课，我都要让自己的备课体现出对学生、教材、教学理论的最新认识。也正是因为不断地研究，我享受了教学的乐趣，并从中感到了自己存在的价值。

语文教师整天在做的工作是培养学生的语文素养，因此教师自身的语文素养至关重要。拿朗读来说，我喜欢朗诵，在教学中就发挥了这一特长，用声情并茂的朗诵吸引学生。《小英雄雨来》这篇小说很长，但我朗诵时，学生听得聚精会神，津津有味，时而屏住呼吸，时而发出笑声，他们对凶狠的鬼子恨之入骨，对机智的小英雄无比敬佩。这就是教师基本功的魅力。

最近，我在许多研究课上看到，语文教师板书不但不漂亮，而且速度很慢，甚至写错别字；还发现一些老师的朗读平平，语言也没有魅力……有些教师钻研教材总不能深入，因为他自己就读不深入，总在教学参考书上绕来绕去。这样的教师怎么能培养好学生的语文素养呢？做一名专业型的语文教师必须提高自身的语文素养。

教师专业的发展也要求不能停止对教育教学理论的学习。语文教师应该像鲁迅先生说的那样，如蜜蜂采蜜，广泛涉猎，什么言语教学论，什么语感教学论，等等，都应学习，特别是叶圣陶先生的语文教育理论更值得细细咀嚼、吸纳。只有丰厚了理论素养，再加上自己的深入思考，才能较好地把握语文教学改革的时代脉搏，不至于跟“风”跑。“治学不为媚时语，独寻真知启后人”，要达到这样的专业境界，没有理论功底，就没有实践的“底气”。

思考成长的历程，我感到，虽已从事教学近20年，今天还做了校长的工作，然而自己仍是刚刚起步，对教育的追求永远没有终点。对我来说，头等重要的还是孜孜不倦地学习，向语文老前辈学，向同行学，向学生学，向书本学，向社会学，向实践学。宋人张载《咏芭蕉》诗这样写道：“芭蕉心尽展新枝，新卷新心暗已随。愿学新人养新德，旋随新叶长新知。”我愿以此与语文教师共勉，增添新知，与时俱进，向着更高的目标不懈追求！

十、我魂牵梦萦的课堂

孙双金

孙双金，男，1962年生，特级教师、中学高级教师。现任南京市北京东路小学校长，江苏省教育学会理事，江苏省小学语文研究会学术委员会主任，江苏省青联委员。曾任江苏省丹阳师范附属小学校长、党支部书记。

曾荣获全国师德先进个人、江苏省十大杰出青年和镇江市首届名校长称号，事迹收入《江苏教育名人录》《中国当代教育名人录》和《全国小学语文名师精品录》。1988年获江苏省首届青年教师赛课第一名，1989年代表江苏省参加全国首届中青年教师阅读教学大赛获一等奖。

主要著作有《孙双金语文教学艺术》和中华名师丛书《美丽课堂》《孙双金与情智教育》等。

马丁·路德金的《我有一个梦想》曾像一阵春雷响彻在世界的上空。

"我有一个梦想"成了每个人心中挥之不去的情结。

我的梦想是做一名优秀的教师，让学生沉醉在我的课堂里！

我的梦想是做一名优秀的校长，让校园充盈人文的光芒，让每一位师生在我们的校园幸福地成长！

为了这一梦想，我曾呕心沥血，我曾披星戴月，我曾上下求索……

我魂牵梦萦的课堂

我从教24年，虽然已担任校长多年，但从没有离开过我魂牵梦萦的课堂。

我的梦中常常出现上课的情境。我梦中的课堂，学生小脸通红、小眼发光；学生小手直举、小嘴常开；学生兴趣盎然、兴致勃勃；学生思接千载、浮想联翩；学生如沐春风、如痴如醉；学生沉浸在美的画面、诗的境界、爱的怀抱之中。这大概就是我苦苦追寻的诗意的课堂教学境界吧。为了这一境界，我曾"独上高楼，望尽天涯路"，我曾"为伊消得人憔悴"，我曾"众里寻她千百度"。请让我用拙劣之笔记下我的追求、我的苦恼、我的成长、我的欢乐……

1. 昨夜西风凋碧树，独上高楼，望尽天涯路

故事一：大约是我上初中二年级吧，学校调来一位非常年轻漂亮的女教师。她身材苗条，皮肤白嫩，鹅蛋形的脸上一双眼睛特别明亮。听说她是下放到本地的知识青年。学生都喜欢漂亮的老师，一听说她教我们班的物理，我们都暗自高兴了一阵。一天她教"作用力和反作用力"一章，讲到桥面对桥墩有作用力，同时桥墩对桥面有一反作用力时，可笑无知的我们当时怎么也不明白下面的桥墩怎么会对上面的桥面有反作

用力，于是我们就和她争论起来。我清楚地记得，女教师那雪白的脸急得满脸通红，但就是讲不明白反作用力来自何方。我们这一帮争强好胜的少年就嚷着吵着到学校教导处，要求教导主任换一位有真才实学的老师教我们物理……

这个片断在我的脑海里烙下了深深的痕迹，它给我的影响太深了。朦胧中，在我少年的心里萌生了一个念头：将来我当老师的话，一定要把知识讲得清清楚楚、明明白白，决不允许自己急得满脸通红，而学生仍然是稀里糊涂。这恐怕是我第一次心中萌生了当教师的念头吧。

也许是天随人意，也许是心想事成，“长大后我就成了你”，我真的考上了师范，成了“文化大革命”后第一批走上教师岗位的师范毕业生。1981年暑假，18岁的我怀着对未来无限的憧憬和希望走上了小学教师工作岗位。上世纪80年代初期，是教育战线的又一个春天，教学改革的浪潮一浪高过一浪。“加强双基，发展智力，培养能力”是那个年代的主旋律。公开教学活动此起彼伏。我是正规师范的毕业生，不容分说，公开课的担子落在了我的身上。

故事二：一个星期三下午政治学习时间，全校教师济济一堂坐满了三（1）班教室。初出茅庐的我站在讲台上面对50多位教师进行“空试教”。这是怎样的“试教课”呀！没有学生，我必须把教学环节的每一句话像面对学生那样讲出来。这可真是为难。有时刚讲了几句，老校长就打断说：“停下来！这里不应该那样提问，应该这样问……”啊，漫长的40分钟终于结束了，老师们对我这堂课的评价是：教学语言平淡，没有起伏和高潮，不能激发学生的情感，拨不动学生的心弦。课尽人散，只有我孤零零地站在空荡荡的教室里。我脑子里一片空白，脊梁上凉飕飕的，似有无数的小虫在蠕动，伸手一摸，内衣居然已经湿了。

这堂公开教学前的空试教对我的刺激太大了。我曾作为优秀的师范生留在附小，我曾作为300名师范生的代表在师范学校内上过公开教学，可是刚走上工作岗位的这堂试教课叫我终生难忘。它逼着我静下心来认真反思：优秀的教师语言应该充满魅力，我行吗？优秀教师应有深厚的文化底蕴，我的底蕴厚吗？优秀教师应当有丰富的人文情怀，我具备吗？优秀教师应当具备扎实的教学基本功，我有吗？我离优秀教师的标准还相差十万八千里呢。是甘居平庸，还是追求卓越？生性好强的我毅然选择了后者。

从此，寂静的校园内出现了一位晨读者，那就是我。伴着冉冉升起的朝阳，我吟诵着唐诗宋词、美文佳篇。我字正腔圆地读，我激情澎湃地诵，我入情入境地吟。渐渐地，我的朗读有了感染力，我的演讲有了号召力。之后我参加了县市组织的演讲比赛，屡屡获胜而归，我的自信心渐渐地增强了。

从此，我办公室黑板上多出了一块练字栏。我临柳体金戈铁骨，我仿欧体圆润端庄。办公室的老师都成了我的书法老师，一下课，我就拽着一手好字的陈老师和王老师给我的字“评头论足”。要求他们从间架结构到字体神韵一一指点。渐渐地我感到自己的字写得像样了，有神气了，有精神了。

从此，我的办公桌上、枕头边出现了古今中外的文学名著、教育名著。伴着教学名著，我逐渐登上教育的山峰，我在山顶结识苏霍姆林斯基，拜访巴班斯基，和人民教育家陶行知对话，与语文教育大师叶圣陶交流。我体会到教育的最大技巧是“爱”，教育的最终目的是促进学生的最优化发展，“教是为了不教”，“千教万教教人求真，千学万学学做真人”。教育的最高境界是“捧着一颗心来，不带半根草去”。

中秋佳节，校园内人去园空，我独坐桌前，徜徉在教育的海洋里。

新春佳节，拜见长辈和亲友后，我闭门读书，沉浸在《红楼梦》的虚幻中。

我思索，我探寻，我迷惘，我在寻找语文教育的真谛，我在苦苦地追求教书育人的“秘诀”……

2. 衣带渐宽终不悔，为伊消得人憔悴

故事三：1985年的秋天，学校能容纳500多人的礼堂内济济一堂，来自省内各大市的教学骨干正在听我执教的古诗《春望》。诗圣杜甫《春望》一诗集中体现了诗人沉郁顿挫的诗风。诗人为“国破山河在，城春草木深”而见花落泪、闻鸟心惊。为了突出诗人忧国忧民的情怀，我补充了诗人“平生第一快诗”《闻官军收河南河北》，诗人为平复叛军而喜，为收复失地而狂，为结伴返乡而歌。两首诗一忧一喜，一首是忧极而惊，一首是喜极而狂，正反对照，突出诗人与祖国人民同呼吸、共命运的崇高人文情怀。我详教《春望》，略带《闻官军收河南河北》，一悲一喜，一详一略形成鲜明的对比，给学生以强烈的情感震

撼。诗歌打动了听课的教师，我的教学也同样感染了听众。课毕，礼堂内响起热烈的掌声。

《春望》是我第一堂赢得广泛声誉的公开课。课毕，我静坐反思，这堂课之所以成功，我认为应归功于以下几点：一是教者对教材深入地把握。我整整参阅了10多本教学书籍，我研究了诗人杜甫的诗歌风格，我阅读了杜甫的生平事迹，我查找了这首诗的时代背景，我深入地阅读了这首诗的分析文章，我把握了这首诗的深蕴内涵，我为了吟好这首诗闭门练读了两天。二是教者大处着眼、小处着手的教学设计。对比式教学是大处着眼。而何处讲解、何处设问、何处吟诵、何处留下空白这是小处着手，正因为战略上藐视，战术上重视，为教学的成功奠定了扎实的基础。三是教者入情入境的渲染、描述、吟诵也是这堂课成功的保证。"情感是诗歌的生命"，没有情感就没有诗歌，同样情感也是课堂教学的法宝。没有情感的教学是平淡乏味的教学，没有情感的教学是游离文本的教学。"夫缀文者情动而辞发，夫观文者披文以入情。"在课堂打动学生是情，感染学生的是情，震撼学生的依然是情！我仿佛领悟了教学的"真谛"：要上好课，一要有扎实的功底，二要有精彩的设计，三要有真挚的情感。

故事四：1988年年底江苏仪征化纤纺织有限公司举办江苏省首届青年语文教师大赛。我作为镇江市代表参加省级比赛，执教的课文是课外读物、著名童话作家严文井的童话《小溪流的歌》。面对斯霞、李吉林、袁浩、顾美云等一大批全国著名的特级教师评委，我沉着地走上讲台，转身在黑板上写下一行清秀的大字：小溪流的歌。返身问："同学们，小溪流是什么呀？你们看到过吗？"根据同学们的回答，我用黄笔在黑板上画了几座峰，然后用蓝笔画了一条清澈的小溪流。随着教学的进程，黑板上依次出现了枯树桩、小村庄和小河、海洋。课文学完，黑板上出现了一幅色彩鲜艳的小溪流从小到大的彩色图画及相关文字。我的课毫无争议地获得了一等奖。赛后，《江苏教育》在封面上这样评价我："孙双金老师在讲台前风度翩翩，光彩照人。他出众的才技、缜密的思维和学生间特有的默契把教学活动引入了艺术的殿堂，听他的课是一种艺术享受。"

《小溪流的歌》产生的反响是权威刊物把我的课提升到艺术的高度。我追问自己：艺术是什么？我认为艺术是音乐，艺术是画面，艺术是构思，艺术是语言，艺术是情感，艺术是魅力，艺术是享受。语文教学是一门综合艺术，语文教学也是一门永远遗憾的艺术。从此我走上了研究语文教学艺术的道路。我研究语文课堂教学的艺术特征：形象性、情感性、独创性；我研究课堂教学的“空白艺术”，追求此时无声胜有声的艺术效果；我探索如何朗读后留空白、设问后留空白、板书中留空白、作业中留空白；我研究教学设计艺术，强调教学设计应有主线贯穿始终，讲究教学结构的张弛有度、训练密度的疏密有间，追求先声夺人的教学效果，营造言有尽而意无穷的教学意境；我研究教学高潮的艺术，讲究逐层递进，讲究层层剥笋，讲究众星拱月，讲究跌宕起伏；我研究教学细节的艺术，追求导入语、过渡语和结束语的优美动人和出人意料。

潜心研究教学艺术的结果使我在1989年参加全国首届中青年教师教学大赛又荣获一等奖，使我这个县城的青年教师从此走向了全国语文教学的大舞台。

但是不久我发现我的教学存在问题。什么问题呢？同一篇课文的教学设计、详细教案，我在此地上课上得很生动，甚至很轰动，而到彼地却上得很沉闷，甚至很吃力。这是怎么回事呢？一时我陷入了深深的苦恼中，迟迟找不到问题的答案。有一阵，我谢绝了讲学邀请，重新静心反思，潜心学习，在课堂实践中探索，在理论书籍中思索。有同事和我开玩笑：“孙老师，你已在全国获得一等奖了，难道你还要到联合国去拿奖吗？何苦和自己过不去呢？”是呀，在一般人看来，我仿佛已功成名就，可以歇一歇喘口气了。但是我一歇下来，几天不看书，几天不研究语文教学，心里就感到空得慌、闷得慌。看来我和语文教学已结下了不解之缘了，这辈子恐怕也无法离开语文教学了。语文教学已溶进了我的血液，和我的生命融为一体了。

经过一阵的闭门沉寂，经过一阵的痛苦思索，我发现原来我追求的是教师自己所谓的教学艺术，而忽略了学生学习主体的研究。学生心中有什么疑问我没有去问，而去琢磨如何设计高明的问题；学生学习的兴趣如何激发不去研究，而去琢磨如何“先声夺人”的效果；学生学习方法不去考虑，而去琢磨教师如何运用巧妙的教法让学生学得有趣……我走入了只研究教师、只研究教材，而忽视了学生主体研究的方向。反省之后，我案头多起了学生主体研究的书籍，备课时我再也不闭门造车、

“运筹帷幄”，更多的是走近学生，倾听学生的问题，倾听学生的见解，倾听学生的心声。走进学生，让我的教学又走入了新的天地。

3. 众里寻他千百度，蓦然回首，那人却在灯火阑珊处

故事五：1999年下半年的开学第一周，我到五年级办公室和教师们聊天。五年级一位教师向我说：“孙校长，有些传统性教材没有什么意味，比较难教，你能否上给我们看看呢？”我问：“你认为哪篇课文比较难教？”她说：“这一册的《落花生》就比较难教，你就上这一课吧。”第二周周三下午正好是业务学习时间，我把全校教师集中在阶梯教室，借班连上两节课。我运用问题教学方式，结束课文之前搞了类似《实话实说》栏目，以“现代社会，你是想做落花生式的人，还是想做苹果式的人”为话题展开辩论。课上学生畅所欲言，各抒己见，课堂上学生情感的闸门不断被开启，学生智慧的火花不断被点燃。

《落花生》一课就像在热油锅里撒了一把盐——炸开了。有老师说：“孙校长，你这堂课的风格和你以前的课风格不同了。”我反问：“有什么不同呢？”他说：“你以前的课最大的特点是严谨，你今天的课最大的特点是洒脱。”“洒脱是一种境界，那是教师从关注预设的教案，走向关注生成的课堂，是教师课堂教学炉火纯青的体现。”另一位教师议论道。开始提议我上《落花生》的老师问我：“孙校长，你在备课上花了多少时间？”我说：“我真正花在这篇课文备课的时间不超过1小时。”回答着老师们的提问，我自然就联想起苏霍姆林斯基在《给教师的一百条建议》一书中举的案例：有一次苏霍姆林斯基去听一位历史老师的课。听课时他总有一个习惯，记下执教教师教学环节，课后给予点评。可那堂课讲课教师一下子就把他吸引住了。直至下课他笔记本上没有记下一个字。那课太吸引人了。课后他问那位执教老师：“你备这堂课花了多长时间？”老师回答：“我花在备课上的直接时间是15分钟，但我一辈子都在备这堂课的。”那位历史老师的回答给我以极深的印象。多么富有哲理的话语，正因为他一辈子都去准备，所以他才能在短短的15分钟备出如此精彩的课。这是否应验了“功夫在课外”，“台上一分钟、台下十年功”的至理名言呢？

教师要想在课堂上挥洒自如，“潇洒走一回”，那么，就应该做有思想、有文化、有情感、有艺术的教师。

教师是学生人生道路上的思想导师。教师应用自己思想的火种去点燃学生思想的火把。一位有思想的教育者要引导学生去思考科学、思考人生、思考社会、思考未来。教师只有认真阅读了古今中外教育家的思想后才能逐步形成自己的教育思想。

教育的一个很主要的功能是向下一代传承人类几千年光辉灿烂的文化。教师理应成为文化人，要有深厚的文化底蕴。书籍应成为教师终身的伴侣。要有一天不读书，就像一天不吃饭那样难受。教师既是一位博览群书的“杂家”，又是一位熟读本专业书籍的“专家”。有文化才有底蕴，有底蕴才有底气，有底气在课堂上才有灵气。

教育全部技巧就是一个字——爱。包括对教育事业的爱，对教育对象的爱。只有当教师具有博大深厚的爱心，教师在课堂上才能真正尊重学生：尊重学生的人格，尊重学生的见解，尊重学生的差异；才能真心宽容学生：宽容学生的偏激，宽容学生的缺点，宽容学生的错误；才能真正欣赏学生：欣赏学生的优点，欣赏学生的缺点，欣赏学生的个性。

教学是一门科学，教学也是一门艺术。不同种类艺术是相通的，我们的教学艺术就应向一切艺术学习。学习音乐艺术的灵动，学习诗歌艺术的灵秀，学习电影艺术的综合……把教学当做艺术，就不会把教学当做技术，仅仅在如何导入新课，如何过渡衔接，如何结束课文，如何运用电教媒体上捣鼓。

有思想、有文化、有情感、有艺术的教师是大师，大师的课堂就会充满灵动，充满情趣，充满智慧，充满诗意。

在听专家报告时，突然萌生了我的好课观：书声琅琅，议论纷纷，高潮迭起，写写练练。

在随堂听课时，陡然闪现充满生命活力的好课标准：一堂好课应上得学生“小脸通红，小眼发光，小手直举，小嘴常开”。

在听别人执教《鸟的天堂》过程中，脑中忽然闪过一念：如果说大榕树是鸟的天堂的话，那课堂应该成为师生精神的天堂！学生在课堂上应该是自由的、充实的、快乐的、幸福的。

一篇篇产生反响的文章就在不经意间、在蓦然回首之中产生了。

“昨夜西风凋碧树，独上高楼，望尽天涯路”这是迷惘中的追求！

“衣带渐宽终不悔，为伊消得人憔悴”这是痛苦中的执著！

“众里寻他千百度，蓦然回首，那人却在灯火阑珊处。”这是苦思冥想后的豁然开朗，这是播种后的收获！

有追求，有迷惘，有执著，有痛苦，有播种，有收获，这就是我平凡而充实的人生轨迹。

走自己的路方能形成特色

走自己的路？世上谁不是在走自己的路，难道还走别人的路吗？但是，世上又有几个人是在真正地走自己的路？

上个世纪80年代初，18岁的我走出了师范学校大门，踏上了神圣的讲台。之后我做了6年班主任，6年教导主任，30岁时，走上了校长岗位，至今在校长岗位上我已干了整整12个年头。但是，回顾自己的成长历程，真正在办学过程中，形成自己的办学思想，走自己的路的时间还真的不长。

1. 迷惘——人人打篮球就是特色

1992年8月中旬的一天，我刚走上校长岗位，参加市里组织的校长培训班。班主任老师组织我们新校长和中老年校长开展一次沙龙活动，主题是“学校的办学特色”。心直口快的马校长第一个发言：“我姓马，我来一马当先。我认为学校特色就是人无我有，人有我优，人优我精。”市重点高中的李校长个性沉稳，他的发言也慢条斯理：“我认为学校特色要兼顾学校办学历史、校长本人学术所长以及学校教师队伍的特长来综合考虑。”素来冷静的实验小学冷校长一字一句地说开了：“我认为什么是好学校呢？就是学校样样都好，即学校方方面面都按党的办学方针，全面实施素质教育，学生得到全面发展。学校样样都好，就是学校的办学特色。”……听着校长们侃侃而谈，我陷入了沉思。

曾记得20世纪90年代初期，江苏省上上下下开展了素质教育大讨论，许多校长急于把自己的学校办成特色学校。有的学校每个学生一个篮球，学校自编了篮球操，课间所有学生均开展篮球活动，因此自诩为“篮球特色学校”。有的学校因为有一名老师会踢毽子，于是乎全校上下学生人手一毽，开展毽球运动，学生毽子踢得有声有色，于是乎自诩为“毽子特色学校”。有的学校因为作文教学有一定的影响，给学生拍摄了“娃娃讲作文”系列，于是乎“作文特色学校”横空出世。看着一所所“特色学校”层出不穷，年轻的我陷入了迷惘：全校学生都打篮球，那不喜欢篮球的学生怎么办呢？学校特色到底是学生个个有不同特长还是学生人人都是同一特长呢？我到书本上寻找答案，找不到现成答案。我和班子成员探讨这个问题，大家公说公有理，婆说婆有理，莫衷一是。“办学特色”成了我心中的一个结，始终解不开，理不清。

2. 摸索——开发潜能方显智慧

1999年10月的一天，市教育局人事科科长来我校检查工作。检查工作后，我们闲聊起了校长办学。她递给我一本书，说：“孙校长，我觉得这本书写得很好，建议你有空看一看，或许会对你有所帮助。”我接过书一看，书名是《成功潜能学》，上下两册。送走科长之后，我认真阅读起来，书中的案例和分析给了我极大的启发。

古人讲：“天生我材必有用。”《成功潜能学》的作者认为每人的身体内都蕴藏着巨大的潜能，需要教育工作者具备一双特殊的慧眼去发现，去开发。因为每人的潜能各不相同，有人可能是语言潜能强，有人可能是数学潜能强，有人可能是音乐潜能强，有人可能是绘画潜能强……我感到这一提法比较科学，符合人的发展与教育规律，符合“因材施教”的原则。因此，我在全校大力推崇“潜能教育”，在校园内树起“开发潜能，培育人才”8个大字，成立了“儿童潜能开发”研究课题，这一课题报教育部审批成了江苏省两个跨世纪特级教师专项课题中的一个，并获得2.5万元课题经费。

随着课题的开展，一大批富有创造潜能的学生脱颖而出。学校数学兴趣小组的学生两度代表镇江市组队参加全国华罗庚金杯赛，并获得一银一铜的好成绩。学校文学社学生文学创作热情高涨，学生创作的童话、故事、小说连连获奖发表，学生作品展出后在市内引起强烈反响。学校文艺队连续6届获市小学生文艺汇演总分第一名，一大批文艺特长生被高一级学校录取。多名学生在市内举办个人画展，学生作品多次赴日本、澳大利亚展出。

随着办学特色的明晰，学校知名度、校长知名度也不断提升，到校参观学习的人络绎不绝。记得苏州吴中县教育代表团来我校参观后，代表团领队发表了这样的感慨：“山不在高，有仙则名；水不在深，有龙则灵。丹阳师范附属小学，因为有了校长孙双金而闻名远近，这再一次印证了校长是学校的灵魂！”

3. 坚定——“情智教育”走出自己的路

也许是我办学有方，也许是我名声在外，2003年8月南京市玄武区教育局把我作为人才引进，调我到著名的南京市北京东路小学任校长。踏进北小大门，只见庭院深深，绿树葱茏，廊回路转，墙上学生书画作品清新雅致，文化气息迎面扑来。时任教育部部长的陈至立同志曾在视察北京东路小学后称赞“北京东路小学是我看到的全国最好的小学之一”。登上行政楼楼梯，柳斌同志的题词“含爱生情怀，有育人智慧”一下子跳入眼帘，我眼睛为之一亮，心里为之一颤。一个“情”字，一个“智”字仿佛是“众里寻她千百度，蓦然回首，那人却在灯火阑珊处”，正可谓“踏破铁鞋无觅处，得来全不费功夫”。“情智教育”四个字一下子印在了我的心中。

经过一个学期的了解与熟悉，我找每一位行政领导促膝谈心，我走进每一位教学骨干的课堂深入听课研讨，我和学生座谈，我找家长沟通，我追寻北小发展的轨迹，我研究前任校长的办学思想，“情智教育”的办学思想在我心中越来越清晰，在北小高举“情智教育”旗帜的决心越来越坚定了。

“情智教育”指教育者运用自己的情感和智慧作用于被教育者，让受教育者的情感和智慧和谐共生。我的“情智教育”思路是从情智管理、情智课堂、情智校园、情智活动着手，培养情智教师和情智学生。

我的“情智管理”原则是“三重”：重发现，校长要有一双发现的慧眼，要多发现教师身上的优点和长处；重关怀，关怀出真情，关怀出效益，关怀出凝聚力；重激励，在激励中鼓舞教师，在激励中鞭策教师，在激励中培养教师。我的情智管理策略是：以情换情，用校长的真情换教师对学生的真情，用校长的人格感染教师的人格，用校长的善良、正直、诚信、奉献赢得教师对教育事业爱的感情；以智启智，用价值导向启迪教师，用文化力量感化教师，用头脑风暴点燃教师，用外在智力催化教师；情智交融，培养教师的乐业情怀，培养教师的反思意识，培养教师的读书精神，培养教师研究的氛围。

我们的“情智课堂”追求的目标是，课堂上学生“小脸通红，小眼发光，小手直举，小嘴常开”。“小脸通红”说明学生兴奋；“小眼发光”说明学生思维的大门开启了，智慧的火花被点燃了；“小手直举，小嘴常开”说明学生全过程全身心参与到学习中去了，他们充分地表达他们的所感、所思、所疑、所见、所闻。

我们的情智课堂追求的是“登山式课堂”，课堂中让学生经历思维情感攀登的过程，经历由“山脚—山腰—山顶”的攀登体验过程，让学生登思维的高山、情感的高山、文化的高山。

“情智教育”产生了一大批“情智型教师”。家长会后，一批批家长的感谢信塞满了“校长信箱”，盛赞教师的爱心和奉献精神。一批批教师在全国、全省赛课和论文比赛中屡屡获奖，金灿灿的奖杯堆满了荣誉柜。“情智教育”培养了更多“情智型学生”，为帮助希望小学、聋哑学校，孩子们献出的衣服堆积如山；北京东路小学“快乐小队”被评为全国文明小队；娃娃科学院小院长赴北京人民大会堂受到了中央首长接见。

2004年12月23日，南京市小学青年骨干校长在我校举行“校长办学思想”论坛，我介绍的“情智教育”在会上引起强烈反响，校长们纷纷称赞：“北京东路小学情智教育找到了教育的真谛，是一项具有强大生命力的特色教育。”

“情智教育”，这是我找到的一条属于自己的教育之路，我将坚定不移地走下去，一直走到那光辉灿烂的理想王国！

讲述我们自己的故事

走上校长岗位后，盘绕在我心中最多的问题是：我将营造一个怎样的校园，我将引领学校走向何方？我将怎样让学校的师生幸福地成长？有时骑车行驶在路上，想着，想着，突然咯到一块碎石，车身一颠，一下子把我拉回到现实之中。有时走在路上，边走边想，思想像春天的风筝飞得老高老高。对面走来一位熟识的朋友，直到他连唤我三五声后，我才仿佛如梦初醒，连忙致歉：“对不起，对不起，我没有听到。”学校啊，就像我的初恋情人，让我如痴如醉，如梦如幻……

1. 让每个孩子都插上想象的翅膀

1999年的春天。一天，我到教师办公室走动，了解教师们教学情况。我走到五年级办公室，发现马老师办公桌上放着一叠学生作文本。我发现一本作文本中写的不是普通的命题作文，而是学生创作的小说，我惊喜万分。我又打开一本，也是学生创作的小说，我更激动。一连打开几本，全是学生自己创作的作品，我越看越激动。

下课了，马老师回到办公室，我迫不及待地问："马老师，你班学生在写小说吗？"

一听我的问题，马老师高兴地来不及洗去手上的粉笔灰，兴奋地告诉我："上个月，我们学校请著名儿童作家祁智到校给学生讲《芝麻开门》之后，学生们就嚷着要自己创作小说，我没有阻止他们，而是鼓励他们大胆尝试，结果1个月来全班52人有46人在创作小说。"

"那请你选5本作文本，让我带回家仔细看看。"

马老师选了5本作文本，一回到家我就迫不及待地看了起来。有的是校园生活小说，把本班师生作为原型编入小说之中，写得充满生活情趣；有的是科幻小说，小作者展开丰富的想象，写得情节曲折离奇，引人入胜；有的是侦探小说，故事惊险刺激，叫人读得欲罢不能……

读着孩子们的作品，我深深地陷入了沉思：我以前太不相信孩子们了，如果不是我亲眼所见，我简直不敢相信这是出自小学五年级学生之手的作品！在传统思维模式中，认为小学生嘛，懂什么，什么都要老师、父母教给他们。其实，今天的孩子，绝对不再是一张白纸，他们通过家庭、社会、课外阅读、网上阅读已获取了大量的信息，他们的知识面在某些方面已超过教师和家长。

反思之后，我坚定了两点认识：一是小学阶段是人的想象能力发展的黄金阶段，我们教育绝不能错过这一黄金时期，过了童年、少年期，到了青年期再去培养孩子的想象能力为时已晚！二是小学阶段是人记忆的黄金阶段，小学阶段要让学生大量阅读经典名著，尤其对古诗文和名家名篇要熟读成诵，牢记在心！

鉴于此，我在学校内开展了两项活动，一是中华古诗文诵读活动，要求小学阶段的学生每年背诵50篇古诗文，这样6年坚持下来就300篇，真正做到"熟读唐诗三百首，不会作诗也会吟"。二是改革全校作文教学，"双轮驱动"，以语文书上的命题作为一个轮子，做好写实作文训练；另一个轮子为低年级以创作童话为主，中年级以创作儿童故事为主，高年级以创作儿童小说为主。这一做法，我在丹阳师范附小任校长时就在学校全面推行，收到很好的效果，江苏教育出版社为我校学生出版了《移植记忆的故事》一书。到了南京市北京东路小学任校长后，我又把这一做法在北小推广，受到了学生、家长极大的欢迎。学生佳作迭出，在省会南京产生轰动效应。江苏卫视、江苏少儿电视台、南京电视台、南京少儿频道，还有《扬子晚报》《金陵晚报》《南京晨报》等均报道了我们的做法。我校学生还多次到少儿频道做客，介绍自己的创作体会。学校五（1）班两位学生的儿童文学创作已近10万字，江苏少儿出版社还为他们出版了个人作品专集。

2. 到人民大会堂去演出

2004年5月30日，南京市人民大会堂披上了节日的盛装。大门口，大型充气横幅上“南京市北京东路小学庆祝六一大型文艺演出”的字样特别引人注目，左右两边两个大气球下分别挂着两条竖幅标语，一幅上写着“享受童年”，一幅上写着“情智教育”。舞台上方“放飞童年的歌”6个大字在灯光的映照下分外醒目。

虽然天公不作美，阴沉着脸，但北小1500多名孩子个个身着盛装，喜气洋洋，早早地来到大会堂。2800多人的大会堂座无虚席，省、市领导赶来祝贺了，家长代表赶来祝贺了，兄弟学校领导、教师代表也赶来祝贺了！

上午8点30分，庆祝大会正式开始。我代表北小1600多位师生致开幕词：“六一儿童节到了，怎样让孩子们度过快乐的节日？一位家长的话给我十分深刻的印象，他曾说：‘孙校长啊，我从小有一个梦，那就是有朝一日能在南京人民大会堂舞台上演出。我小时的梦没有实现，我希望我的孩子能实现我儿时的梦想。’今天，我们在南京人民大会堂举行庆祝活动，就是为了圆梦，圆家长儿时的梦，圆小朋友平时的梦！童年就是充满梦想的季节，我希望每一位小朋友都要心中有梦，不仅要梦到南京人民大会堂，还要争取到北京人民大会堂，到世界更大的舞台上去展示自己的才华，展示中国人的风采！冰心老人曾经说过：世上最大的是儿童，除了宇宙外，剩下的还是儿童！儿童是祖国的明天，是祖国的未来。我祝愿所有的同学身体更健康，学习更优秀，品德更高尚。祝同学们六一节快乐！”

首先上场的是一、二年级200人的古诗朗诵，台幕一拉开，200名小朋友身穿红肚兜的样子一下子把大家逗乐了，哗哗哗……，一阵热烈的掌声潮水般地涌起。“小娃撑小艇……”稚嫩的童音响彻在礼堂上空。在激情澎湃的《满江红》诵读中，低年级的百人诵读赢得了满堂喝彩。

接下来校艺术团舞蹈队《向前冲》，校艺术团老园丁合唱团《我们同在一起》，艺术团书画队、器乐队《书画情韵》轮番上场。礼堂内的掌声一阵响过一阵。校艺术英语剧队的表演唱《DOREMI》采用台上、台下互动形式，把整台节目推上了高潮。

整台节目既有活泼动人的舞蹈、富有古情雅韵的艺术表演，又有大胆创新的童话剧、富有特色的黄梅戏，还有激情飞扬的疯狂英语。此外，充满亲情的家庭表演和青春动感的教师健美操更为表演增色不少。全场演出气氛热烈，台上台下都成了歌的海洋。孩子们在欢庆节日、展示才艺的同时，也接受了一次精神的洗礼。

观看我们整台节目的前线歌舞团杨扬政委激动地对我说：“孙校长，我没有想到一所小学准备的节目这么精彩。我建议你们这些节目录像不仅要在江苏台播出，还要力争到全国台去播出。”

这台演出结束的当天，学校校园网上BBS留言板上热闹非凡，激动的家长留言板上写下了热情洋溢的话：

“放飞童年的歌”这台节目，让北小的孩子放飞了自己的理想，放飞对北校的热爱，也让我们家长感受到童年的快乐。相信这美好的东西将永远留在我们大家的心中。

在节目中最让我这个家长感动的是老师们的朗诵，特别喜欢诗句中的话语，请问能在哪儿找到朗诵词？

附《放飞童年的歌》：

放飞童年的歌，
一串七彩的音符，
一束娇艳的鲜花，
一段欢快的旋律，
一支动听的歌……
童年——欢乐童年——欢歌，
要知道，欢乐的童年从不缺乏音乐，
洋溢着音乐的岁月才充满欢乐！
童年生机无限，

它是广袤的原野，盎然的森林，
它是叮咚的小溪，奔流的江河。
童年美好而充满音符，
山是歌，江水是歌，
蓝天是歌，白云是歌，
童年的一切都是歌的旋律，
童年是一首动听而奔放的歌谣，
它幸福地飘荡在我们心底，
童年是一个缤纷的梦，
带着欢歌，带着笑语，徜徉在春天的明媚里；
童年是一首令人振奋的交响曲，
载着希望，载着梦想，飞向未来的天际。
啊，童年的歌，让我们展开双臂真诚地拥抱你！
拥抱你的天真活泼，发掘你的生机灵气，
欣赏你的独特禀赋，善待你的天资唯一，
请允许我们——走进你们的世界，
在这里，一切的人平等相待，真诚相处；
尊重是交往的起码准则，
爱是充盈心灵的点点雨露。
在这里，没有嘲笑，没有责骂，
我们放飞自由的灵魂；
在这里，我们每一天都心存感激；
感激圣洁的自然哺育万物生灵；
感激你我相遇共度朝夕。
我们默默执著，努力去实现一个梦想——
创造一个无拘无束的舞台，
提供一方多姿多彩的天空，
让童年放歌，让童年欢畅，
让童年活泼泼地燃烧我们每一颗不老的童心！

三（6）班陆清宇爸爸、妈妈回复：

我们和许多家长一起观看了“放飞童年的梦”精彩的演出，激动的心情久久不能平静，感谢北小的领导和老师，为孩子们的童年添上了绚丽多彩的画页。相信在孩子的一生中，都不会忘记，曾经的童年，曾经的北小，曾经的自己，在人民大会堂舞台上，放飞过童年的梦想。

我们的孩子和其他30多个孩子一起，一个多月以来，坚持了参加“绿色的家园”集体舞的排练、演出，付出了辛勤的汗水，有时候，下午放学回到家，筋疲力尽，洗了澡，靠在床上就睡着了，家长不忍心叫醒，早上6点钟，一骨碌爬起来赶紧做作业，早上到学校，继续参加排练，不叫一声苦。比赛成绩教育了孩子，有付出就会有回报，要想成功就要付出比别人多的辛劳。

全市比赛一等奖已经给了孩子最好的奖励，学校的演出，又让全校的孩子和家长给了孩子热烈的掌声。

有汗水，有劳累，有成绩，有掌声，孩子在短短的一个多月，增添了人生的经历，童年，因此而更加美丽。

感谢北小，感谢一切为了孩子的老师和领导。

陆清宇妈妈还回复：建议学校将演出的录像制成光碟，愿意收藏的家长可以来购买。

二（5）班李谦谦家长回复：

今天上午参加了学校的六一儿童节庆祝活动，非常兴奋，非常欢乐，首先是欣赏了一台孩子和老师们高质量的文艺表演，感受了北小素质、北小文化，以及北小教育的无限风光；其次是看到了自己的孩子和她的同学们有机会以这样的方式、在这样的舞台欢度如此愉快的节日，真的为他们感到高兴；更值得一提的是，这个庆祝会不但放飞了孩子们的童年，它同时也让我们这些家长飞回到自己童年的节日。这种感觉二三十年前有过，今天又回来了。孩童的兴奋是最纯洁、最欢快的，感受它是幸福。难忘这个六一。

感谢学校领导和全体老师的辛勤劳动，谢谢！

读着家长们发自肺腑的火热语言，想到孩子们在舞台上那灵动的脸庞，我的心醉了。

有谁曾知道我们这一台节目仅仅准备了22天时间，有谁知道6月份我们就将面临全南京市教学质量调研的压力。

在决定是否举办如此规模的文艺演出的校行政会上，有领导曾为此担心，为此犹豫过。可我想的是，我们应该让学生的童年时代留下一笔永远难以忘怀的纪念。要让他们长大之后，回想起童年时光，能自豪地说："小学时代，我曾到人民大会堂舞台上演出过！"

我就是要举办这样给学生终生难忘的活动，我就是要在学生童年的底色上画上浓重的一笔！

那一年，我校在南京市语文、数学、外语三门学科成绩调研中独占鳌头。这恐怕是对全面实施素质教育并不影响考试成绩最好的注脚吧！

3. 讲述我们自己的故事

怎样让我们的小学教师成为研究者、思考者？这是一直萦绕在我心中的问题。

中国的教育研究曾经走入一条狭窄的小道。仿佛只有像化学家、物理学家在科学实验室内精确地观察、分析、统计，最后得出一大堆科学数据才是教育研究；仿佛非得引用国内外教育家理论的文章才是教科研论文；仿佛只有在高校象牙塔内撰写出来的才叫教育理论。

那一阵，我曾陷入苦恼之中。

但是谬误终究是谬误，乌云终究遮不住太阳！

柳斌同志曾说过这样深情的话语："教育科研是教改的先导，要教改就要先认真地开展教育科学研究。但是教育科学研究的主要对象，我觉得应该是未成年人，是中学、小学和幼儿园的孩子；教育科研的阶段我觉得是中学、小学和幼儿园阶段；教育科研的主阵地是中小学、幼儿园。不管同志们对这一点是不是有异议，我不从理论上去议论。我认为，出教育思想、出教育家主要在基础教育阶段。从教育史的一些资料看，这个结论大体上是正确的。"柳斌先生这一番话语就像一股强劲的春风，吹散了弥漫在基础教育工作者心中的迷雾。

怎样寻找一条适合小学教师开展教育研究的道路呢？一次和我校副校长聊天，她讲的一则故事给了我灵感。她说："在我国上海举行的国际教育学术会议上，各国代表争相上台交流。我国某著名高等学府代表大谈特谈某某国际教育大师的理论，而来自美国西部名不经传的一所小镇上的小学校长，自豪地说着他们自己的办学故事，引起了与会代表极大的兴趣，言毕，全场响起了热烈的掌声。"

说者无意，听者有心。听了这则故事，我陷入沉思。是呀，什么叫"只有民族的，才是世界的"？只有自己独特的、鲜活的，才是最具有生命力和感染力，才是最具有价值的。我们教师整天和学生打交道，我们身边每天都发生着形形色色的故事，这些五彩斑斓的故事中不正蕴含着教育的真谛吗？我们为什么要骑着马儿找马，守着黄金挨饿呢？何不编一本我们自己的书，书名就叫《讲述我们自己的故事》！

主意一定，说干就干。我立即组建了编委会，着手筹备编书一事。

编委会商定，这本书围绕的主题是我校的教育特色——情智教育。围绕情智教育，把平常教育教学实践中感动自己的事、给自己启迪的事、让自己高兴的事、让自己伤心的事写下来，然后品味这些事中给自己的感悟、给自己的启发。

2004年7月4日，是全校教师放假的第一天，我们便召开了编写前的准备会议。户外艳阳高照，知了在树上不停地欢唱。7月的南京俨然已经是一幅盛夏的景象，参加活动的老师们似乎并没有因烈日而却步，而是充满热情地参与进来。大家尽情地你说我谈，说着我们北小人自己的故事。

刚开始，大家对如何写教育故事有些摸不着边际，要求我先说一个故事，给大家启发启发。我首先给大家讲了一个《学生可畏》的故事：

人们常说："后生可畏"，我说"学生可畏"。

2001年10月26日，江苏常熟莫城中心校长通过原《小学青年教师》杂志社李捷主任邀请于永正和我去讲学。我教的课文是《我的战友邱少云》，这篇课文在10年前我曾在常熟实小讲过。今天再来上这篇课文，我根据新的课程标准作了较大的调整。

第一课时，在学生充分读课文的基础上安排了让学生提问的环节，我说："现在让大家提出自己不理解的问题。古人讲'学贵有疑，小疑则小进，大疑则大进。'我看谁能提出大的问题。如果你提的问题老师也回答不出来，那我就拜你为师！"在我话语的鼓动下，学生们纷纷在书上圈圈画画，都想一试身手。

一会儿，一位叫黄菲飞的女生站起来，不慌不忙地说："我有三个问题不太清楚。"

"你说。"我用鼓励的目光望着她。

"课文第二小节说'我们趴在地上必须纹丝不动，咳嗽一声或者蜷一下腿，都可能被敌人发觉'。第五小节又说'我忽然闻到一般浓重的棉布焦味，扭转一看，哎呀！火烧到邱少云身上了！'我的问题是：前面说必须'纹丝不动'，后面作者怎么能'扭转头一看'，这样做会不会被敌人发现呢？”

哎哟，好厉害的问题，我心里不禁一惊。下面听课的老师也兴奋起来，都用目光注视着我，心想，看你怎么处理。“你很会提问题。”我先称赞黄菲飞，然后转向同学们：“她这叫从上下文联系中发现问题，值得我们大家学习。谁能回答她的问题？”我一脚把“皮球”踢给了全班同学。

同学们埋头看起书来，都想从书上找到答案。

一男生站起来说：“扭转头一看，动作是很小的，敌人不会发现。”

“噢，这是你的理解。黄菲飞，你满意他的回答吗？”我问。

“不满意。”黄菲飞摇着头。

又一男生站起来说：“燃烧弹烧着之后有烟雾，在烟雾的掩护下他扭转一下头，敌人是看不到的。”

“真聪明！”我欣喜地称赞学生，然后问“黄菲飞，你满意吗？”

“我满意。”黄菲飞点着头说。

我暗自出了一口气，从心里感谢第二位男同学帮我解了围。

“老师，我的第二个问题是：燃烧弹烧着之后，为什么只烧邱少云一人，而不烧‘我’和其他战士呢？”

啧啧，听课教师中传来赞叹声，大家情绪更高了，气氛更活跃了。

“好，有水平！”对这一问题我事先已有考虑，但是我不急于作答，我又转向同学们：“你们谁能给她一个满意的答案。”

教室里一下子安静下来，静得连一根针掉在地上都能听见。听课的老师也都在默默地思考。

“老师，我知道。”一位女同学举起了手，“因为邱少云周围有茅草，‘我们’周围没有。”

“不对，课文第二小节讲我们都伏在茅草丛里。”黄菲飞耐不住反驳道。

教室又安静了，半天没人举手。“你们联系风想一想看。”我轻轻启发道。

“噢，我知道了。可能邱少云趴在下风，我们趴在上风，火往下风烧，所以没有烧到我们。”一男孩兴奋地说。听课的老师情不自禁地鼓起掌。

我仍然转向黄菲飞问：“你满意没有？”

“我满意了。”黄菲飞高兴地说。我刚松一口气，黄菲飞又说：“我的第三个问题是：课文第九小节写‘黄昏时候，漫山遍野响起了激动人心的口号：‘为邱少云同志报仇！’其他人是怎么知道邱少云被烧死的呢？”

好一个黄菲飞，看来她是非要让我拜她为师不可了！听课的老师脸上都现出兴奋的神采，我知道这些问题也都是他们没想到的，他们也都想看看我这个“代表全国最高水平”的特级教师如何处置。这个问题又出乎我意料！怎么办？抛给学生。“同学们，你们谁能回答这个问题，回答出来的同学就可以做黄菲飞的老师。”我也用上了狠招——激将法！

邻桌的同学都窃窃地议论起来，我站在讲台上用充满期望的目光扫视大家，静静地等待精彩的回答。

“老师，因为战友看到火在燃烧，知道邱少云牺牲了，所以都喊起了‘为邱少云报仇’的口号。”一男生迫不及待地想充当黄菲飞的老师。

“火烧了，怎么就知道烧的一定是邱少云呢？你的回答我不满意。”黄菲飞毫不客气地予以反击。

“是‘我’看到之后告诉战友们的。”又一学生站起来说。

“‘我’潜伏时怎么能告诉呢？这不是违反纪律吗？”旁边的同学不同意了，嚷嚷起来。

这时一个高个子女同学站起来说：“老师，我是这样认为的，可能是我先喊出了‘为邱少云报仇’，大家听了知道是邱少云牺牲了，所以漫山遍野都响起了这口号声。”

哗……同学们、听课的老师不约而同地鼓了掌。这是对提问者的鼓励，这是对答问者的赞扬，这是对师生教学智慧的肯定！

课后，常熟实验小学校长、特级教师薄俊生对我说：“孙老师，这堂课我的收获最大。10年前听您的课觉得十分精彩，10年后再听您的课觉得更加精彩。您的课中充分体现了新的课程标准的内涵，充满教学机智，值得我们细细回味，慢慢品尝。孙老师，明年我再次邀请您来常熟实小讲学。”我欣然接受了薄校长的邀请。

晚上，我回顾白天的两节课，越发加深了我的体会：学生可畏。可畏之一，他们能发现教师发现不了的问题；可畏之二，他们不迷信教材，不迷信权威，不惧怕师威，敢于向书本和教师挑战；可畏之三，他们不仅能提出教师提不出的问题，更能回答教师回答不了的问题。谁说学生不如师？青出于蓝胜于蓝！

这堂课也带给我诸多启示。首先，学生身上蕴含着巨大的潜能，教师一定要相信学生、尊重学生，充分调动学生学习的主动性，开发他们的创新潜能。古人讲“弟子不必不如师，师也不必贤于弟子”，我们要放下师道尊严的架子，虚心地向学生学习，这样才能真正“教学相长”。其次，《我的战友邱少云》是一篇传统教材，我教了不下十几遍了，但没有提出像黄菲飞这样具有挑战性的问题，说明教师的批判思维意识不够。从另外角度去看，课文写得也不够严密，对有些问题没有交代清楚，例如“为什么大火只烧邱少云而没有烧到‘我’和其他战士？”建议教材修订时给予必要的交代。再次，教师要在课堂上留充分的时间给学生质疑问难，不要让提问走过场，也不要害怕学生提出问题教师回答不了。如果问题出乎教师的意料，可发挥学生群体智慧的力量，让学生回答学生的提问。如果师生均不能给予圆满答案，教师可坦诚地说：“我现在也不能给予满意回答，等课后我们一起查找资料。”这样非但不会降低教师的威信，相反让学生感受到了教师的坦诚和民主，更激发学生课外查找资料的兴趣，更符合时代对教学的要求，甚至比给予现成答案更为巧妙，更为有效。

故事说得真是一波三折、跌宕起伏、抑扬顿挫，把教师们深深地吸引住了，大家跟着我的故事时而欢笑、时而紧张、时而舒缓，原来这就是教学故事啊。

当大家还沉浸在我的故事中时，蔡校长也娓娓地为教师们讲述了一个她在教育学生中的故事：一个有着偷窃行为的孩子连家长都对其丧失了信心，在老师的帮助下是怎样一步步改正了缺点，成为一个好孩子的故事。在蔡校长讲述中大家屏息凝神，被故事中的一个个情节感染了、打动了。

这两则故事讲完后，教师们感同身受，产生强烈的共鸣，如此熟悉的环境、如此亲切的语言，这些就在我们的身边，原来，真实的故事最能打动人，只要大家有一双善于发现的眼睛，就一定能捕捉到很多被我们忽视的故事，我们的情感和智慧无处不在。

校长的故事大大地鼓舞着大家，大家打开了话匣子，你一言我一语，说你说我，说我们自己的故事。于是，会场的气氛热烈、民主，我对于老师们的发言总是认真倾听、详细记录，其间还有不少金点子、好方法……几个小时悄悄流过，我们却浑然不觉。

最后，大家信心满怀地走出会议室，带着一份憧憬、一份热情，大家都认为这个暑假不一般，这个暑假有意义，更相信我们北小人自己的故事会因为散发着情感和智慧而感染着每一个读者！

暑假结束后，老师们纷纷交上了自己精彩的教育故事，有的两篇，有的三篇，最多的写了十几篇。经过筛选润色，江苏人民出版社为我们出版了《情智教育——讲述我们自己的故事》。

现我摘录两则故事献给大家：

反贴画的秘密

王　淼

下节美术课要画动物了，孩子们都很高兴，我让每个人回家后先试着自己画一画喜欢的动物并带来。

课堂上我问他们："昨天的作业有困难吗？"

"有，画了半天总是画得不像。"孩子们直率地说。

"那是你们没掌握方法，干什么事，都要动脑筋，找窍门，画画也一样，让我们一起来研究一种既省事又快捷的画法吧！"

我让孩子们将画好的动物外形沿边线小心地剪下，收上来后，都反贴在黑板上（只留有外轮廓的白纸）。孩子们觉得好奇，老师到底要干什么呢？

"下面我们来猜猜黑板上有哪些小动物？"话音刚落，孩子们已瞪大眼睛，仔细观察起来，不一会儿就高高举起了小手。

"那是长颈鹿，脖子那么长，我一下就能认出了来。"周献坤果然答对了，兴奋的小脸像绽开的花朵。

"我是看到了长耳朵的外形，所以猜一定是小兔。"我将画正过来，也猜对啦！孩子们高兴地拍起手来。

"我觉得这像鼻子的轮廓，又长又弯很明显，可能是大象？"小强边指边分析，他敏锐的观察、正确的判断，赢得了同学们又一阵欢呼声……

转眼，乌龟、兔子、大象、长颈鹿、骆驼这些外形有特点的都“正”了过来，可是黑板上还有一些反贴画就不那么容易看得出来了，孩子们开始焦急起来。

刘睿也要试一试，他跑到黑板前，又认真地辨认了一遍，然后指着一张较有把握的画说：“这像脑袋，圆圆的，上面还长着半圆形的耳朵，下面可能是肚子部分，鼓鼓的……是……是小熊。”

“你确定吗？”我像综艺节目的主持人一样再次询问，现场气氛紧张起来，刘睿点点头，我将画正过来一看，啊！原来是只大青蛙，圆圆的脑袋，大肚皮，那半圆形的也根本不是什么耳朵，那是青蛙的两只大眼睛，还有青蛙的大嘴巴，美丽的花纹，可爱极了，可是从反面看是不会感受到的，大家都哈哈大笑起来。

我不失时机地问道：“反贴画为什么有的能猜出是什么动物，有的却猜不出来呢？你们想一想，相互讨论一下吧！”

孩子们个个兴趣十足，激烈地议论起来……很快，他们便自悟出了答案：画动物关键不是五官，而是要抓住他们的外形特征，更要突出、夸张，大的更大，长的更长，才能使动物的形象栩栩如生……不需要老师再归纳和提醒，他们一下子就理解了本节课的绘画要领，接着我引入了基本形，运用概括法。孩子们抓住了动物的特征，又快又好地画出了动物外形，比起原来画的要生动多啦。

丰盛的午餐

何义田

时间：2004年8月13日中午

地点：北京东路一家雅致的小饭店

人物：孙双金校长和《讲述我们自己的故事》编委会成员

事由：编委会加班吃工作餐

镜头回放：

“我要借你们的头脑使一使”

从学校到饭店要步行10分钟路程，虽然不远，但在35℃高温的大伏天可不那么好受。进入餐厅，孙校长径直来到一张紧挨空调的餐桌前，招呼大家对着风口凉快凉快。坐定，蔡燕副校长把编委会几位老师的工作情况向孙校长作了汇报，赞赏了大家的积极性、主动性。孙校长向大家表示了问候和感谢，接着，他就和我们聊起了年龄来。席上老师多数是70年代出生的，最小的小吴老师1978年出生。孙校长告诉我们他参加工作已经23年了，说那时小吴老师还没有上幼儿园呢。一句话惹得大家哈哈大笑起来。突然，孙校长话锋一转：“年轻人头脑灵活，今天我要借你们的脑子使一使！”大家面面相觑。孙校长接着说：“真巧，今天在座的都是语文老师。我要到广西上课，准备上《三顾茅庐》，你们谁教过这篇课文，说说你们是怎么教的，给我些启发。”说完还以茶代酒敬了我们大家一杯。我们顿时紧张起来，心里嘀咕：这样一位全国著名的特级教师备课还需要我们给他启发？一定是考查我们水平或者看我们对已教的课文能有多少印象，借以分析我们当时教学的严谨程度……我们心里都打起了拨浪鼓。

心直口快的小黄老师故作嗔怪道：“吃饭本是件轻松的事，孙校长的任务可使我们看着眼前的美味佳肴难以下咽喽！”

孙校长真诚地说：“大家别急着回答我，我是真心向大家请教，这篇课文我在家备得总觉得不太满意。别紧张，随便聊聊。”接着，孙校长微笑着和我们聊起了他对《三顾茅庐》教材的研究和教学设想。他说，《三顾茅庐》课文的主旨在一个“诚”字，作为“卧龙”的诸葛孔明，在战乱纷争的年代请他的人一定很多，为什么单单刘备请动了他，靠的就是一个“诚”字。孙校长也坦诚地说出了他不满意的地方，就是觉得内容单薄了些。

看到孙校长如此亲切、坦诚，大家也就没有了什么顾虑，话匣子纷纷打开。蔡校长发表了自己的观点，她说由一篇文章走进一位作家、走进一部作品应该是语文教学永恒的主题；有老师说，可以拓展开来引导学生走进名著中的一个人物，比如说刘备；有老师说，对于一部古典名著中的经典故事，编者将其编入教材，其意图是不是着重要让学生了解读古典名著的基本方法和要求……

谈笑间，教学思想得到了碰撞，对文本的感悟得到了交流。猛然间，从孙校长笑意盈盈的脸上我读到了谦逊，更读到了睿智——这是在吃饭？聊天？亦或是教学研究？也许都是！

谈刘备

吃着菜，喝着饮料，我们继续聊着。我和蒋校长（还有一位杨校长今天不在座）是组织上特意安排到北京东路小学学习锻炼的年轻的副校级领导干部，组织上的期望让我们对于孙校长学校管理方面的言论格外留心。顺着《三顾茅庐》的教学设计，孙校长似乎把话题集中到对刘备的性格特征“仁”的研究上。他给我们生动地描述了《三国演义》中“赵子龙单骑救阿斗”的故事：赵云血染衣袍舍命从曹营救出阿斗，来到刘备面前，刘备做了一个动作，说了一句话，反令赵云热泪盈眶拜伏在刘备面前表示舍命相报其恩情——刘备接过阿斗往草地上一掷说：“为了这小子，几乎折了我一员大将。”正是刘备的“仁”令诸葛亮、关羽、张飞等甘愿为其拼命，现人以刘备的“仁”为管理哲学进行研究。

说者有心，听者动情。孙校长渲染这个故事的良苦用心我们几位副校长和其他中层干部是明白的。其实在和孙校长时间不长的接触过程中，我们无时不感受到他那充满情感和智慧的“仁”的哲学。

“上课如登山”

一年前，第一次听孙校长谈自己的好课标准甚觉形象、客观，他说：“我梦中的课堂，学生小脸通红、小眼发光、小手直举、小嘴常开。”这句浅显易懂、形象生动的描述一度成了许多教师对语文课堂的理想追求。今天，我们有幸先闻他对于语文课堂的又一精彩譬喻——“上课如登山”。他给我们分析“上课”和“登山”二者之间的诸多相关之处：上课如登山，历经艰辛，收获快乐。读书学习的过程需要付出劳动，但思维顿悟、获得信息的快感是无以表达的。上课如登山，移步换景，怡情养性；上课如登山，自找登天路径才有独特感受，练就非凡本领；上课如登山，入其险境方能领略别样洞天，所谓“会当凌绝顶，一览众山小”。

……

唱好三支歌

窗外骄阳似火。吃完饭，我们接着喝茶。知道我们一会儿就将继续投入编辑工作，孙校长当然不忘给大家鼓鼓劲儿。他又一次端起茶杯说：“来，我再敬各位编委一杯，我为大家工作取得的成效而高兴。”虽然饮的不是酒，推杯碰盏，交心置腹，别是一番其乐融融。受孙校长的激励，大家更觉信心十足，七嘴八舌地回顾起这本书从策划、约稿、整理、编辑的过程，共同的一点感受就一个字——“快！”孙校长显然也受到我们的感染，兴致颇高。他伸出了三个手指，用动情的目光扫视了一下大家，说：“做一件事情，要高唱三支歌。第一支是《国际歌》——‘从来都没有什么救世主’，凡事首先靠我们自己；第二支是《敢问路在何方》——‘路在脚下’，没有人会告诉你怎样走才对，勇敢地去探索，去实践，就会走出一条属于自己的路；第三支是《爱拼才会赢》——‘三分靠天命，七分靠打拼，爱拼才会赢’，三分天命是机遇，七分打拼才能抓住机遇，赢得胜利。一个人的发展，一所学校的发展都是这个理！”多么深邃的话语！多么浅显的表白！我们的耳畔似乎已响起了这三曲动人的旋律……

十一、情趣道路上的风景

杨 屹

杨屹，女，1968年生，特级教师，现任山东省青岛市南京路小学校长。曾任青岛市实验小学校长，曾荣获全国模范教师、全国十杰中小学中青年教师提名奖等称号。

1991年在全国第二届小学语文中青年教师教学比赛中荣获一等奖第一名。主要著作有《情趣教学艺术探索》《情趣教学风景线》《杨屹与情趣教育》等。

有位教育家说，童年是一段旅程而不是赛跑。仔细想想，人生又何尝不是如此呢？每个人的生命都是一段旅程，我们手里握着自己选择的单程票，寻找一条属于自己的路。对我而言，教育之路既是最好的，也是最合适的。

小时候就在做的梦

很早就看过《窗边的小豆豆》，并已把它推荐给很多人。有一天去书店，看到黑柳彻子的另两本书（《小时候就在想的事》《小豆豆频道》），忍不住又买了回来。忙里偷闲，读这样的书是一种享受——与其说我喜欢看小豆豆，不如说我在触摸自己童年的影子——每个人的心里，都有一个“小豆豆”。

还记得书中讲到当小豆豆看到售票员手里握着花花绿绿的车票，便打定主意长大要当售票员的时候，我那种发自内心的感同身受：孩子的心思，和我当年好像啊。在我们对这个世界充满好奇的时候，那些曾引发我们想象的人和事，几乎无一例外地勾起我们探寻、模仿的决心。哪怕它的存在只是倏忽而过的瞬间，那瞬间被梦想充塞的狂喜，也足以在未来的某个日子里，引领我们走上一条相伴一生的道路。

小豆豆没有做成售票员，可她做了主持人、演员，在舞台上演绎着形形色色的人生，仿佛她就像自己生命的一段光阴，真的曾那样度过一般。

我的梦想种子的发育结果是，成为了一名小学教师。经常有人问我，当年为什么会选择教师这个职业。答案很简单：喜欢。真的要谢谢我的母亲，她干了一辈子幼儿园教师工作，这使得我有数不清的机会直面形形色色的幼儿园老师。当其他的小朋友还在用充满崇拜、羡慕的眼神注视着那些在他们小小的生命里似乎拥有至高无上“控制权”的老师们的时候，我已经被她们中的一个又一个牵着手唱歌跳舞，或是在她们美丽的裙裾边看着她们说说笑笑了。那真是童年一种特别美好的体验。美丽、温和，还能被那么多小朋友们崇拜，这便是我当年心目中“老师”的含义。正因如此，我从小便对教师有种特殊的好感。说来有意思，在那么多美丽的老师当中，真正引我走上教育之路的，却是母亲单位那个记不得名字、看人时总眯着眼睛的女老师。那时，老师眯着的眼睛对我而言极具魅力。我喜欢她眯着眼看我，那眼神十分亲切、温和。以至于有段时间我一直在偷偷地模仿她。童年的崇拜会有一种说不清道不明的巨大引力，让你毫无防备地爱上某件事情。

我就在老师眯着的眼睛里爱上了教育。虽然长大后我才知道，当时的老师之所以眯着眼，是因为眼睛近视，看不清东西。可我也由此知道，在孩子眼里，那眯着的眼睛里亲切、温和的眼神，就是爱。

想想真是幸运，在这个选择多到令人眼花缭乱的世界上，能有几个人可以开开心心地把从小就在做的梦一直延续下去呢？每想到这个问题我就觉得自己真的算是命运的宠儿了。小豆豆可以在舞台上一次又一次把曾经梦想的人生变成现实中的体验；而我，可以带着许许多多的孩子，去播种属于他们也属于我的梦的种子。

在师范的日子里

我们这一代人，接触教育还真是早。十五六岁，自己还是个孩子的时候，就已经要开始学习怎样去教孩子了。人随着年龄的增长会渐渐学会反思，可不管怎样反思，我都觉得那种经历无论对我们还是对教育而言，都未尝不是件好事。真的，和现在进入小学的那些本科生甚至是研究生相比，我们那时的知识结构实在粗浅，更谈不上见识与阅历。但事实上，这个世界上几乎所有的事情都是一把双刃剑，只看你如何去看待它。那时的我们的确还很稚嫩，可那正意味着，在还相信理想的年纪，我们真诚而自觉地选择了教育。

选择师范学校，对我们而言，单纯到没有任何附加值。毕业后会分到小学做老师，成为不折不扣的孩子王，这是我们从一进校就被设定好的道路。就像是站在起点的运动员，仰起头就能眺望自己的未来。写好结局的路，注定不会有传奇。但一样的路不一样的人，还是走出了不一样的风景。

那时的我，真的一门心思想当个好老师。入学第一天，便将父亲刚劲有力的临行赠言放入铅笔盒中，为的是让“宝剑锋从磨砺出，梅花香自苦寒来”的话语能时时激励着自己。每晚宿舍熄灯后总要打着手电在被窝里再复习会儿功课，最傲人的一次年度成绩是进入级部前三名。母亲当了一辈子幼儿教师，从她那里我知道了要做一个好老师，除了具备相应的知识，还应该懂得教育学、心理学。因此，除了中师应有的知识储备，我有意识地给自己加了点功课：多看一点有关心理学、教学法的书。毕竟还只是中学生的年纪，接触理论性强的东西难免抵触，可一想到将来我的学生可能会因此而对我心生崇拜，那些多少有些枯燥的课程我也硬着头皮啃下来了。

和忙碌的准备高考的同龄人相比，中师生活是惬意和多彩的。我们的老师有的学识渊博，有的丰富幽默，有的还是名校毕业的高材生。课堂上他们常常妙语连珠、旁征博引，课余时间则带着我们这些远离父母的学生们打球、联欢、开展社团活动。我就是从那时起重拾从小就喜爱的绘画的，从参加美术兴趣小组的那一天开始，我的生命中又增添了充满色彩的一笔。我把大量的课余时间都投入到了美术兴趣小组的活动中去，画静物，写生，办板报，乐在其中。兴趣小组内同学们的绘画起点并不统一，在美术老师的点拨下，能否画好或提高得快更多地在于自己的努力。我不服输的个性在那段时间暴露无遗。为了美术老师赞赏的目光和周围同学佩服的表情，每次小组活动我经常最后一个离开画室，甚至连周末回家都忍不住要画上几笔。为了老师告诉我们的一句话——“多临摹速写可以抓形准”，我甚至练了整整一个暑假，几十天时间几乎足不出户画了厚厚几大本，还拜比我专业不了多少的父亲为老师，时不时地请教他一番。说那是上进心也好，说是年轻的虚荣也罢，总之到师范毕业的时候，绘画居然成了和学业同样令我骄傲的“资本”。

正因如此，作为应届优秀毕业生，我走进青岛江苏路小学，成了一名老师。直到今天我仍然认为，自己能在情趣教育的世界里一展身手，中师三年的储备，功不可没。

情趣道路上的风景

二十多年前的那个早晨，直到今天我还记得清清楚楚：那一天，18岁的我，走出了师范校门，走进了这所百年老校。18岁，正是做梦的年纪，怀揣着绚丽多彩的梦幻，我就是那样一路欢歌，一路笑语，蹦蹦跳跳地开始了我的教师生涯。抚摸着校园中央那棵历经百年沧桑却又生机勃勃的老榉树，环视着这个文化底蕴丰厚却又风华正茂，哺育了一代又一代、一代胜过一代的人才的摇篮，我在心里告诉自己：杨屹，你的教学生涯开始了。就在那天，很少写日记的我在用心挑选的本子上写下了这样几行字：“……我要用真情为所有的学生打点好人生旅程的行装，让他们从这里挺胸昂头地踏上征程，扬帆远航……”这算是年轻的誓言吧。虽然那时的我并不知道，未来的自己究竟会走出一条怎样的路。

人们都说，万事开头难。对于要强的我而言，教育之路的“开头”格外难。尽管实习时也带过学生，讲过课，可那时毕竟有实习老师带着，出了问题总有人“打补丁”。现在不一样了——我成了几十个孩子眼中不折不扣的孩子王，课上课下学生的所有问题一概要独立解决，真有点应接不暇。学生管理对我而言尚不是太大的问题，自己也是个孩子嘛，知道他们想什么，可上起课来就没那么轻松了。刚工作那会我教低年级语文课。课间和我跳皮筋亲得不得了的孩子，上课却在玩橡皮、尺子。当音乐、美术老师与我换课时，学生们居然欢呼雀跃，如同放大假似的。是什么地方出问题了呢？为什么我认认真真备的课，辛辛苦苦讲的课还不如橡皮有意思？为什么他们不喜欢一个像朋友一样的老师给他们上语文课？

那段时间我真的很苦恼，甚至多少有些怀疑自己做教师的能力。真的，我多么希望我的学生会期待着我的每一堂课，期待着我走上讲台的那一刻，多么希望我的课能像磁石一样吸引着学生！谁也没想到，事情的转机，居然来源于一次不大不小的失误。那天，由于课间跟一个学生谈心，我几乎是踩着铃声进教室的。讲起课来，才发现自己因为匆忙而忘记带教学挂图了。回办公室拿是来不及了，看书上的图吧，本来学生注意力就不集中，再图文一对照，岂不更乱了套。不得已，我抓起彩色粉笔，凭着曾是学校美术小组成员、黑板报组长的功底，将文中所描绘的粉红的桃花、低垂的柳枝、归来的燕子、睡醒的青蛙……一一画在黑板上，放下粉笔，我突然意识到，平日在我转身写字时总忍不住窃窃私语的几个“小淘气”，今天居然一点声音都没有。回过头来继续讲课，小家伙们的精神空前集中，图文对照理解课文内容，孩子们都很开心。我如获至宝，想不到，简单的几笔简笔画，就能吸引住学生的目光！后面的日子里，我逢课必画，节节不落，但好景不长，没多久学生对我的简笔画就似乎司空见惯、不以为然了。为了吸引学生像之前一样学得开心、投入，我又拾起了心理学，并从中找到了答案。心理学家认为，儿童是用形象、色彩、声音思维。于是我想到了用现画简笔画和贴事与先画好的色彩艳丽的图片相结合的方式。上课时，不是一股脑地将画贴出来，而是随课文内容的深入，逐步将它们呈现在学生面前，文到画到，文到图到，不断地吸引学生的注意力。课文插图中有的我有，课文插图中没有的我也有。在我的努力下，学生学习课文，如同在阅读趣味盎然的连环画，果然兴致很高。而且，为了避免学生再次对我的法宝产生"审美疲劳"，还未等学生厌倦，我就开始了更深入的思考：小学生平时喜欢连环画，似乎更钟情于动画片，活动的画面应当更易于激发学生学习的兴趣。基于这样的考虑我又试着将课文中一幅幅精美的插图制作成动态的画面，小白兔能挎起篮子，迈开大步往家跑；懒狮子听了小树的话慢慢直起身子，睁开眼睛；骆驼低下头，跪下前腿往门里钻。渐渐地，当我带着一堆堆教具走进教室时，学生们喜笑颜开。他们甚至跑上讲台，偷偷地掀开教具的一角，只为满足一下小小的好奇心。看着学生们开心，我暗暗给自己鼓劲儿：为了上好每节课，为了让孩子们学得更有兴趣，就是花费再多的时间，也值得啊。

直到现在，一提起《狼和小羊》，当年的同事还免不了一番打趣。的确，从教多年，这篇文章讲了多遍，可当年制作教具的情形却始终清晰如昨。那天下午，我在办公室里制作《狼和小羊》一课的教具，为了将小羊的模样由原先狼说它弄脏了溪水因吃惊，眼睁得圆溜溜的，嘴张得大大的样子，而变换成一次次反驳不成后一副无辜可怜的模样，我一次次修改，一遍遍返工，总难达到预想的效果。一开始，请办公室老师帮我参谋参谋，大家还都围过来指指点点。随着时间的推移，当我不厌其烦地修改着，一次次变换着小羊的表情，并询问他们可不可怜时，老师们只是抬头瞟一眼，无奈地摇摇头，说"不可怜"。最后，当我把折腾了近两个小时的小羊再次举起来，对大家说："嗨，再帮着看看，现在变可怜了吗？"同级部的老师看着我说："小羊不可怜，你很可怜"。

就这样，短短几年的时间，我先后制作了近百个精美的教具，在实践中，我深深地体会到，"情趣是学生学习最好的老师"。它能让孩子产生自主学习的内驱力。随着思考的深入，我将激发学生学习兴趣，诱导学生情感体验的手段不断拓展，如以读悟情、以说激趣、以画引趣、以演动情。开始这多种手段的运用还更多地停留在活跃课堂气氛上面，停留在花样不断翻新上面，但再具新意的教学手段都应为达到教学目的服务。为力图摆脱形式上的热热闹闹，针对每一篇课文的特点，我总是要求自己多设计几套方案，从中选择最恰当的方式突破难点，突出重点，真正让学生在情境交融的读、说、画、演中，在民主、和谐的学习氛围中获取知识，发展智力，培养能力。

《回声》一课，青蛙妈妈投石击水，借水波讲清回声的原理是本课的重、难点，而学生只有确切理解了水波荡去又荡回的现象，才会经想象、思考准确地理解回声。可对于水波荡漾的样子，学生平时虽不难看到，却未必仔细观察过。如何帮助学生直观、形象地理解，我考虑了三种方案，一是画简笔画，这种办法简单快捷；二是把水波荡漾的样子录下来，于是就有了那个周日，我一个人扛着摄像机，在公园湖边，捡起石头扔进水里，再把水波荡漾的样子拍摄下来的镜头；三是将当时还是新生事物的信息技术引入课堂，采用课件的形式展示出来。我联系了在电脑公司工作的一位朋友，他答应在下班后的业余时间帮忙。为了这个方案，我只能吃完饭放下碗筷，抱着两岁的儿子走出温暖的小家，去朋友的公司让他帮我完成设计意图。

三种方案当然只能选择一种。最终我还是觉得录像机录下来的更真切，更容易与学生的日常生活经验建立联系。为制作课件而付出的两个晚上算是白白丢掉了，可我却像科研人员攻克了难题一样兴奋——能找到最合适的方法，再付出几个晚上又何妨?

不得不承认，任何事情做久了，都会变成一种习惯。于我而言，在日常工作中，精心地准备每一节课已经成了习惯。从整体的宏观把握，到细微之处的深入思考；从背景资料的广泛了解，到重难点突破的多项选择，充分的备课，让我得以像一个称职的导航者，将在辽阔江中自由行驶的船只引向正确的航道，面对任何风云变换，都从容不迫，应付自如。

在多年的摸索与探究中，我逐渐认识到任何优秀的教育教学经验都必须有坚实的理论基础，因为只有在先进的教育理念的指导下，教师选择教学策略，才是遵循学生身心发展规律和语文学习规律的。于是我加强了教育理论的学习，在理论与实践的不断结合中，建立在非智力因素理论和发展心理学关于儿童学习的动机理论基础上的“情趣教学法”逐渐形成。运用“情趣教学法”教学语文，一个个拼音字母、一段段文字，甚至一个个标点符号，都是具有灵性、鲜活的，是神采飞扬、景象万千的。它将学生引入了语文学习的艺术殿堂，全面倾注着我的真情，播撒着我“润物细无声”的人文关怀。而充满激情的读、思维敏捷的说、形象生动的画、动之以情的演，则让学生迈入真情充盈的“大语文”平台，自由自在地发展着……

在我提供给学生的这张“大语文”平台上，学生有了充足的时间、宽阔的空间、充分的发展自由。假期里，已经上大学的学生们约我聚会，席间谈起他们自编、自导、自演古装课本剧《三国演义》中的《舌战群儒》和《空城计》的情境，还是一样的兴味盎然。那是2000年山东省语文教学年会，我校负责提供语文综合实践活动现场。作为语文教师的我承担了相关实践活动展示的任务，经过周密考虑，我决定把这一难得的机会交给学生。

那天，我把情况向全班学生作了说明，并说：“我们有许多条路可以选择，比如准备个背诵诗文、阅览图书、读书笔记展览、现场快速作文什么的，也能说得过去，也费不了多少事，但我总感觉这不是我们班的风格。我们六（1）班学生真正的才华怎样才能得到全面展示呢？如何做，老师还没想好，同学们讨论决定吧。有一点我敢肯定，不管做什么，你们都能够做得很出色！”

我短短的几句话，孩子们却吵吵嚷嚷地争论了好几天，直到有一天他们郑重向我宣布，将全员参与表演古装课本剧。天哪，这谈何容易，他们该不会是把这当成二年级排演的《小猫钓鱼》之类的童话剧了吧。尽管我捏着一把冷汗，担心得要命，但有言在先，决定权在他们手里攥着，我只能自己干着急。

学生们却干得有滋有味。先是采用公开竞争的方式，确定了两个剧组的总导演、总策划，然后由两个剧组分头行动。当天，总导演、总策划身边就围上了一群总编剧、总制片、副总导演、副总策划，等等，似乎真没我什么事了。可好景不长，第二天中午，《舌战群儒》剧组副总策划刘宇从教室外进来趴下就哭，说什么“这活没法干了，我中午不顾吃饭拉这个参加，拉那个参加，都不听我的，全跑操场玩去了。”

终于轮到我出场了。“哭有什么用，要做成一件事，困难总是有的，这只是刚刚开始，遇到困难最好的办法不是哭，而是想主意去克服，去解决。”这番话估计刘宇不一定有什么感触，不过《空城计》剧组却心领神会，下午他们组招聘启事就张贴了出来，招聘人员从主要演员诸葛亮、司马懿到报马、书童，从服装、道具到化妆、音响、场记。每个人物旁边还注明了应聘条件和要求，如书童：个头矮小，身体瘦弱的女生2名；士兵：身材高大魁梧，男女不限等。启示一贴，擅长弹奏古筝的李漠同学就一副舍我其谁的姿态夺得《空城计》中“诸葛亮”这一角色。招聘启事前聚着人，报名处围着人，我也有幸接到了该剧组总策划冉辰同学为我签发的总顾问的聘书。我晃着手里的聘书，拍着刘宇的肩膀说：“怎么样，受到启发了吧！”在整个活动中，我更多地担当了协调者、合作者和引导者的角色。

在我的启发下，编剧找来《三国演义》原著，借来《三国演义》电视剧录像带，甚至还拿来了奶奶的京剧录音带，他们仿照课本中《奴隶英雄》写出了之乎者也文言味儿挺浓的剧本，并找专人打印出来。剧本、演员确定后，两个剧组开始比着排练。他们一字一句，一招一式，咿咿呀呀，抬胳膊踢腿，练得有板有眼。这期间还闹出不少笑话。一天，张鼎新同学的妈妈找到我，说：“杨老师，鼎新在学校没出什么问题吧，我觉得有点儿不大对劲。”我问：“怎么啦？”她说：“这些天晚上，他不好好睡觉，盖着被子扇扇子，嘴里还嘟嘟哝哝念念有词，问他也不理我。”我急忙找来张鼎新一问，才知道人家孩子是拿蒲扇当羽扇，抓紧点滴时间揣摩《舌战群儒》中的诸葛亮这个人物呢。

与此同时两剧组的服装、道具们也忙开了，他们去剧团，去图书馆，拜访艺术家，查阅资料，考证三国时期的服装、头饰、兵器，能借的借，不能借的边学边制作。一次彩排，扮演士兵的孙梦瑜未穿演出服在替别人化妆，一问，才知道她把这次上台机会让给了后台剧组人员，她在日记中说：“在班级这个大花园里，我当个绿叶，陪衬台上的红花同样感到高兴，感到自己的重要。”抓住这个机会，我随即召开了“绿叶精神”主题班会。这以后，学生们在排练中，更多想到的是他人和集体。每次彩排，服装组的同学总是要拿几张大纸壳，以防哪位同学的头饰坏了或忘带了，以便现场制作。两个剧组中两个诸葛亮，也由比着排练变为了互相切磋。

历经一个月的演练，这个课本剧在省青语会年会上演出取得了巨大成功，引起强烈的反响。演出结束了，可这堂“语文课”却远没“下课”。学生们又开设了“名著演出自由论坛”，演讲、辩论、质疑、探讨……看似仅仅是一次课本剧的演出，在整个排演过程中，学生搜集信息、处理信息、阅读、表达、组织、合作、交往等能力得到全面发展和提高。在《舌战群儒》剧组身兼两职的张鼎新同学还介绍了他在课堂上根本体验不到的独特经历：那天青岛市的市长看完孩子们的演出后，幽默地问他："诸葛亮，你能背诵你的《出师表》吗？"没想到张鼎新从容地说："当然能！当年就是我吟诵给刘后主听的呢。"当他声情并茂地背了下来时，市长高兴得夸他是个"真诸葛亮"……

张鼎新同学给市长背《出师表》时，我也在现场。看着这个曾经腼腆怯场，让老师放心不下的学生如此自信，作为启蒙老师的我，怎能不在心底为之喝彩，并深深感到欣慰呢！

恋家的女人

将这段有温度的文字献给我的父母、丈夫和儿子，以表达我内心深处对他们的爱意。

其实，我从小就是个恋家的女孩。上幼儿园了，虽然那也是妈妈上班的地方，但总是哭着、闹着要回家。师范三年，每天会数着指头盼周六，因为想家。甚至要毕业的时候，好多同学已经适应了住校生活，可以连续一个月不回去。我可不行，周周回家，从未间断过。

从小，家对于我而言，是温暖，是温情，是呵护，是疼爱。在那个年代，我家是一个不大的地方，生活和许多家庭一样，也并不富裕。但儿时的记忆总像冬日里一盏橘色的灯，在暖暖地萦绕着我。

记得我小时候的每个周日，都是在阵阵饭食的香气中醒来的，爸爸、妈妈有时会烙糖饼，有时会烙葱油饼。迷迷糊糊中总看到他们说说笑笑地忙碌着，一个在面板上做，一个守着锅在烤，我和妹妹此时便会从被窝里伸出小脑袋，趴在床边等。我们知道，当冒着热气、两面焦黄的饼出锅的时候，爸妈就会招呼我俩起床了。

物资匮乏时代的孩子，好像对吃特别情有独钟。爸妈总是把仅有的一点东西变着花样做出来，什么琥珀花生米，什么茄子素"鸡腿"，让我现在还没搞明白的是，爸爸怎会把一团面用水浸泡后，炸出一个个面泡泡来，好吃又好玩。我现在还钟爱着的咸鸭蛋，在当时是要一个切成四瓣，全家分吃的。每次爸爸好像都切不准，总是两块蛋黄多，两块蛋黄少，多的两块必定会放在我们姐妹面前。吃起来爸妈和我们也不一样，我们是先从流油的咸蛋黄开吃，他们却从蛋清开始，像农村包围城市一样，绕着吃，最后把蛋壳中间剩下的小半个蛋黄又推到早已吃完的我们面前。夏天出去玩，全家每人会买一支冰棍儿，我和妹妹吃完后，都会接到他们递过来的另外半根。每次吃好东西爸妈似乎都比我俩慢。所以现在，我最喜欢做的一件事是带着父母出去吃东西，只要我吃过的，必定要让他们尝尝。每当看着霜染鬓发的他们在细细品尝，都会勾起我儿时的回忆。

那时，我和妹妹是邻里间穿着最漂亮的孩子，因为工休时的妈妈不是端着毛衣针，就是趴在缝纫机上。毛衣今年加点红线织成条纹的，明年拆了加点黄线织成梅花图案的；衣服上今天绣个长颈鹿，明天匝个小花边。记得有一次在马路上，妈妈跟着一个小姑娘走了好远，因为她的花裙子式样很别致，几天后，妈妈就将同样款式的裙子做出来，穿在了我身上。

我和妹妹童年的生活更是丰富多彩的。爸爸是当时并不多见的20世纪50年代大学生，他会变着法儿地逗我们玩，节假日或赶海捉螃蟹，或进书店淘书，或到公园野餐，或开家庭故事会。每年暑假的夜晚是最令我们期待的，晚饭后，爸爸会将一张大凉席铺在屋顶的平台上，妈妈会拿来几个热腾腾的苞米，我和妹妹则倚靠在爸妈的身边，边吃边听爸爸讲星星的故事。爸爸本身就是学气象出身的，又在部队气象台工作多年，看星象，观云图，讲传说，常常会让我们如痴如醉。

恋家的小女孩长大了，到了谈婚论嫁的年龄，幸运的是，找到了一个文质彬彬、儒雅帅气的研究生。我要和我所爱的人用爱去营造一个心中的家园。

爱是细节，因为爱所以用心经营。

愿意老公每天推开家门的那一刻，呈现在他面前的永远是一个宁静、温馨的画面，因而喜欢花时间去布置自己的家。虽然刚结婚时是仅有40平方米的小家。我会今天把衣柜拖到这儿，过不了几天又把书桌挪到那儿，每次进行乾坤大挪移时，都是自己偷偷完成，为的是给回家的老公一个惊喜。有一次他调侃说：“你只要不把煤气灶搬到卫生间，我就没什么可惊讶的！”现在搬到新家，我更是花样层出不穷。窗帘、桌布及坐垫是要随季节变化而变换的。如果一束鲜花中的一朵落在了桌子上，请千万别帮忙插回花瓶里，那是我按照静物摆放的方法，特意让它随意散落的。努力让自己的家在任何一个取景框里都呈现出别样的景致。这样的家，老公喜欢，儿子喜欢，我就开心。

此外，总是熨烫整齐的衬衣，出差行李里悄悄放进去的润喉糖，早餐桌上的温情提示条，会让家成为老公倾心依恋的心灵栖息地。

爱是责任，因为爱所以不断求索。

喜欢舒婷的诗《致橡树》。面对在事业上卓有建树的老公，我决不会停歇自己追求事业的脚步，曾把这首诗读给老公听："……我必须是你近旁的一株木棉，作为树的形象和你站在一起。根，紧握在地下；叶，相触在云里。……我们分担寒潮、风雷、霹雳；我们共享雾霭、流岚、虹霓。仿佛永远分离，却又终身相依。……爱——不仅爱你伟岸的身躯，也爱你坚持的位置，足下的土地。"我说，我要做那株木棉，好吗？老公笑着说，当然，比翼齐飞、相依相伴。

经常对儿子说："爸爸努力工作，不让全家人操心；妈妈努力工作，不让全家人操心；你要好好学习，也不让我们操心。大家都各自承担起做爸爸、妈妈和儿子的责任，好吗？"儿子懂事地点点头，从小到大，他的学习都是名列前茅，真的没让我们操过什么心。

爱是付出，因为爱所以无怨无悔。

随着老公学术水平的不断提高，他在所研究领域已成为颇具影响力的科学家，工作也随之越来越忙。我尽力给予他生活上无微不至的照顾，并打点好家里方方面面的事情，不让他分心。

倾注心血更多些的，当然是在宝贝儿子身上。不管多忙多累，我坚持自己带他。一天下班后，暴雨还在不停地下着。托人从幼儿园接来的儿子在办公室里等我到天擦黑。离开学校的时候，马路上几乎不见行人的踪迹，过往的车辆开着闪亮的车灯从我们身边疾驰而过，透过雨幕，看不到一辆空出租车。瓢泼般的雨仿佛可以穿透那把小小的雨伞，没多久，我和儿子就被淋湿了。就这样等下去，还不知要到什么时候，从身边居民楼透出的灯光中，似乎让人看到热腾腾的饭菜，儿子一定饿了。"儿子，我们来当红军战士，今天像红军那样来个两万五千里长征，怎么样？"儿子黯淡的眼睛闪亮起来，连连点头。当时，电视台正在热播《长征》，儿子是忠实的观众，每集的主题歌，他都是和剧中主唱合唱的。"走啊！爬雪山了！"儿子挽起我的胳臂，迈着大步往前走。风夹杂着雨点肆虐地砸在我们的脸上，但儿子却沉醉于与恶劣环境的搏斗中。“注意，前面有沼泽！”我大声提醒道，雨水和积水在我们面前形成一个大大的水坑。“不怕，我们能过去！”四岁的儿子像个小红军一样坚定地说。我们把脚勇敢地踩向水洼，积水没过我的脚背，几乎没过儿子的小腿，我们并未退缩，一步一步往前趟，还大声唱起了《长征》中的片首曲，“红军不怕远征难，万水千山只等闲……”不知走了多久，终于到家了，当落汤鸡一样的我们踏进家门的时候，两位“战士”紧紧握手，欢庆胜利。

平日里，“情趣教学”所倡导的灵活多样的学习方法，常常会不经意间用在儿子身上。一天晚上，已近8点，儿子突然说，第二天学校进行识字考级，那天老师模拟测查，他还有将近20个字不认识。儿子总是8点半睡觉，如何要让一个一年级的孩子在半个小时的时间牢固识记20个生字，这可得好好考虑考虑。对了，儿子愿意打扑克，今晚我就陪他玩一把识字扑克。我迅速找来硬纸片，在一面写上1、2、3等扑克的编号，一面将要认的字一一写上，并调动所有的创造力设计出扑克牌的玩法：一次出1张，第一步先读准生字字音，第二步将扑克翻过来比大小。一听打扑克，小家伙来了劲头，开始，字的读音还要我提醒，到后来，字读准了，睡觉的时间到了，还不算完，一遍一遍地说：“妈妈，再打一把，再打一把。”不用说，第二天，儿子的生字测查当然顺利过关。每天上下学的道路，都会被我们划分为“计算路”“观察院”“认字空间”，我们经常是边走边看，边走边记，边走边玩。

有时在想：辛劳付出的本身是沉甸甸的，可“爱”却把它变成了甜蜜的负担。

对深爱的父母，我要做一个能为他们分忧、令他们自豪的女儿；对深爱的丈夫，我要做一个温柔体贴、通情达理的妻子；对深爱的儿子，我要做一个朋友般知心、导师般引导人生路的母亲。

记得有一个周末，我像往常一样带着孩子住在婆婆家。晚上11点多原说加班的老公打回电话说，晚上不回家了，领人通宵赶课题，第二天一早去北京答辩。我放心不下他的身体，就煮了牛奶麦片粥，带上一本书去了他单位。那天，先生加了一夜班，我就坐在他的办公室里陪了他一夜。陪伴我的，是一本《教育心理学》。陪读之后送老公去了飞机场，我又匆匆赶到婆婆家找儿子，因为我答应过，我的星期天属于儿子，上午要陪他看电影，下午要陪他游泳。看完电影、游完泳，我几乎睁不开眼了。看着我疲惫的样子，儿子懂事地说："妈妈，我在您心中第一重要，我真幸福！"我想，小家伙说得对极了，我就是要让爱人因在我心中重要而幸福，而有所建树；让儿子因在我心中重要而幸福，而懂事明理。

爱是沉醉，因为爱所以神采飞扬。

最陶然于这样的家庭场景，我在厨房里忙碌着，老公和儿子靠在沙发上看着球赛。丰盛的晚饭摆上餐桌，我招呼正看得入迷的爷俩吃饭，全家人其乐融融地围坐一起，我边吃边享受着他们对我厨艺的赞美，欣赏着他们大快朵颐的模样。

我还心醉于这样的时刻：

散步的时候，老公轻轻地牵起我的手。我相信"执子之手，与子偕老"的约定。

从超市出来的时候，儿子拿起最重的购物袋。我知道儿子心里也在牵挂着妈妈。

出去旅游，两位高高大大的"帅哥"，每人都背着重重的旅行包，夹在中间的我，耳边挂着随身听，只需一左一右地挽起他们的胳膊。

让我来做裁判，评断一下这爷俩谁的笑话可以让我笑得更甜。

只要老公在身边，不论我在做家务、品咖啡，还是挑选衣服，我总会感到他那双欣赏、爱恋的目光跟随我的左右。

只要儿子在身边，这个已1米8的阳光大男孩儿总会"老妈，老妈"地叫着，有一搭没一搭地跟你说这说那。

和儿子朋友般的交谈，与老公说不完的悄悄话……

所有这一切一切，这些属于家庭的温馨舒适，属于我的宁静惬意都令我沉醉，使我神往。

迟到的作业

有年轻老师问我："怎样才能和学生建立深厚的感情？"

我说："让你的每个学生都认为，他是你最喜欢的孩子。"

爱不是说出来的，是做出来的。

那年春天，我们班转来一个叫季伟的男同学。那真是一个人们眼里很特殊的孩子。举个例子，一个阳光特别好的早晨，我在给学生们朗读一篇精心挑选的散文，别的孩子听得入了迷，季伟坐在后排，先是不以为然，后来干脆吹起了口哨。这个不和谐的音符引得学生们有的怒目，有的嬉笑，有的交头接耳，原本秩序井然的教室很快就乱了套。考虑到季伟刚转来，我对他的情况没有过多过细的了解，就没有批评他，而是笑着对同学们说：这本来就是一篇美不胜收的散文，又加上配音，简直成了配乐朗诵，显得更美了。可是，季伟根本不买我的账，依然坐在后面把头摇来晃去，一副不屑的表情。这以后我留意观察才发现，这个孩子的问题的确很多：上课时，甭说手里有东西，就是没有东西，10个指头就能玩半天；做作业丢三落四，掐头去尾；每次值日，不是迟到就是干脆溜掉；上课铃响他回位的时候，不是把这个同学撞个趔趄，就是拧那个同学一把，告状的同学时时有。有一次，他妈妈气愤地告诉我，他家的表老是不准，原来他为了减少学习时间，偷偷往后拨表，且乐此不疲，要不就回家把课堂上老师布置的作业撕掉，自己编点极其简单的作业装模作样地很快完成。看着季伟的表现，我既着急又心疼：季伟呀季伟，你一个虎头虎脑、壮壮实实的男孩儿，怎么会成今天这个样子呢！

不管他有多少问题，我还是想尽我所能帮帮他。一天中午，我发现季伟一个人在校园里闲逛，就把他叫到办公室里。我指指办公桌上的生字本说："季伟，老师太忙了，这些生字本下午要发下去，可到现在老师也没有批改完，你能帮帮我吗？"他看了看我，勉强答应了。我说我们俩合作，你只批对错，等级由我来写，因为我要最后把他批改的再检查一遍。就这样我们一直批改到上课。上课铃响了，我让季伟抱着生字本走在前面，我跟在后面。进了教室，我搂着季伟的肩膀对全班同学说："你们知道吗？今天中午，季伟同学牺牲了休息时间，和老师一起给大家批改了生字本。"在同学们的掌声里，季伟脸红了，这次回位的途中没有再推搡同学。我看在眼里喜在心上。讲完了课，布置了作业，我就慢慢地踱到季伟的身边，对连作业本也没拿出来的季伟说："你今天表现真好，老师、同学们都感谢你。你能把今天的作业认真写完那就更好了。"谁知季伟并不领情，白了我一眼说："不写。"我说："你不写作业，以后老师就不能请你帮我批作业了。""不帮就不帮。"这次他连瞧都不瞧我，把头扭在一边，不再理我。当时我窘极了，简直下不了台，恨不得狠狠地训他一顿。可转念一想：也许，是我自己太性急了。的确，当一个孩子用这种我行我素的"逆反"行为为自己塑成坚硬的“外壳”，想方设法引起老师、同学的注意与在乎，找到一点点可怜的自尊，他曾经受过的该是怎样的一种伤害和痛苦！想用一次表扬就改变一个学生，可能吗？最让我犯愁的是，季伟的家长也对他失去了信心。季伟转来后开第一次家长会，他的父母都来了。会前有位家长和他们交谈，当这位家长知道他们的身份，竟赶忙闪到一边，惊讶地大声说：“原来你们就是那个季伟的家长呀！”家长因孩子自尊受到了伤害，回家就把季伟狠揍了一顿，表示不再来开家长会，他的妈妈对我说：“杨老师，我们丢不起这个人。”那一刻，我的心特别沉重。从那时起，季伟成了我日夜的牵挂。

一个周末，我发现季伟非常想看一套在班内流行的图书《哈里·波特》，跟几位同学借都没有借到，一副很无奈的样子。我心里有了主意。课间，我悄悄塞给他一张纸条：“星期一老师送你一套《哈里·波特》。”他看了一眼，没有什么反应。那恰恰就是我陪爱人熬了一通宵，第二天又陪儿子看电影、游泳，几乎累得睁不开眼的那个周末。可也就是儿子那句“妈妈，我在您心中这么重要，我真幸福呀！”提醒了我：为什么我不能让季伟因为在我心中重要而幸福，而转化呢？我强打精神，领儿子绕道去书城买上了那套《哈里·波特》。星期一课间，当我把一套崭新的《哈里·波特》送给季伟的时候，他捧着书，吃惊地望了我很久。当天的语文课，季伟虽然还是没有认真听讲，但也没有打闹扰乱别人，只是一直低头端详着他心仪已久的《哈里·波特》。

季伟的情况刚刚有了一点转机，我却接到了去华东师范大学进修的通知。临行前我对接替我的同事交代最多的就是季伟。我不厌其烦地嘱咐同事，对待季伟一定要耐心再耐心，在他身上要等一等再等一等……在华东师大的几个月里，学习特别紧张，我却一连给季伟写了3封信，只是为了告诉他我的惦念与期盼。既然和季伟面对面很难交流、沟通，那利用这个时机写信倒也不失为一个办法。话虽这样说，季伟的沉默还是让我感到很不安——他一直没给我回信。临近结业了，导师们一直夸我学习成绩优异，尤其对后进生心理疏导校正有独到见解，可喜可贺。面对导师们的赞美，我却高兴不起来，老一个劲儿地扪心自问：在季伟的问题上，我真的合格了吗？直到离校的前几天，我终于盼来了季伟的一封信，这可是一封千呼万唤始出来的信啊！这个不愿意说话的孩子在信里说了很多。他说，这期间他虽然处在不愿回家，不愿见老师、同学的尴尬“困境”，却仍坚持背着书包上学，为的就是当着全班同学的面收到我的信，看一看他在我心中是否重要，我心里是不是真有他。当他一连收到3封信时，他偷偷地哭了。在信中，他终于说出了我爱人说过、我儿子说过的那句话：“老师，我在您心中这样重要，我真幸福！”随信寄来的，还有一份虽然还有错但书写很认真的作业，让我批改。握着季伟的作业，我激动地在校园里走了很久，几次想叩开导师的家门，对导师说：老师，我真的合格了！

宝贝，一路走好

从华东师大回归学校，正值我从一年级带到六年级这个班要毕业离校。那段日子，心里说不出是什么滋味。这样60几个孩子，我眼看着他们从一群围在老师身边奶声奶气说话的小不点儿到如今变成或亭亭玉立或高大挺拔的少年。我也从弯下腰跟他们说话，变成了在有些时候不得不仰着脖子看他们。6年，2000多个日日夜夜，和这班孩子们朝夕相处，在每个清晨看到他们都已经成了习惯，突然分开，我怎么舍得！

好在毕业考试的紧张或多或少地分散了我的注意力。复习的沉默似乎也因为即将到来的分别而显得有了一些特别的意味。孩子们的毕业成绩意料之中地令人满意，我也长舒了一口气：毕竟，我希望他们能用自己的努力，为六年的学习生涯，交上一份满意的答卷。

分别的时刻终于来到了。告别的聚会是孩子们自己组织的，我不是不想参与，而是不敢参与。平生第一次，我那么希望躲在角落里，做这个集体的旁观者。不是主角，便体会不到分别时最深切的伤感。一个多小时的时间里，我一直坐在教室的一角，不敢抬头，不敢说话，生怕控制不住自己的情感。心里，是一个个熟悉到不能够再熟悉的学生的名字。耳边，是学生们一遍又一遍哼唱的《在老师的身边》：“自从踏进学校的门槛，我们就生活在老师身边，从一个爱哭的孩子，成长为一个有知识的少年……”

没有意料之外的结局，孩子们哽咽得唱不下去，只有一个劲儿地喊：“杨老师，我们永远想念您！杨老师，我们永远爱您！”我那脆弱的不堪一击的伪装的坚强，也在孩子们喊声中彻底崩溃。被孩子们簇拥到讲台上，我这个在他们面前“喋喋不休”的讲了六年的老师却失语了。孩子们让我一定要说几句话。可是孩子们，我说什么呢，除了泪水，还有什么更能表达我此刻的感受。天知道这泪水里究竟交叠了多么复杂的情感，以至于我感受到自己语言的苍白与无力。从教多年，我有了那么多荣誉，那么多桂冠，所有这些我都看得很平淡，唯有用真情给我所有教过的学生打点好人生旅途的行装，让他们从容自信地远航，才是我引以为荣、感到最自豪和骄傲的事情！

所以那一天，我有太多想说的话，却不知该说什么。留在我和孩子们记忆中的，只是我那一刻最想说的：孩子们，老师要说的就是，我向你们深深地道一声祝福，人生征程千万里，你们一路走好，一路走好，直挂云帆济沧海！

十字路口的选择

2001年，正当我在小学语文教学的天地里如鱼得水的时候，一纸任命，我从一名普通教师变成了校长助理。事情来得突然，让我多少有些措手不及，以至于局领导找我谈话的时候，我还在内心或多或少地质疑这件事发生的可能性——不是不相信自己会走上领导岗位，而是……说白了，是舍不得。舍不得自己叱咤风云的讲台。

其实，早几年就有人不断在我耳边提醒：趁年轻，趁自己在教学上取得了一些成绩，赶紧为自己的“前途”好好考虑一下。说这话的人当然是好意，我发自心底地感激他们。他们所说的“前途”，我也不是不明白——曾经一起走上教学岗位的同学、同事，如今已有许多或担任了学校的中层领导，或在教研室占据了一席之地。年轻的教学新秀不断涌现，也的确让人感到一种无形的压力。用不了多久，我们这些人，就要和那些自己一手带起来的“新兵”在同一个舞台上竞技了。

一面是和大多数同龄人一样的道路，平稳而且踏实，也并不缺少专业的认可与同行的尊敬；另一面是安心做一个老师，一个在专业上有更高追求的好老师，这需要付出更多的心血和汗水，随之而来的或许还有不愿面对的失败，以及功亏一篑的可能——毕竟，在迈向专家型教师的道路上，我究竟能走多远，对我自己而言，是个未知数，情趣教学究竟能被多大范围的人认可，也还是个未知数。是否要因为前途的未知而放弃还没有尽到的努力，我暗问自己：杨屹，你是这样的人吗？我给不了自己肯定的答案。因为那时在我心目中，放弃努力，对我和我执著追求的情趣教学而言，都意味着背叛。

对许多人善意的提示，我只是笑笑，因为不知该如何回答。直到有一天，一位私交很好的教研员很认真地跟我提起这件事。面对着这个像自己姐姐一样的前辈，我的回答让自己都愣了一下，因为我几乎是脱口而出，我说："我要做一个好老师。"那一刻不假思索的回答让我知道了，什么在我心目中更重要。那之后，心似乎更静了，一门心思想在语文教学的天地里遨游。

一晃几年。当时的回答犹在耳边，对语文教学的热爱有增无减。今天，我怎么办？

这次，我选择了接受。原因说来很简单，只因为从教近20年的经历让我对身处的学校充满了感激，对身边的教师有着深厚的兄弟姊妹情谊，我希望自己有能力为他们做一点事情。如今，情趣教学已经延伸扩展成了情趣教育，孩子们可以开心地享受他们的少年时光。情趣文化及情趣管理，让年复一年做着校园里辛苦而执著守望者的老师们，也可以享受到属于他们的幸福人生。

至今引以自豪的，是在我做校长助理、副校长，甚至做校长之后，依然没有离开我深爱的语文教学。前段时间，在一次观摩课后的交流中，与会代表普遍反映：杨屹的课更成熟，更自然，也更大气了。我当然清楚，这正得益于担任学校管理者之后所经历的磨砺。得到大家的认可我当然高兴，可最令我开心的，却是一位老朋友短短的一句话——一个见证了我多年专业成长的老朋友，她曾经非常担心做了校长的我会专心于学校的管理而荒废语文教学——"终于放心了，那个教语文的杨屹，还在！"

情趣·进行时

情趣教学被越来越多的人认可，情趣管理在老师们的微笑中生长，那些相伴情趣的孩子，也已经长大，一如当年站在他们面前的我。

与我而言，情趣的梦想在教育的世界里延展，情趣的人生，却是在平常的日子里，一天一天走出来的。

感谢教育。它既接纳了我的"无心插柳"，也包容了我的"歪打正着"。

20年前那个忘记带挂图就走上讲台的小姑娘，是无论如何也无法设想自己会一步步走到今天的。我常说，我的发展已经超过了自己的预期。这绝不是谦虚，而是内心对自己的一种善意的提醒：生活给了我超乎自己想象的幸福，理应懂得珍惜，懂得感恩。

其实，成就也好，光环也罢，都是别人眼中的。我只安心地走好自己的路，做好自己的事，承担起自己该承担的责任。母亲从小教育我：人过留名，雁过留声。在这一点上，我很听话。路一步一步地走，日子一天一天地过，心情一点一点地累积。

顾明远会长为情趣教育题词

喜欢听好朋友亲切地叫一声"杨杨"；喜欢挽着老公的胳膊逛街、喝咖啡；会为儿子的一点点"小成绩"得意；会为老师们工作中的一个个亮点在同行面前口若悬河；容易被感动……这才是我，一个真实的杨屹。三十多年一步步走来，回头看看，晴天多于雨季，微笑多于泪水。所以幸福，所以知足。

在教育的路上我不孤独，有深爱着的亲人、朋友给我支撑，我和他们牵手看一路风景。走过了，看过了，想过了，我们的微笑和沉思，也都点缀成教育路上一处处特别的景致。

一路走来，不时地提醒自己：慢慢走，欣赏呵。

十二、教育的幸福

薛法根

薛法根，男，1968年生，特级教师、中学高级教师，现任江苏省吴江市盛泽实验小学校长。从教以来，潜心研究丝绸文化素质教育与小学语文教学，初步形成了“着眼整体发展、着力语言训练、着重内化进程”的教学思想和“教得轻松、学得扎实”的教学特色。1999年起，致力于小学语文组块教学研究，提出了“走向智慧、走向生活、走向综合、走向运用”的教学新理念，并初步形成了组块教学模式。

先后在《人民教育》等报纸杂志上发表了《语文教学要着力提高学生的语文素质》《呼唤智慧的语文教育》等50多篇论文。

1995年被评为江苏省优秀教育工作者，1996年被评为苏州市“十杰”教师，1998年荣获江苏省“红杉树”园丁奖金奖，1999年被评为江苏省名教师，2001年荣获全国模范教师称号，2002年获第五届全国“十杰教师”提名奖。

教育的幸福

幸福，来源于自己对教育深刻的理解和深切的体验。没有享受到教育幸福的人生是遗憾的；没有为学生传递教育幸福的教师是失败的。教育，需要我们每个教师真正领会幸福的真义，并始终昂扬地行走在教育的幸福之路上！

（一）

在我儿时的印象里，能背着书包走进学堂，坐在教室里听老师讲课，和同学们一起读书、游戏，是最幸福的事情。7岁那年，还没有到上学年龄的我硬缠着外公、外婆买来书包，吃了“坐精肉”（据说吃了这块肉读书时屁股不离板凳，会很定心），准备了糖果，新学期一开学就跑到学校去上学。在排队点名的时候被老师发现了，将我拉出了读书的队伍。我眼睁睁地看着别人进了课堂，忍不住哭了。好在小姑姑花了两块钱（让我这个还很贫苦的家好一阵心疼），帮我从学校买了《语文》和《算术》两本书，在家里教我读起书来。于是，每天傍晚等生产队收工后，我总是和其他已经上学的小伙伴一样，长凳当桌，矮凳做椅，端坐在屋檐下写字。听着大人们路过时“啧啧的”称赞，那幸福的感觉至今萦绕心头。对读书的渴望、对学校的向往，让教育成为一件充满魅力、充满诱惑、充满幸福的事。

人，生来就有这种对教育的渴望，对成长的向往，儿童自然是“天生的学习者”。然而，当我踏上讲台的时候，竟然从许多孩子的目光里看到了对读书、对学习的厌倦和无奈。班里有个叫小张的男孩，居然要靠他妈妈用缝衣针戳着屁股来上学。我硬硬心肠，将他的课本、作业本全部收了上来，让他坐在教室里看别人读书，既不要读书，又不要做作业：没书读！第一天，他很得意；第二天，他有些坐不住了，东张西望地看同学的课本，我故意严厉禁止；第四天一早，他就来要自己的书本。我乘机与他约法三章：什么时候不肯学习，什么时候将书本收上来。很难想象，在硬逼着他读书的时候，他死活不肯学习；在限制他学习的时候，他却拼命要读书。我将这种教育方法称为“饥饿疗法”：对学习没有“饥饿感”，就没有对学习的渴望，就难以体会学习的快乐和幸福。如果剥夺了孩子玩乐的权利，让孩子的生活世界里只剩下了读书、做作业，就使学习成为一种痛苦。学习，需要刻苦，但绝对不要痛苦。要让孩子享受学习的快乐，我们不能忘却的是，自己曾经也是一个孩子。当我站在三尺讲台，面对学生渴望求知的目光，由衷地感到了一种教育的幸福。

（二）

教育的幸福需要教师爱的暖流来传递，没有教育的爱就没有教育真正的幸福。我从师辈的言传身教中感受到了这种爱的教育。刚进师范读书，我还不习惯说普通话。负责推广普通话工作的程老师一边教我们学普通话，一边时刻督促我们讲普通话。她会侧着脑袋，悄悄地站在我们背后，倾听我们的谈话。偶尔，我们不自觉地讲起了方言，她就会突然冒出来，瞪着你："你说什么？啊？"唬得我们赶紧闭嘴。宿舍、食堂、图书馆……不管在哪个角落，只要我们开口说话，就会感到程老师站在边上歪着脑袋瞪着我们，就自觉了。虽然在师范时有点嫌她烦，然而正是这样严格负责的教育，让我们人人练得一口标准的普通话，且养成了习惯。而今在家里，和妻儿拉家常，也是一口普通话。每每谈起师范学普通话的一幕幕情境，我和爱人常常念起程老师来，心存感激。

的确，老师的关爱，并不都是三月的春风和旭日，有时也如秋风和冷剑，除却你心头的杂草，那是一种严格的爱！只有你深切地理解这爱的力量，你才会真正享受这一份难得的师爱，享受这一段难得的幸福的教育。我的导师、著名特级教师庄杏珍老师给予我们的就是无私的严格的爱。记得她第一次听我的语文课《十六年前的回忆》，课前，我精心准备，甚至将授课的部分内容让学生事先准备好了。课上得很顺利。不料评课时，庄老师劈头盖脸给了我一番责难，告诫我要走语文教学的正道！当时，我羞得无地自容，连校领导也颇觉难看。但庄老师实事求是，揪住问题顶了真，使我如醍醐灌顶：语文课是给学生上的，来不得半点虚假，也容不得作秀！因为，一切的教育都会在学生的心灵上留下烙印！如果评课时没有这一顿教训，或许我在教学上还要走许多弯路。有人羡慕我的成长之路颇为顺畅，却不知道这背后是庄老师们对我的教学问题动了多少次"外科手术"！师爱无价！

我深知孩子的成长更需要教师给予无限的关爱，而这关爱需要我们用心去传递。教过的学生中有一个叫小田的，语文成绩很不理想，四年级刚进班的时候只有三十多分。班级开展“循环日记”活动，5人一组轮流写，班里谁都不愿要小田。我带着小田亲自招募了一个小组，许多优秀学生争着加入了这一组，小田成了班级最幸运的人，他的每一篇日记不但得到我的指点，还得到了同学的修改，这使他进步很快。一次，我外出学习，周末匆匆赶回查看小组的循环日记，小田是最后一个写的，这篇日记他得了94分。

我深信爱的教育力量，在教学中对于那些常常走神的同学，我总是边讲课边走到他们身边，用手轻轻地抚摸一下他们的头，抑或轻轻地拍拍他们的肩背，孩子们总能领会我的意思，专心地听起讲来。这就是教育的艺术，蕴涵着教育深爱的艺术，足以让所有的学生感受教师那无言的关爱，感受到教育的幸福。师爱无言，幸福无言！

（三）

儿童学走路：跌倒了，爬起来；再跌倒，再爬起来……这就是成长，这就是成长之路！小时候，我们总能从跌倒的地方爬起来；成人后，我们却失却了那一股韧劲。挫折时，我们需要人扶持，也需要人警醒。

1990年，我校举办了江浙沪两省一市教育整体改革研讨会。学校推荐我承担了其中一堂作文课教学——景物描写：织女塑像。当时，我踌躇满志，精心设计教案，反复试讲推敲，自以为万事俱备，只欠东风。谁料想，在课堂上，平时伶牙俐齿的学生却呆若木鸡，把我晾在了讲台上。我就像个拙劣的导演，自说自演。课上砸了！面对这堂糟透了的公开课，我难过得无地自容，拆了学校的台，丢了自己的脸，后悔当初意气用事，真想一走了之。在讨论会上，老校长严肃地对我说：“记住，你是在什么课上跌倒的，你就必须在什么课上站起来！”这句话犹如当头棒喝，一心期望领导同情的我幡然醒悟：路还是要靠自己走！

当时，作文教学还是一个谁也不敢轻易尝试的“禁区”。特级教师也极少上作文公开课，都认为作文课无法了解学生、无法把握课堂，心中没有底。老校长聘请了华东师范大学杜殿坤教授、上海师范大学吴立岗教授为学校的教育科研顾问，并为我牵线搭桥，使我成为他们的“编外研究生”。在专家们的指点下，我确定了“素描作文教学”作为自己的研究课题，从此迈开了教育科研的第一步。“素描作文”，就是像素描写生一样，将所见的景物、事件如实地、生动具体地描述下来。这是小学中年级学生作文基本功训练的必修课。“素描作文教学”是吴立岗教授从前苏联引进到我国语文教学园地所开出的一株“奇葩”，而我则将这株“奇葩”移植到自己的作文花园里。因此，我努力学习“素描作文教学理论”，认真琢磨“素描作文教学”的“代言人”——贾志敏老师的每一堂录像课，从中提炼出作文教学的技巧和要领。我还在自己的班级里模仿贾老师的课，一节一节地上，细心体会每一个教学细节的精妙之处，揣摩贾老师点拨、评价、激励的语言艺术。渐渐地，我上课觉得有了底气，学生也有了灵气。毫不夸张地说，我的作文教学功底就是在这一堂堂模仿课中练就的。移植别人优秀的、成功的科研成果，虽然是一种简单的验证性的实验研究，但对于刚刚踏进教学和科研大门的青年教师来说，仍然不失为一条快速提高的捷径，既能体验教育科研的过程，又可以夯实自己的科研基本功，还能缩短从教之初的适应期，取得明显的教学效果。

1993年，我在泰兴举办的江苏省“教海探航”征文颁奖大会上，上了一堂自己构思的素描作文课《奇妙的魔术》，引起了在场听课的3000多名教师的一致好评，就连负责摄像的老师也连连夸奖说：“我拍了十几年录像课，今天的作文课是最精彩的。”三年的验证性课题研究，使我有了一种脱胎换骨的感觉。科研，的确能改变一个人的思想，也能改变一个人的行为，只要你真正把它融入教学的每个细节里。

继“素描作文教学”研究成功之后，我又构想了“课内素描作文、课外循环日记”双轨运行的作文教学新思路，构建了“顺应儿童言语心理的三段式作文教学序列”，即低年段的童话作文、中年段的素描作文、高年段的生活作文。在作文课堂教学实践中探索了“五三三式”作文教学新模式，即“五法”“三课型”和“三步曲”。“五法”指以激发情感为动力、片断训练为基础、激发表象为中介、丰富生活储备为源泉、发展学生的言语交际功能为主线；“三课型”指读写迁移课、观察素描课、情境交际课；“三步曲”指写真、练实、用活。这一阶段的课题研究，就不仅仅停留在模仿和移植上，有借鉴、有融合，更多的是自己带着问题进行的新探索。佛家入境有三个境界：山是山，水是水；山不是山，水不是水；山还是山，水还是水。模仿、融合、创新，不就是教育科研进程中3个不同的境界吗？唯有亲历科研的每个阶段，才能获得如此丰厚的研究经验和人生积累，才能获得真正的成长！而每一步成长的足迹，都让我品尝到了教育事业的无穷乐趣，体验到了教育研究的无比幸福，窥见了教育真谛的无限风光！

学无止境，教无止境！尽管我成了一名语文特级教师，但是面对教学中的诸多问题，我永远需要学习、需要研究。特级教师、名教师，不应是教师专业发展的“终结者”，而应该成为教师终身发展的新起点。在这个平台上，我们可以更加有所作为。在我刚刚被评为特级教师的时候，有位长者曾经语重心长地对我说：“昨天你不是特级教师，并不说明你水平低；今天你成为特级教师，也并不证明你比昨天水平高。真正的‘特级’在今后。”的确，人创造辉煌只在一瞬间，但辉煌不只在一瞬间创造。对于语文，我仍然有许多个为什么不能回答。在语文教学研究的漫漫征途上，我将不懈求索，行走在教育的幸福之路上！

悄悄地长大

俗话说得好，“有缘千里来相会，无缘对面不相识”。在浩如烟海的书刊中，总有那么几份书刊，是你的良师益友，令你爱不释手。每次翻阅《人民教育》，闻着油墨的芬芳，我倍感亲切和温暖。因为，在它的关注下，我正悄悄地长大，那是一种别样的幸福。

在我的心目中，像《人民教育》这样高贵的杂志是应该怀着敬畏来拜读的，因为在这杂志上发表文章的，向来都是领导、专家、学者，至少也是各地的名家名师。有位从事科研工作的老教师曾经对我们说，要是能在《人民教育》《教育研究》一类的刊物上发表文章，那是需要水平、需要实力的。因此，我埋头工作，投身于小学语文教学，沉浸在素质教育的长河中，记录着自己教育教学的心得感悟，尝试着撰写了不少实验研究的文字，却始终没有勇气向《人民教育》投稿，只是专注地阅读着别人精彩的文字、享受着别人新鲜的思想。那时，《人民教育》似乎离我还很遥远。直到1997年5月，《人民教育》的记者来到苏州，报道苏州市以教育科研为先导全面推进素质教育的先进经验，特邀了部分一线从事教学实践研究的教师进行座谈，我才有机会与来自《人民教育》的记者们面对面地交流。尽管作了充分的准备，谈的也是自己在教育科研实践中的真实体会，但仍然忐忑不安，担心自己的所作所为所感是否科学、是否确有价值。访谈期间，时任编辑部教学室主任的程淑华老师还专程来到我们学校，听了我的一节随堂课《詹天佑》。听完课，程老师对陪同的校长和其他领导说，她居然能在这样偏远的乡镇听到这么好的课，看到这么好的青年教师，真的很感动。我真切地感受到了一种温暖，一种被肯定、被关注的温暖。

开学初，我急切地翻看《人民教育》7～8期合刊，上面居然刊登着我的座谈发言，尽管只是一个"豆腐块"，但那种被认可、被关注的幸福感油然而生。那一期的《人民教育》我至今仍然保存得完好如新，至今都难以忘记那一期的封面：香港回归时江泽民主席与董建华握手相贺！从此，《人民教育》这个名字变得亲切而又舒服。之后，我陆续在《人民教育》上发表了多篇教学论文和随笔，《人民教育》这个名字显得那样温馨而又幸福，它一如既往的关注的目光，使我始终昂扬地行走在教育改革的幸福大道上。从此，我也懂得了，在人生的成长道路上，被人关注、被人认可，那是一种无法形容的温暖和幸福。我需要，和我一样的青年教师也需要，孩子们更需要！我是幸运的，而这种幸运不可以由我来传递吗？于是，在我的课堂上，就多了积极的肯定、宽容的目光、鼓励的话语……于是，我惊奇地发现，这时候的课堂充盈着生命的气息、创造的活力，孩子的眼睛充满了神采，亮晶晶的！一个孩子在日记中这样写道："薛老师每次走到我身边，总要用手摸摸我的头，我有一种说不出来的幸福，甚至是骄傲……上薛老师的语文课，感觉真好！"孩子的话是简单、率直的，却包含着一个朴素而又深远的教育真谛：关爱，可以使你的教学增值！而关爱，又很简单，仅仅需要你随手摸摸孩子们的头！

作为一份教育杂志，它所能关注的教师毕竟很有限，在960万平方公里的土地上，又有几个能得到这别样的幸福呢？所以，当你还没有被关注的时候，你就需要从它身上汲取思想的营养，滋润自己的心田，善于把盛开的玫瑰移到自己的园地里。

和许多老师一样，以前我只知道整天埋头上课和批改作业，很少抬头正视现状、思考问题，更少"站在巨人的肩膀上"俯视课堂、洞察教学，终日忙忙碌碌却又一直碌碌无为。1998年，刚到而立之年的我被评为小学语文特级教师，然而，我的课堂教学水平并没有随着“特级教师”的名声高起来，反而越来越感到缺乏新意，似乎处在了教学研究与实践的“高原期”。从哪里突围？困惑中，我翻阅《人民教育》，不经意间看到梵高的一句话，当即就抄了下来：“当我想不出题材来画时，就仿米勒的作品，这给我带来很大的快乐。”这使我眼前一亮：模仿别人，借他山之石来攻自己的“教学之玉”。于是我犹如孩童学习说话、走路，从模仿开始起步。

模仿，关键是要敏于发现别人的长处，尤其是要虚心学习和用心研究名家的教学艺术和教学思想。对于杂志上刊登的教学案例，我细细地揣摩每一个精彩的段落，发现独具匠心的构思，获得教学的灵感，积累成功的经验。

模仿，不是邯郸学步，而是要善于把别人的经验、“巨人”的理论移植到自己的教学实践中来，为我所用，融化成自己的东西。模仿，最终是要学会自己走路，走自己的路。

模仿，求的不是“形似”，而是“神似”，是在模仿、借鉴、融化的过程中凝结出自己的智慧之花、实践之果。

佛家悟禅有三个境界：山是山，水是水；山不是山，水不是水；山还是山，水还是水。教学不也有这样三个境界吗？模仿、融合、创新，这是一条从模仿起步走向“灯火阑珊处”，悟到教学真谛的必由之路。在“山水”之间，我依稀看到了那“灯火阑珊处”：1999年第1期《人民教育》开辟了“新星舞台”专栏，它又将我作为第一颗“新星”推上了新的舞台。我分明听到了那一声远方的呼唤。

我深切地知道，“新星舞台”给予我的是一种期待，一种呼唤，一种成长的力量。“新星”只是一颗新星，假如没有足够的能量，它终将会陨落。要成为“恒星”，就必须依靠自身永不枯竭的思想源泉！未来的教师，应该成为教育的思想家，能够传播思想并且拥有自己的思想。然而，我们教师往往缺乏思想，尤其是缺少自己的思想。在形形色色的教育现象面前，没有了主心骨，分不清真伪，只能人云亦云，抑或不知所措。有人说，教师的全部尊严就在于思想，一个没有思想的教师也就没有了教书育人的灵魂，又何以成为塑造人类灵魂的工程师呢？思想在哪里？《人民教育》用无数教师成长的故事告诉我们：在于读书、实践、思考。

优秀教师的成才之路都是用书籍铺筑起来的。我坚持从烦琐的教学事务中摆脱出来，挤时间读书，把读书当做第一精神需要。我知道自己没有整块的时间用于读书、写作，就利用那些细碎的时间。无论在哪里，我随身携带的包里都放着几本教育书刊，随时翻阅，一遇到新鲜独到的言论，我必定用笔圈画下来，默默地念记，有时有感想，就随手写在书刊上，写在手边的笔记本上。闲暇时随便翻翻《读者》《青年博览》等杂志，每逢读到哲理性的文章，都会不自觉地将它与教育教学联系起来，似乎自己长了另一只眼睛，能够变换视角，“另眼”看教育，每每有新的发现，获得新的启示。我想，这就是教育的意识，一个具有自觉的教育意识的人，眼中所见无不成为教育，他才是活在教育中的人，才能够成为一个善于思考的人，久而久之，他便有了自己的思想。

思想根植于实践的土壤上，生长在思考的王国中。我们每天的教育实践虽然平凡、琐碎，但是只要我们在实践中思考，在思考中实践，那么每一件小事都会富有价值和意义，这是教育家区别于教书匠的根本所在。我们只有勤于思考、善于思考，才能使自己的思维始终处于年轻活跃的状态，才能不断产生新的思想，才能点燃学生心中那求知的欲望。反之，一个不会思考或者懒于思考的教师，他只能机械地搬运现成的、僵化的知识来讲授，来说教，而这，在充满好奇、渴望探索的学生面前，自然显得那样乏味，没有任何学习的魅力。学生会滋生出失望、不满和懈怠，甚至也会像教师那样懒于思考。失去了思考，也就失去了学习的兴趣和探索的乐趣，也就没有了活的灵魂，没有了个性。书本上的知识只有在思考者的手中才能活化为真正的智慧，教师的思考使书本上的知识增加了“附加值”，增加了“情感的力量”。多年来，我坚持做实践与思考的“体操”——写教育日记（或教育随笔），将实践的点滴做法和体会及时地记录下来，积累起来。或许，你真正闪光的教育思想就蕴藏其中。《给教师的建议》就是一本教育日记，而它折射出了苏霍姆林斯基教育思想的光辉！平凡孕育了伟大，平凡的教育日记不也能孕育出伟大的教育思想吗？

有人说，人创造辉煌只在一瞬间，但辉煌不只在一瞬间创造。倾听《人民教育》深情的呼唤，我怀揣生命的激情作着教育的精神之旅：不在起点多高，而在能跑多快；不在跑得多快，而在能跑多远！我始终扎根在那一片属于自己的土地上悄悄地长大。

在一次“新生代教师”的专题研讨会上，有位记者曾经直言不讳地问我：“作为特级教师、名教师，你现在的名气很大，却还身在乡镇。人往高处走，孔雀东南飞。据说有很多学校动你心思，你为什么能做到‘风雨不动安如山’？”的确，师范刚毕业的时候，我压根儿就不想到盛泽这所名不经传的弄堂小学任教。然而，当我从《人民教育》上读到全国“十杰”教师中扎根深山、清贫一生的老师们的感人事迹，内心深深地震撼了：我感到这里更适合我，更需要我。我生在农村，深知“乌鸦反哺”的可贵。谁不愿意做一只美丽的孔雀？但有多少人愿意做一只反哺的乌鸦呢？尽管在这里生长，环境可能会更艰苦些，生长得也要更慢些，但我记得：珍贵的树木总是慢慢地成长！我愿意成为这里的一棵树，一棵有价值的珍贵的大树！虽然，作为一个农村的乡镇，这里确实小了点，但教育的天地是无限的。你的心有多宽，梦有多远，根有多深，你的天地就有多大，你的事业就有多辉煌，你的生命就有多精彩！

或许你听不到我生命中拔节的声音，但我仍然在悄悄地长大、慢慢地长大。

十三、成长在“薄”“厚”之间

薄俊生

薄俊生，男，1963年生，特级教师，现任江苏省常熟市实验小学校长。曾荣获江苏省劳动模范、江苏省有突出贡献中青年专家、全国师德先进个人等称号。

主要著作有《小学语文课程标准与教学大纲对比研究》《信息教育与教育信息化》《学校文化与文化管理》《薄俊生与发展性教学》等。

有人说，薄校长姓“薄”，却很“厚”。而我笑笑说：“正是因为知道自己‘薄’，所以一直追求着‘厚’。”24年的教育生涯，我从浮躁走向稳重，从浅薄走向充实，在我看来，自然质朴，平静和谐，是一种充满审美情趣的人生态度，也是我永远的教育追求。我不断充盈着单薄的灵魂，储备着丰厚的能量，在薄与厚之间，进行着永不停息的上下求索。

成长在薄与厚之间

从薄到厚，是一种改变，改变人生的宽度、思想的深度、行走的角度、技术的高度、专业的厚度。我的成长，在薄与厚之间……

1. 本分，改变人生的宽度

1982年7月，我毕业于江苏省洛社师范学校。毕业前三天，当同学们纷纷预测自己的去向时，校长将我请去，要我留在师范附小任教，洛社距我家足有一天的路程，而我又是父母的独生子，留下后就意味着不能经常回家照料父母。当时，我的内心处于极度的矛盾之中，但当我想到留下后能得到母校老师的热情指点，能得到一个良好的工作环境，能使自己在踏上工作岗位后施展才华，得到长进后，我拿定主意：事业的需要就是我扎根的土壤，我应该服从学校的安排。还没过完暑假，我就在父母的叮咛声中登上了西去的汽车。当我来到目的地，那简陋、破旧的校舍，使我愕然，令我震惊：全部不过七间瓦房，缺砖少瓦；四周无围墙，旁边是稻田。陌生人根本想象不到这是教书育人的地方。这与我当时想在母校任教的愿望大相径庭，我感到意外和委屈。可是，对教育的满腔热情还是在我的心中燃烧着，我想，温室里的花草经不住风霜的考验，年轻人只有经受生活的磨炼，才能成为生活的强者。于是，我不再彷徨，不再迷惘。我和老教师们一起撩开蜘蛛网，清除储藏多年的杂物，喷上消毒药水，撒上石灰粉，整理出了一间十来平方米的房间，我们又搬来了两张长凳，一张竹榻，架起了一张简便的小床，从此，我就在这所农村小学开始了自己的小学教育生涯。

铁路小学没有食堂，我和一同分配在这里的同班同学孟晓东在师范的食堂搭伙。午餐一般没有问题，晚饭就很难保证。一般情况下，我们轮流把晚饭买到宿舍里吃，可很多时候，两人都专心于补课或找学生个别谈话，等想到吃饭时食堂已经关门。这种情况下，我们两个就在暮色中步行到洛社镇上吃一碗面条。回到学校，两人在简陋的办公室里备课、批改作业、刻写钢板，或者蹲在草丛中的水井旁洗衣服，天天如此，循环往复。

回顾自己24年的工作历程，从师范毕业，到铁路小学任教，到常熟实小任教，到教育局教科室工作，到担任实验小学校长，经历不算十分丰富，但还算得上有些故事。对组织上的一次次调动，我都是简单地遵从，而且上岗以后都非常本分。我想，只要能够做到干一行爱一行，任何岗位都可以做出成绩。因为我相信，每一项新的工作，对我来说都是一项挑战，奉献是永恒的，追求是无穷的。只要大胆去做，生命便会实实在在，只要放手去干，事业便会充满阳光。成功需要付出，人生需要磨炼，幸福需要创造，事业的需要就是我毕生追求。教育已浸入了我的生命，这份对教育的本分，拓宽了我人生的宽度，增添了我人生的精彩。

2. 学习，改变思想的深度

读师范时的语音老师是一位和蔼可亲的半百老人蒋老师。在普通话过关测试中，蒋老师夸我的发音比较标准，并推荐我到学校广播室担任播音员。从此，我就跟蒋老师有了经常性的接触，能直接接受她的指导。临近退休年龄，蒋老师被安排到了师范学校图书馆工作。在铁路小学工作期间，由于与老家相距甚远，星期天只能一直呆在学校。蒋老师知道后对我说："你星期天不回去，没事就到师范图书馆找我，爱看什么书只管问我借。"从此，我开始接触一些教学期刊，如《小学教学参考资料》《小学教学研究》……工作日处理完工作上的事务以后，就坐在床上翻阅。那时，教学类刊物上经常刊登介绍语文教育界前辈教育思想的文章，其中有很多是介绍叶圣陶的教学思想。我行行细看，句句琢磨，慢慢地，"教是为了不教"六个字深深地印在我的脑海里。我努力地按照自己对这句话的理解备课、上课，教学因此有了一些门道。

调到常熟实小以后，我自费订阅了多种教学刊物，其中有一本名为《外国教育资料》。这是一本专门介绍外国著名教育家教育思想和各国教育改革信息的杂志。20世纪80年代中期，这份杂志连载了原苏联教育科学院院士阿莫纳什维利的"没有分数的教学"的教育思想。一个踏上工作岗位不久的年轻老师，阅读理论性极强的教育家思想，实在是很苦很累。在酷暑难熬的假期，我一个人躲在屋里，硬是一行一行把它读完了。但毕竟教育家的思想比较深奥，光读一遍连一知半解都很难做到。于是又反反复复地阅读琢磨，慢慢地，似是而非地知道了如何人性化地看待儿童的学习，怎样改进学习有困难学生的学习，粗略地懂得了什么叫做"实质性评价"，什么叫做"没有分数的教学"。阿莫纳什维利的教育思想对我现今的教育观念产生了很大的影响。

1990年，我被推荐为苏州市语文教改带头人。一次，苏州市语文教研员黄年胜老师和著名特级教师庄杏珍老师来校考察，听我执教《古井》一课。听完课以后，两位老师与我面对面评课，对我的教学设计提出了批评意见，强调语文教学要重视朗读，培养语感。当时，由于自己缺乏对语文教学的正确认识，只知道朗读在语文教学中有着十分重要的地位和作用，却不懂得其实质意义，因此不明白该如何操作。1992年，江苏省教育委员会下发了《关于改革和加强中小学语文教学的意见》的文件，开展了语文教学思想大讨论，《江苏教育》杂志刊登了吴天石老厅长在常州会议上的讲话《加强语文基础知识教学和基本训练》，并随后连载了著名特级教师陈树民关于朗读的系列文章，我每期必读，对朗读有了更全面的理解。调到常熟市教育局教科室工作以后，我在一个很小的书橱里找到了一本改变我语文教学观念的好书——《阅读教学论集》。这本论集中收录了叶圣陶、吕叔湘、周振甫、张寿康、蒋仲仁、刘国正、张志公等多位语文教育界前辈关于语文教学的论述，其中十多篇文章论述了朗读的问题。我如获至宝，一篇一篇认认真真地阅读，一张一张地做读书卡片，并将这些摘录进行归类整理，从"朗读能促进学生对课文的理解""朗读能促进学生语言的发展""朗读能促进写作能力的提高""朗读能促进背诵""朗读有助于陶冶学生的情操"五个方面，组合成《谈以朗读为主线组织语文课堂教学》的文章。此后的《朗读与对话》《诵读教学研究》等论文，都是在此基础上发展而来的。朗读已经成为我如今设计教学的基本理念。我想，将理解语言与积累语言很好地结合起来的方法，就是朗读，只要抓住了朗读和其他内容的内在联系，配合得好，完全可以珠联璧合，它不仅不会影响教学质量，相反，还会促进教学质量的提高，收到事半功倍之效。语文教学无非是传授炼字、遣字、造句、谋篇的知识和运用语言文字的能力，在这些方面，朗读都是大可借助的有效手段。有些内容，言传不易，表达难明，但朗读得法，每每能使学生心领神会。所谓“旧书不厌百回读，熟读精心子自知”。

离开了阿莫纳什维利，离开了《阅读教学论集》等著作的学习，虽然在我面前的人还是那个人，事还是那件事，但学生、老师、语文教学、学校管理，将不是现在我心里的学生、老师、语文教学、学校管理。因为，学习改变了我思想的深度，改变了我对人和事物，对整个世界的看法。

3. 科研，改变行走的角度

1990年，江苏省教育委员会下发了（90）45号文件——《关于当前小学教育改革的意见》，要求从活动课程、学科课程、环境课程三个方面推进素质教育。当时，身为学校教科研组长的我，根据学校兴趣活动小组建设的优势，选择了活动课程作为自己和学校研究和实践的方向。我从有关报刊的新书出版信息，自费邮购到了《谁执牛耳——世界课程改革走向》等课程改革专著刻苦攻读，有空就一个人躲在学校阅览室构思研究方案。1991年，《江苏教育研究》杂志开展了一个素质教育征文评选活动。我根据自己的学习、思考和学校的实践积累，撰写了《落实活动课程，促进学生素质的全面提高和个性的优化发展》一文参赛，荣获一等奖。1992年，江苏省教育委员会在吴江市举行素质教育研讨会，省里的领导邀请我作为基层最年轻的代表与省教育厅的领导和科研院校专家一起出席会议，进行大会发言。领导听取我的发言以后，对我们的做法很感兴趣，省有关领导在会议刚刚结束就与我同车来到学校进行考察。后来，南师大吴也显、刁培谔两位教授也深入学校，对我校活动课程的研究工作进行调研和指导，并策划在《江苏教育研究》杂志连载关于我校活动课程研究与实践的《学科综合实践活动研究》《学科活动教学的实践与研究》《社会实践活动的实践和研究》等四篇系列文章，每篇文章由两位教授进行点评。四篇文章发表以后，学校的活动课程在省内产生了很大的影响。

1993年，省教委邀我参加《江苏省活动课程指导纲要》的制定工作，使我对活动课程有了更为深刻的认识和深入的研究，我也因此被称为活动课程的专家。进入第九个五年计划的时候，我从学校的实际出发，将学校的主课题定为“活动教育研究”，将学生内部和外部活动都纳入课题研究的范畴，进一步拓宽了研究的领域和工作的思路。期间举行的素质教育展示活动令教育局领导啧啧称赞，深受全市同行的好评。在课题结题的时候，苏州市朱永新市长、省教科所成尚荣所长等省市领导亲临现场，朱市长还为全体教师发表了热情洋溢的讲话，对我们的研究给予了充分的肯定。从此，活动教育已经成为学校办学的主要特色。

“十五”期间，根据教育发展的趋势，我将“运用信息技术，建立以学生为主体的自主探究学习方式”确定为学校主课题。因为“八五”“九五”期间两个课题的成功实施，经逐级推荐，我校的研究课题成为全国教育规划办立项课题，而当时由学校独立承担全国级课题的学校全省仅有四家。经过信息中心和全体教师的共同努力，学校形成了鲜明的信息化工作特色，成为全省信息化工作的样板，前来参观者络绎不绝。2001年，江苏省教育学会在我校召开信息化工作观摩研讨会。2003年迁入新校，全省实验小学工作会议在我校隆重举行，会议的主题就是推广我校的信息化工作经验，周稽裘厅长、陆志平处长等领导对我们的工作给予了高度的评价。

科研改变了学校行走的角度，同时也改变了我自己行走的角度。当我决意沿着这条路前行时，便开始了一段新的生命旅程，我不断地思考，不断地提升，不断地成长，一个个普通的日子，教育的日子，从此变得灿烂。只有改变行走的方式，才会从不同的角度欣赏到教育的美丽，也更真切地感受到了将自己的生活融入教育之中得到的快乐。

4. 实践，改变技术的高度

“纸上得来终觉浅，绝知此事要躬行。”我用普遍的教育原理指导自己的教育实践，努力在运用中加深理解，不断创新。“不积跬步，无以至千里；不积小流，无以成江海。”新春佳节是休息、娱乐的好时光，可我放弃了电影、电视，放弃了游园逛街，放弃了同亲朋好友的聚会，把绝大部分时间花在备课上。每一篇课文、每一课时、每一个提问，我都要认真对照教育理论深入钻研，准确把握，精心设计。每上完一堂课，我都要细细回味，总结成功的经验和失败的教训，并认真填写教后感。

1986年5月，我接受了向上海、无锡、苏州等地上公开课的艰巨任务。为了深入理解教材，我对《麻雀》这篇课文的字、词、句、段乃至标点符号逐一评注。为了科学地处理教材，我又反复研读了系统论、信息论、控制论的知识讲座。教案的第一稿完成后，我自感教学的整体性体现得不很完美，就再次学习系统论中关于整体性原理的表述，以图示板书为凭借，将事情的发展顺序、人物之间的相互联系、人物所处的不同位置简洁、明了地再现出来，得到了领导的称赞。在同轨班试教后，我感到在字、词、句、段的处理上仍缺乏整体性，于是，又进行修改，形成了自己和领导都感到满意的第三稿。为了弥补自己在情感领域上的不足，我一连用了三个夜晚独自在教室里“排练”，既当教师，又当学生；既当执教者，又当评课者；既练粉笔字，又练普通话。终于，在百余名听课者的注视之下，我成功地完成了教学的任务，受到了一致好评。在校视导的市局领导和兄弟学校的领导当即决定第二天再听我执教的第二教时，听后同样给予高度评价。此后，在《手》《我的战友邱少云》《曼谷的小象》等公开教学中，我又一次次地刻苦钻研，精心设计，取得成功，受到赞誉。

近年来，我应邀赴广东、浙江、上海、吉林等十多个省市及本省各地作公开观摩教学和专题讲座近百次。《最大的麦穗》《掌声》《剪枝的学问》……得到了省内外专家、老师的肯定。在省级科研主课题中期报告会上，我向全省的专家教授上了展示课《惊弓之鸟》，省教科所长成尚荣评价说：“薄校长的课达到了一定的境界……”在《我不是最弱小的》教学中，我找到了“朗读”这种传统语文教学方式和新课程理念“与文本对话”的最佳结合点，并且赋予了一种非常童趣化的说法：“朗读就是代作者说话，代文中的人和物说话。”这种说法不仅把一个深奥的教学理念转化成了一个要求明确、简便易行的学习方法，而且具有很大的诱惑力，一下子就拉近了学生与作者、文中人和物之间的距离，把枯燥无味的阅读文本的方式变成了一种鲜活的生动可感的“生活”方式。“代作者说话、代文中人和物说话”强调的是学生的主体意识，它诱使学生真正把阅读看做是自己的自主行为，让学生在自主感悟、理解、欣赏、评价中自由张扬个性，充分发挥自己的主观能动性，更重要的是，让学生们知道了对语言文字的学习应该走近作者。

于是，语文课堂就如一杯淡淡的茶水，起先，师、生、文本只是一杯普通的“茶”“水”混合物，当学生走进文本，走近作者，这富有灵性的“水”便慢慢溶解于“茶”，慢慢沾上茶的清香、甘醇，而“茶”于水的交融中也更显得饱满、光亮。直至最后，茶已不再是“茶”，水已经不再是“水”了，茶香四溢，我们品尝到的是那种因浓郁而沁人心脾的江南绿茶。是不断的实践，让我的课堂教学技术达到了新的高度。

5. 笔耕，改变专业的厚度

我在铁路小学工作期间，业余时间除了备课、批作业、刻钢板、洗衣服等之外，就是看书学习，并将自己的思考和做法付诸文字。当时，因为理论和实践都很缺乏，投出去的稿子一直石沉大海。1985年春天，邮递员交给我一封信，发信单位是浙江的《教学月刊》。拆开信封，看到的是一张稿件录用通知单。当时，我真的是兴奋万分，内心充满了成功的喜悦。这是一篇寄出去已有一年的文章，题目是《教给学习方法》，它成了我的处女作。文章是我学习叶圣陶先生关于“教是为了不教”的教学思想以后撰写的。从此，我就更加勤奋地思考总结，积极向《江苏教育》《教学月刊》《小学教学参考资料》《小学语文教学》等杂志投稿。杂志社的编辑们好像对我特别关照，我经常能够收到他们寄来的录用通知单。文章发得一多，与编辑之间的关系也慢慢紧密起来，他们偶尔也会约我写一些稿件。

经常地动动笔头，发发文章，自己的嘴巴也逐渐活络起来。调到常熟实小以后，我参加了常熟市级的语文骨干教师培训班。培训班采用轮流坐庄的办法听课评课。每一次听课以后，领导总要求我进行评课，我每次都认真准备，形成书面文字，一、二、三，讲得头头是道。渐渐地，领导和同行们认为我有水平，称我为评课专业户。

当上校长以后，我思考的领域拓宽了。每个双休日，我都静下心来做好两件事情：一是计划好下一周每天的工作内容，星期一到星期天，每天上午做什么，下午做什么，一个要点一个要点地写在工作笔记上，做到多而不杂，忙而不乱；二是写好下一周的教工大会讲话稿。为了把话讲到位、讲清楚，我常常写稿写到深夜10点以后，甚至超过12点。一个一个夜工，一篇一篇打磨，这个过程也正是我不断积淀的过程。从1997年上任到2000年，我的每周工作安排和会议讲话已经整整写了十几个硬面抄，叠在一起将近一尺来高，此后又有几百篇文稿存储在我的电脑里面。

语文教学永远是我的至爱，在不断的实践和理论学习中，我越来越认识到我们的语文教学也应回归教育的本真，才能把握语文的实质，彰显语文的价值。我在多年的教学中以“语文教学生活化”为目标，形成了“谐、实、活”的教学风格，我想，语文教学应该是简单而又深刻，清晰而又丰富，独特而又生机勃勃，质朴而又楚楚动人的。清淡如茶，却又耐人寻味，和学生一起溶入文中，感受、品味，才能获得顿悟与积淀，获得语文素养、人文素养。于是，《我理想中的课堂教学》《基于网络环境的语文教学》《语文教学与学生创造性培养》《学生是阅读的主人》《再谈以朗读为主线组织语文课堂教学》《朗读与对话》等文章也一一出炉了。领导专家找到我，请我参加《语文课程标准》的研制工作，约我参与《语文课程标准与教学大纲的比较研究》《语文新课程实施精要》等专著的编撰工作。日积月累，自己的专业素养也就慢慢地厚实起来。

朱永新市长说过：中小学教师搞教育科研，就是应该从记录教育现象、记录自己的感受、记录自己的思考开始，把这一串串“珍珠”串起来，那就是一根非常美丽的项链。现在，我和学校所有老师一样，有了自己的博客教育日志，每天在网上笔耕不辍。今年3月下旬我赴英国考察，在每天的考察工作之后，我在深夜将自己一天中的所见所闻所思及时整理下来，发表在博客上，又展开了一场网上的无声教育沙龙。

因为知道自己“薄”，所以我不断追求着“厚”，我知道，做人，厚德方能载物；作文，在于博观而约取，厚积而薄发；而教学，更需要深厚的文化底蕴，丰厚的理论功底，丰富的实践经验。语文教学是厚重的，它承载着文化、生活与使命。在薄与厚之间，我还将一路走下去。

大道无形——我的教育追求

相熟的朋友谈到和我的初次见面时，都这么说：瘦弱而沉静，憨厚而谦和；朴实的外表，普通的衣着，似乎在人际交往中还有些笨嘴拙舌，着实体现了一个“讷”字。讷者，笨拙质朴也。孔子云：讷于言而敏于行。可能正是这份笨拙、这份质朴，引领着我成为江苏省劳动模范、江苏省特级教师、江苏省有突出贡献中青年专家、江苏省“333”

跨世纪学术技术带头人培养对象、全国科研型校长、全国师德先进个人……可能正是这份笨拙、这份质朴，引领着我走近我的人生目标：做一个好人，做一个眷恋讲台的好教师，做一位学者型的好校长。

我想，至高的美应该就是天地自然的本原，质朴无华，不烦绳削。我的这份笨拙，这份朴实，也正是我所追求的教育之美、生活之美。《老子》说："大音希声，大象无形。"在我看来，自然质朴，平静和谐，正是一种充满审美情趣的人生态度，也是我永远的教育追求。

1. 上善若水，厚德方能载物

孔子说："夫水，大遍与诸生而无为也，似德。……其赴百仞之谷不惧，似勇。……以出以入，以就鲜洁，似善化。其万折也必东，似志。是故见大水必观焉。"水是真君子，回忆我的从教历程，逝者如斯，我深深地感受到，上善若水，厚德方能载物。

1982年7月，我从江苏省洛社师范学校毕业，并服从安排，留在了师范附小任教。

刚踏上工作岗位，青年人无牵无挂。随着时间的推移，工作与家庭的矛盾就应运而生。1990年，可爱的女儿来到了人间，家务的负荷随之剧增：体检、打疫苗、洗尿布、热牛奶、喂孩子……叫人难以应付。而那时，我又在学校忙于公开教学活动，焦急万分。在家庭与学校发生激烈冲突的时候，我该怎么办？我毫不犹豫地选择了后者。我征得爱人的同意，让她带着孩子到乡下岳母家休息。孩子体弱，得了肺炎，住进了医院。白天，我请母亲和爱人轮流照料孩子，自己利用下班时间来回送饭送菜；晚上，我负责陪夜。孩子常常因离开母亲而哭闹到深夜不肯入睡，一晚上，我只能靠在童床上闭上五六个小时的眼睛。第二天，我照常上班。整整两个星期，天天如此，可我没有请过一天假，没有迟到早退过一次。自己受累了，家人责备我，可我心里却很满足，因为自己的辛劳换来了学校语文公开教学活动的极大成功。

20多年过去了，我似乎还是原来的我，似乎又不是，那是因为，教育已浸入了我的生命。我追求着如水一般的教育生活：像水一样有德行，奔流不息，哺育一切生灵；像水一样有情义，流必向下，和顺温柔；像水一样有志向，穿山岩，凿石壁，从无惧色；像水一样善施教化，万物入水，必能荡涤污垢……

2. 真爱如雨，润物本是无声

“情在左，爱在右，走在生命的两旁，随时撒种，随时开花。”冰心老人的话让我知道，真爱如雨，润物无声，育人无痕。一个不经意的爱抚，一句轻描淡写的鼓励，一声看似不着边际的嘘寒问暖，都会给学生留下刻骨铭心的记忆，都会荡起学生心中的涟漪。因此，我一直用自己不露痕迹的爱心呵护着学生积极向上的稚嫩心灵，用无比的耐心倾听着花开的声音。我常对老师们说：“每一位老师都要把每一个学生看做好学生。要横着排队，让每一位学生都能得第一。”在我当班主任的时候，班上有一位叫陈宇的学生，上课下课喜欢调皮捣蛋，爱惹是生非。为了教育帮助陈宇，我一次次地和他进行单独谈心，一次次地开展家庭访问。一次，我利用双休日开了个“个人专场家长会”，请来了陈宇和他的父母亲，也请来了班上的小干部。大家围坐在几张课桌拼起来的方桌旁，小干部们将事先收集好的关于陈宇的优点当着他本人的面夸给他的父母听，并小大人似的对陈宇提出了期望。我当然也少不了大大地夸了他一番，并对他提出了殷切的期望，陈宇的心灵被触动了。于是，接下来的每周，我细心地观察记录陈宇的表现，并用尽心思挖掘陈宇的优点，周五的时候用毛笔写一份喜报，请陈宇亲自带回家去，向他父母亲报喜。课间，我请陈宇带领篮球队开展活动，并负责同学们的课间纪律。慢慢地，陈宇转变了，成为了一名德、智、体全面发展的三好学生。

像一场润物无声的春雨，似一阵和煦拂面的春风，真爱本是无痕。每一个学生的心灵，都有一根美丽的弦，老师用发自内心的真诚的爱，去拨动它，学生的心灵必然会奏出一曲曲动听的歌。“真教育是心心相印的活动。”我用真心换来了学生的真心，换来了家长的信任，我所任教的这个班级也被评为苏州市优秀班集体。而我自己，也有一个需要支撑的家，也有一个需要关爱的家，但我从不因家务繁重而影响工作。爱人说我“从来不带孩子锻炼，更不陪孩子逛公园、游郊外，只是把女儿塞给了电视机”。虽然是责备，但语气是宽容的，因为她知道，我是属于学生、属于学校的。由于长年的超负荷劳作，身体本不魁梧强壮的我越显瘦弱，1992年，我累倒在讲台上。去医院一查，我和家人、同事都惊呆了——左肾脏严重积水，功能坏死，必须马上做切除手术。当时，我处于极度的痛苦之中。我担心手术后不能像正常人一样生活、工作，担心从此以后会离开自己热爱的教育事业。领导、老师的关心、安慰，给了我战胜病魔的信心。手术后，我身在病床，心在学校，当校长来院探望，带来学校的情况时，我是多么的兴奋。刚出院一个多月，我就硬撑着身子来到了学校。开学后两个月，我便试着回到讲台，上一个班的作文课，备课上课，批改作业，一点一点坚持着认真完成，并积极筹备全市的目标教学研讨活动。好心人劝我保重身体，多休息，不必这么着急去上课和进行学校的管理工作。可我笑笑，依旧坚持着自己的选择，因为我知道：在学校里和孩子们在一起最快乐。

薄俊生校长在纠正学生写字姿势

3. 执著似泉，唱响心底的旋律

1990年教师节，我出席了常熟市中小学青年教师代表大会，并作了题为《当一名学者型的教师》的发言。我原以为自己的发言有些不知天高地厚，难以被人接受。没想到发言刚毕，台下便爆发了长时间热烈的掌声。教育局领导还高兴地紧握我的手，用饱含鼓励期待的语气恳切地说：“小薄，向认定的目标坚定地走下去吧！”

从教二十多年，我正是这样走过来的。古语云：林木茂盛，必先固其根。中师毕业后的第三年，我便“开后门”参加了苏州教育学院的高师函授。白天教书育人，不敢懈怠一分钟的宝贵时光，备课，上课，批改作业，当日事当日毕；晚上充实自己，读教材，做笔记，查资料，啃文献，似海绵吸水。夏日蚊虫叮咬，套上衣衫长裤；冬天寒冷难熬，活动一下再干。功夫不负有心人，经过几个春秋的努力，我终于取得了本科文凭，望着鲜红的证书、求索的硕果，我感到欣慰、充实。

我深知，做好教育工作更需要有专业理论的指导。于是，我向漫漫书海进军了。我花了工资额的相当部分用来购买、订阅教育书报杂志，一有空余时间，我就往图书室里钻，常常忘了下班时间。我利用节假日，利用无数个深夜、清晨通读了《教育学》《心理学》《教学论》……深刻地领悟古今中外各流派的语文教学思想，“读十遍，不如写一遍”，为了把教育理论学到手，我坚持“不动笔墨不读书”。几十万字的札记心得，堆成厚厚一叠。

1991年年底，江苏省教委决定将语文教学改革作为素质教育的突破口，为在1992年新学期能按素质教育要求全面进行语文教学改革工作，我利用寒假休息时间再学省教委45号文件和省教委领导同志关于实施素质教育的重要讲话，从整体上构思语文教学实施素质教育的改革方案。不论是年三十还是年初一，我都处在高度紧张的思考之中。眼看开学一天天临近，而自己的方案还没有最终形成，我心里一天天焦急起来。年初三，我取得家人的理解和支持，干脆带着水果和面包到学校办公，整整一天没有回家，直到当晚七点把改革方案的思路理顺才松了一口气。年初四，按惯例要到乡下看岳父岳母，我带着重重的一包材料前往。刚到那里，我就选了一间空房间开始了自己的工作。在乡下住了两天，我连续工作了两天。就在这两天内，我完成了改革方案的拟订工作。一开学，这一方案就在市教导主任会议上作了介绍，引起了不小的震动。寄往《江苏教育》编辑部后不到半个月，就收到了录用通知，发表在该刊的1992年第5期上。同年，该文在省“教海探航”征文评选中获奖。

于是，科研载着我的探航之舟在教海中一路乘风破浪，我主持开展了联合国儿童基金会、国家教委基教司下达的“制订小学语文学习标准及教学质量监测”的研究，编印了《语文三级教学认知情意目标》，使目标教学可操作、易评估，受到了专家老师的好评，并由苏州市教委向本地区学校推广使用。1990年，我从当时国内外课程编制综合化的发展趋势和尚未设置综合课程的现状出发，开始了《小学学科综合活动课程的理论和实践》课题研究。从课题界说到目标确定、变量操作，我都深入思考、全面把握，带领老师边实践、边总结。在三年中，对全部研究材料进行了系统的分析、归纳、提炼，总结出了具有普遍意义的综合活动课程的“三三四模式”，我的研究成果得到了省教委领导和南师大教授的高度评价，整体改革方案和总结获江苏省教学改革科研成果一等奖，被中央教科所授予成果奖。1999年夏天国家教委在准备对课程标准进行全面调整时，省教委领导慧眼识珠，让我作为江苏省的代表参与新大纲的制订工作。此后，又参与省教委的活动课程指导纲要、教育部的语文新课程标准等多项文件的研制工作。我还独立承担了国家教育部规划立项的“运用信息技术，建立以学生为主体的探究性学习方式”、江苏省规划办立项的“以课程革新为突破口，构建活动教育体系”等多项省级以上课题研究，获得4项全国级一、二等奖，5项省级一等奖，18项省级二、三等奖，在省级以上教育理论刊物发表论文80多篇，编写出版多本专著，当选为苏州市小学语言教育研究会副会长、江苏省小学语文专业委员会理事、江苏省实验小学专业委员会理事。

每一项新的工作，对我来说都是一项挑战，我总是告诫自己只要大胆去做，生命便会实实在在，只要放手去干，事业便会充满阳光。成功需要付出，人生需要磨炼，幸福需要创造，就如同那曲折山道中的明澈执著的泉，一路从源头流淌而下，面对远方的喧嚣，仍缓缓地流，潺潺地走，涓涓地淌，静静地唱，不知疲倦地奔流、奔流……有一首歌中说：故事不多，宛如平常一首歌。我就在这样做着，在每一个平凡的日日夜夜，一路走来，静静地唱响心爱的教育旋律，这歌，没有惊波逆转的曲调，没有撼人心魄的高音，却是娓娓唱来，吟自心底。

4. 清淡如茶，追求本真的境界

中国的文学艺术，是一种难以言喻、不可形示的艺术佳境；中国的语言文字，有一种含蓄清淡、超越言象的无声之美、无形之境，这是大道之美。我认为我们的语文教学也应回归语文的本真，才能把握语文的实质，彰显语文的价值。语文教学是我的至爱，我在多年的教学实践中形成了“谐、实、活”的教学风格。在我看来，语文教学应该是简单而又深刻，清晰而又丰富，独特而又生机勃勃，质朴而又楚楚动人的。语文教学应该是清淡如茶，却又耐人寻味，和学生一起溶入文中，感受、品味，才能获得顿悟与积淀，获得语文素养、人文素养。

我曾应邀赴广东、浙江、上海、陕西等省市作公开观摩教学30多次，作专题讲座50多次。《最大的麦穗》《掌声》《剪枝的学问》……得到了省内外专家、老师的肯定。在省级科研主课题中期报告会上，我向全省的专家教授上了展示课《惊弓之鸟》，省教科所长成尚荣评价说："薄校长的课达到了一定的境界……"在全省苏教版教材教学培训会上，我向全国十多个省市上千名教学行家里手作示范教学《古今贤文》，得到了杨再隋、王兰等专家名师的赞赏。在《我不是最弱小的》教学中，我找到了"朗读"这种传统语文教学方式和新课程理念"与文本对话"的最佳结合点，并且赋予了一种非常童趣化的说法："朗读就是代作者说话，代文中的人和物说话。"这种说法不仅把一个深奥的教学理念转化成了一个要求明确、简便易行的学习方法，而且具有很大的诱惑力，一下子就拉进了学生与作者、与文中人和物之间的距离，把枯燥无味的阅读文本的方式变成了一种鲜活的生动可感的"生活"方式。"代作者说话、代文中人和物说话"强调的是学生的主体意识，它诱使学生真正把阅读看作是自己的自主行为，让学生在自主感悟、理解、欣赏、评价中自由张扬个性，充分发挥自己的主观能动性，更重要的是，让学生们知道了对语言文字的学习应该走进作者。

"一花独放不是春，百花齐放春满园。"我努力以自己微不足道的影响，引导教师特别是青年教师，在教育园地里形成百花争春的强烈气氛，按"选苗子，压担子，指路子，搭台子，树牌子"的工作思路，促进教师队伍整体素质的提高。

我始终认为，教师中间蕴藏着巨大的创造潜能，学校管理者要将每一位老师看做好老师，要为每一位老师创造成功的机会，要帮助每一位老师取得成功。为了尽快地提高青年教师的理论素养，我组织成立了青年教师理论学习小组。为了解决理论学习材料，我留意各种教育报纸杂志上的书讯，并掏钱为青年教师购买理论专著，一次次的邮购工作都由我一人负责，一次次的邮费都由我一人承担。我也毫不吝惜自己的时间、精力、经验和才智，青年教师上公开课，我总是当自己上课一样对待，自己亲自"下水"，钻研教材，设计教案。多年来，我辅导教师进行市级以上公开课及到兄弟学校借班上课数百次。平时我总是挤出时间，聆听老师们的课堂教学，并组织老师们进行多形式的评课，常常是华灯初上我才和青年教师一起回家，在反复的打磨中，老师们快速地成长起来，教改带头人、教学能手像雨后春笋般冒了出来。如今，学校有省特级教师3名，苏州大市级名教师、学科带头人9名，常熟市级学科带头人33名，常熟市级学科教学能手28名，市级以上先进人物近80位。一个以名教师为代表的优秀教师群体已经基本形成。西藏、新疆、山东、山西等地多次派校长、教师来校学习，我也因此被教育部有关部门聘为西部教育顾问。我校教师讲奉献、讲实干是出了名的，如果问实小教师累不累，老师们会激动地说："跟着薄校长干，再苦、再累，也心甘，因为累得畅快，苦得欣然。"

大道无形，我追求着这如水、如雨、如泉、如茶一般的教育人生，平淡、真实，而又乐在其中。

十四、追求本真教育

陈金才

陈金才，男，1960年生，特级教师，现任深圳市福田区天健小学校长。曾荣获江苏省德育先进工作者、江苏省百名好校长等荣誉称号。2002年，作为特殊人才，通过“绿色通道”引进到深圳市福田区任教，并从2004年起担任天健小学校长。主要著作有《陈金才：追求本真教育》等。

诗意童年

做了二十多年的教师，每天都和孩子们在一起。看到一个个天真烂漫的孩子，我总是会情不自禁地想起我的童年时代。最近几年，我常常把孩子们的童年生活和我自己的童年生活作比较，然后思考：到底谁的童年更美好？

回到生命的起点看教育，回到教育的起点看孩子，我们每一个人都应该思考：现在的孩子，他们有真实的、完整的儿童生活吗？我们应该给孩子一个什么样的童年？

1. 家乡

我的家乡在江苏省扬州市宝应县一个叫柳堡镇的地方。电影《柳堡的故事》，让“柳堡”比“宝应”更知名。一曲《九九艳阳天》唱响大江南北，令许多人对柳堡这个麦苗青青，蚕豆花香，有清清的小河，有白色的风车，还有漂亮的二妹子的地方，充满了美好的向往。

20世纪60年代初，我有幸出生在这个叫做柳堡的地方。

镇子的西边是古老的运河。浩渺的河面上，船只穿梭往来，白帆点点，水鸟翻飞，在夕阳余晖的映照下，充满了诗情画意。春天来了，运河堤岸上的大大小小的水闸一起开闸放水，于是纵横交错的水渠里都涨满了运河水。那清冽的河水，带着清甜，带着欢快，汩汩地，流进了田野，流进了果园，流进了家家户户的水缸，也流进了每一个人的心田。

东边是一望无际的湖荡。湖滩上长满了青青的芦苇，一阵风吹来，芦苇泛起绿色的波浪，绵延起伏，一直伸向天边的云霞里。风停了，芦苇静立，苇叶瑟瑟，闪动着翠绿色的亮光，偶尔传来几声芦笛的欢快的鸣叫。端午节的时候，家家户户用苇叶包糯米粽。在那个细雨蒙蒙的早晨，炊烟从屋顶的烟囱里袅袅升起，蒸粽子的水汽从茅舍的窗户边溢出，乡村到处弥漫着苇叶的清香。夏天的湖面上漂浮着圆圆的荷叶，荷花在荷叶上亭亭玉立。姑娘们划着小船，唱着带有浓厚乡音的民歌，压破荷叶铺就的湖面去采菱角，笑脸和荷花媲美。天气凉了，秋风吹过湖面，村子里到处悠悠地漂浮着乳白色的芦花。

这就是我的美丽而可爱的家乡。我在这里度过了艰辛的、快乐的、充满诗意的童年。

成年之后，我常常追寻童年、家乡留给我的最初记忆。奇怪的是，在我的记忆深处，始终珍藏着这样的一幅温馨的画面：大概是在我3岁的时候，或许更早一点，在一个有着月色的夜晚，我骑在父亲的脖子上，走在小河边，父亲一边走，一边唱歌："小河里的水，清又清……"月光洒在河面上，河水闪着碎银似的亮光，四周一片静谧……我不知道是真有其事，还是我之后的主观臆想。但是我仍然十分感动，我感谢家乡、感谢亲人为我的人生建立了一个多么富有诗意的起点！

从这个充满诗意的起点出发，游泳、溜冰、捕鱼、打架、艰辛生活的磨炼……组成了我的丰富多彩的童年生活。

2. 游泳

我的家乡又被称之为"水乡"，大大小小的河流、水渠纵横交错，一条小船可以载着你去你想去的任何地方，而许多地方靠走路反而不能到达。家乡的男孩没有不会游泳的。夏天，我和几个男孩，把书包和衣服让女孩拿着，光着身子，从家旁的码头下水，一路向学校游去。我们像一群快乐的小鸭子，在河里一边游，一边戏水，有时还做一些"老鸦（鸬鹚）捉鱼"的游戏。一直游到学校附近的码头才上岸。我们穿好衣服，一起站在太阳底下晒干了头发（是为了不让老师发现）才一本正经地走进学校。

我们学习游泳，没有教练指导，都是无师自通，自学成才。记得我刚学游泳时，只敢在河边扑腾，扑腾几下身子就沉下去了。父亲抓住我，使劲扔到河中心，我喝了几口水，拼命地挣扎，一挣扎，身子居然浮上来了，啊，我学会了游泳！之后，我学会了狗爬、仰泳、潜泳，还有所谓的自由泳。

几年以后，我便成了游泳高手，在"老鸦捉鱼"的游戏中屡战屡胜，三五十米的河面，从这边一个"猛子"扎下去，很快就在河对面探出了脑袋。游泳，强健了我们的体魄，锻炼了我们的勇敢意志，甚至也激发了我们骨子里与生俱有的冒险精神。游泳时踩到玻璃碎片划破了脚，是常有的事，可从没有人大呼小叫，生怕被别人笑话。忽然，有一条水蛇从脖子边游过，大家依然嘻嘻哈哈。有胆大的孩子，一伸手抓住水蛇的尾巴，抖几下，扔到岸上，水蛇就爬不动了——水蛇的骨架被抖散了。有一次，我与几个孩子打赌，竟然敢从二十多米长的涵洞里潜了过去！直到现在，我每每想起这件事还有点后怕。后来这事被家里人知道了，父亲狠狠地教训了我一顿。

3. 溜冰

冬天，小河里结了一层厚厚的冰。于是，冰面便成了我们通向学校的“新路”。我们三五一伙，打着陀螺，悠闲地向学校走去。在冰面上打陀螺，可没那么简单，刚抽几鞭，陀螺就摔倒了。这到底为什么呢？对于孩子们来说，这就是一个研究课题。经过仔细地观察、研究，我们发现最主要的原因是冰面太滑。怎么解决这个问题，我们又一起进行科学攻关。再经过不断的改进、试验，最后终于找到了解决问题的办法：把陀螺的顶部削平一点，陀螺的身子做矮一点，这样陀螺就会转得又稳又旋。

陀螺打腻了，我们又不断创造出新的玩法。我们把板凳四脚朝上，做成一个简易的“冰车”，几个孩子站在“车”上，最前面的一个孩子把握方向，后面的孩子用一只脚猛蹬冰面，让“冰车”快速向前。小伙伴们分成几个小组，在冰面上开展“冰车”比赛。多么富有创意的体育活动啊！前几年，我在电视上观看冬奥会的比赛，当看到雪车比赛时，我兴奋地跳了起来，这种“多人无舵雪车”比赛，与我们童年时代在家乡小河冰面上的“冰车”比赛，竟是这样的“如出一辙”！

4. 捕鱼

春天，运河水灌满了大大小小的沟渠。河两岸的白杨树的树叶从鹅黄，到淡绿，再到深绿，一天一种新颜色，一天一个新气象。两边的田野里，金黄的油菜花、灰白色的苜蓿花，开得一大片一大片的。大雾弥漫的早晨，大片大片的油菜花、苜蓿花浸染在乳白色的浓雾中，像一湾平静的湖面。涨满水的河道里，一群一群的运河鲤鱼结伴而行。它们也许是不甘寂寞，也许是嫌河道太窄，有一条鲤鱼跳出水面，发现堤岸那边竟有这样一片广袤的“湖面”，于是它再次跃起，纵身飞入花丛中，没有溅起半点涟漪。后面的同伴们也心向往之，结伴飞起，一同落入花丛中。在这样的季节，这样的天气里，我们结伴去上学，不再走在堤岸上，而是走在花丛中，手持木棍，像《地雷战》中扫雷的鬼子兵，运气好的时候，便能收获到这从天而降的惊喜。

放暑假了，我们几个伙伴手持自制的渔网，背着鱼篓，到小河里去捕鱼。人多的时候会有十几个，浩浩荡荡，在河里排成一长串，所到之处，游鱼难逃厄运。晚上，点起火把，到水田里捉黄鳝。赤脚走在田埂上，秧苗稀稀疏疏才长出三四寸高，水田里铺着一层薄薄的水。黄鳝都从洞里钻出来，在水田里仰着身子舒坦地躺着。我们看到了，就悄悄拿起自制的竹夹，轻轻一夹，便把黄鳝请到了袋子里。尤其是在雷阵雨到来之前的晚上，天气又闷又热，黄鳝大概实在是憋不住了，纷纷钻出来。此时，我们的收获最丰。清晨，我早早起身，手持鱼叉，在河边转悠，眼睛盯着河面，脚步轻轻移动，忽然水中起了一个漩涡，飞叉过去，躲在水中的鱼儿插翅难逃。行人见了，惊得目瞪口呆，大声称赞："这孩子，本领了得！"我能够单手飞叉，百发而五十中，在伙伴们中间算是高手中的高手，如果要评级，至少在八段以上。

秋风一阵紧一阵，河两岸白杨树的叶子黄了，纷纷落进河里，跟着河水向前漂去。一年好景君须记，正是菊黄蟹肥时。我跟着舅舅去捕大闸蟹。舅舅捕蟹的方法非常特别。先用稻草捆成一条又长又粗的绳子，再把这草绳用烟熏黑。选择一处水流通畅的河面，傍晚的时候，把黑黑的草绳拦腰横放在河水里。在草绳两端的河滩上，各挖一个又深又陡的泥坑。舅舅告诉我，大闸蟹一般喜欢在夜间成群结队地于水中游行，当遇到横在水中的被烟熏黑的草绳时，它们不敢越过，会顺着草绳向两岸爬行，试图绕过草绳继续前进，爬到岸边时，正好会落在泥坑里。

我问舅舅："你怎么知道这些的？大闸蟹真的会听你指挥吗？"舅舅笑而不答。

舅舅还在两边的泥坑旁，各支起一根木棍，点上马灯。

"这是为什么？难道你还怕大闸蟹看不见路？"

"这是为夜晚拉纤的纤夫点的，不能让他们掉进泥坑里。"

忙完了这一切，舅舅拍拍我的脑袋，说："走吧，回去睡觉。"

"可是，你点着灯，不怕夜里有人把我们的大闸蟹偷走吗？"

舅舅哈哈大笑："放心吧，明天一早尽管来取大闸蟹。"

我一边跟着舅舅往回走，一边不时回过头去看那点在河滩上的两盏灯火。水面上起了一层雾气，灯火在朦胧的水雾中忽明忽暗，像是走进了一个古朴而悠长的童话世界。多少年过去了，那河滩上的两盏灯火，一直在我的心中亮着。

冬天的时候，河道、湖面都被冰面覆盖了。我们去打“冻鱼”。提着木榔头，沿着河道和湖边的冰面慢慢寻找，走不多远，便能看到冰盖下的鱼儿，有的藏在水草里休息，有的鱼嘴竟然被结在冰上了。提起木榔头，对准鱼儿藏身的冰面使劲砸下去，冰破了，鱼儿也被震晕了，和冰块一起浮在水面上，手一捞就上来了。

5. 打架

好斗是男孩的特性。解决男孩之间矛盾的一种最阳刚的方式，就是打架。可以这样说，打架，是男孩童年生活中必不可少的一门课程。当然，文有文风，武有武德，打架也是有原则的，不许寻衅滋事，不许以强欺弱。做教师以后，我常常会处理一些男孩之间的打架事件。批评教育以后，我常常会对那些心怀正义，敢于对“邪恶势力”挥拳惩处的男孩心生欣赏之意。一个男孩连架都不会打，还能干什么呢?

我的打架课程是从一种叫“斗鸡”的游戏开始的。“斗鸡”的方式是，单脚着地，双手握住另一只脚，用膝盖去攻击对方，直到对方被击倒，或者双脚落地。有时是争霸战，两两厮杀，败者被淘汰，胜者进入下一轮，最后决出冠军。有时，是车轮战，一个高手可以连续对付好几个勇士的挑战。有时是团体战，两个团队的选手，一对一对地出战，最后以总比分决定胜负。这种争斗，需要体力，需要勇猛，需要耐力，需要坚定的意志，也需要智慧和技巧，真是斗智斗勇。有一次，河南电视台武林风节目推出一档新型的比赛项目，叫“角斗士比赛”，吸引了大批的电视观众。我一看，心想：这不就是我小时候玩腻了的“斗鸡”比赛吗?为什么会叫“角斗士”比赛呢?我上网一查，网上赫然写着：角斗士协会是美国的一位职业运动的传奇人物文斯·麦马翰于1982年创立的一个世界性的体育协会。哈哈，美国人真逗，我比他早十几年就是“斗鸡”协会的会员啦。

摔跤，是我的打架课程中的核心项目。两人相对而立，双手抓住对方肩膀，使出浑身的解数，把对方摔倒。无需教练，自定规则，然后在“战斗中学会战斗”。每当放学以后，几个男孩相约来到一块空地上，把书包扔在一边，便投入“殊死搏斗”。摔倒了，不服气，爬起来，再战。一段时间以后，同伴之间的战斗不过瘾了，就遍访“天下高手”比试。一旦听说某处有个某某某是打遍天下无敌手的人物，便特别不服气，想方设法找到他，与之决战。残酷的战斗，必然要付出代价。摔伤腿、摔伤胳膊、擦破皮肤是家常便饭。但是，谁都不会追究对方，更不会告诉家里人。有时被家人发现，追问起来，便一口咬定是自己不小心摔伤的。在孩子们的心中，打不过别人，要家人出面，是最丢面子的事情。有一次，我和一个男孩摔跤，那孩子的膝盖擦破了，流了很多血。我很过意不去，第二天从家里带一块锅巴给他，以示慰问。

长大以后，我就没再打过架。但是，孩童时代在打架中练就的那种“血气”，一直循环在我的血液里。我常常慨叹现在的孩子在家长和学校的严密监控之下，已经完全失去了打架的机会。我不免有点担忧。后来，我发现有一项很好的运动，可以替代之，这就是跆拳道。让孩子练跆拳道，不就是教他们打架吗？不过，这是在教练的指导下，讲究规则，讲究技术和战术，讲究安全，讲究礼仪的一种较为科学的“打架”方式。因此，在我所任的学校里，跆拳道是最重要的特色课程之一。

6. 磨炼

那时的农村学校，每年要放忙假、暑假、寒假。放假期间，孩子们要回到生产队参加集体劳动。夏天拾麦穗、割青草，冬天摘棉花、挖红薯。赤日炎炎，没有一丝风，太阳炙烤着大地，晒得孩子们的脊背滋滋冒汗，头皮发麻。皮肤先是变红，后来发热，像火烧般的疼痛，过几天就掉了一层皮。父母们见了，笑呵呵地说：“嫩皮肤脱了，长出新皮肤更结实。”雪后的大地，寒气逼人，西北风吹在脸上如刀割般疼痛。我们拼力挖红薯，一会儿，头上竟冒出热气。爷爷说：“最保暖的衣服是劳动。”

爷爷是大队的管水员，掌握着3个水闸的开关大权。水是最宝贵的资源。每次打开闸门一两个时辰之后，爷爷便会顺着河道下去察看水情。当了解到所有农田都灌溉到位之后，爷爷便会急匆匆地走回来，关闭闸门。十一二岁的时候，我经常替爷爷下去看水情。有一天夜里；月亮落下去了，水渠两边都是一片黑黢黢的树林。路过一处乱坟岗，野猫凄惨地叫着，远处还有一堆“鬼火”，忽明忽暗地飘着。我曾多次听大人们讲过关于这个乱坟岗的鬼怪故事，此时，身临其境，顿觉毛骨悚然。我镇定情绪，打开手电筒直直地照着前方，大声唱着歌，走过了乱坟岗。虽然没有遇到鬼怪的滋扰，但也吓出一身冷汗。历经此事以后，我觉得自己一下子长大了许多。

从上小学五年级起，我就主动承担起帮助家里去米厂碾米的任务。挑着几十斤重的担子，来回要走七八里路。扁担压在稚嫩的肩膀上，不一会儿就疼痛难忍，走一段路之后，就要放下担子歇一会儿。路旁有一排电线杆，两个电杆之间的距离大概是30米。我给自己定下目标，第一次挑担行走不能少于5个电线杆；下一次只能持平或增加，不能减少；再下次，只能在上一次的基础上持平或增加，不能减少。每一次都是咬着呀，坚持走完既定的目标。一年之后，我就能做到一路上无需歇脚了。之后，我常常把这种方法运用到我的学习过程中，确定今天要看多少页书，定下目标以后，就一定要做到，只许超过，不能减少。

还是在我上五年级时的那个冬天，妈妈去十几里外的一处湖滩打芦苇，是为了解决家里半年的柴火问题。妈妈已经去了两天了。第三天一早，我去接妈妈。那天正是年三十。中午的时候，我在湖滩上找到了妈妈。妈妈见到我又惊又喜，嘴里却连声责怪我，说天气这么冷，我不应该一个人跑这么远。一会儿，下起了大雪，妈妈驾船往回赶。妈妈要我留在船舱里，我坚持到岸上帮妈妈拉纤。风雪打湿了我的头发、衣服。河滩变得越来越湿滑，我摔倒了好几次。妈妈一边撑着船，一边心疼地提醒我：小心，别掉到河里。

在那个大年三十的下午，在风雪交加的河边，我用稚嫩的肩膀拼足力气拉起纤绳，艰难地行走在生活的路上。我，一个十岁孩子的小小内心里，经历了一场深刻的人生体验。我想到了责任，父亲、母亲都在用他们的辛劳承担着家庭生活的重担，我也要用我的肩膀、我的努力，帮助家里承担一份责任！我想到了孝顺，看到母亲站在船尾那像雪人一样的身影，一股情感的热流在我的心中涌起，并且强烈地冲击着我幼小的灵魂。我发誓：一定要好好学习，将来让父母过上衣食无忧的生活。直到现在，我每次回家，看到母亲灰白的两鬓，我就会想起那风雪中的身影，我的内心便充满了对母亲的感激和热爱。

回顾我的教育历程，没有人专门对我进行过“孝心”教育，我对父母、对长辈始终心存敬畏之情、感激之情，对他们孝敬有加。我的情感历程告诉我：德育不是简单的告诉，不是知识的灌输，也不是教室里的空洞说教和机械训练。道德情感的形成，一定要经过心灵的深刻体验。

7. 反思

如今的孩子很幸运。他们生活在一个精神生活和物质生活都很丰富的年代。他们衣食无忧。他们有电视、电脑、游戏机，还有无数的课外书。他们有的能够乘火车、坐飞机游遍国内外的名山大川。更重要的是，他们还有爸爸、妈妈、爷爷、奶奶、姥姥、姥爷们的无微不至的关爱。他们真是幸福的一代。

可是，他们有无数的作业，有一个连着一个的兴趣班，还有不计其数的考试。他们被关在汽车的笼子里，穿过钢筋和水泥浇铸的城市森林，来往于家的笼子和学校的笼子之间。他们幼小的心灵，也被锁在一个无形的笼子里。他们真的很幸福吗？

因此，我不得不回到生命的原点，来思考孩子的教育问题：我们应该给孩子一个什么样的童年？

孩子是大自然的宠儿，他们从自然中来，还应该回到自然中去，在自然中成长。缺少自然生活的儿童一定是有重大缺陷的。可是，城市化运动，却让我们的孩子离自然越来越远。他们长期呼吸不到新鲜的空气，看不到大片的绿色，听不到泉水的歌唱和小鸟的鸣叫。我常常忧虑，我们的孩子被污染了，是被各种光怪陆离的声像作品，被车辆、工厂排出的废气，被各种噪音和无数看不见的电磁波污染了。我常常夸赞来自山村乡野的孩子是没有被污染的“绿色孩子”。我还经常建议城里的家长，想办法把孩子送到农村去生活一段时间。可是，当我回到乡村，发现如今乡村的孩子已经不能找到一条可以游泳的河流了，我再也回不到我童年时的乡村了。我的心中又充满了更深的忧虑。

玩，是孩子生活的重要组成部分。玩，也是孩子们最重要的一种学习方式。冰上的陀螺为什么容易摔倒？这就是孩子们的研究课题，在玩中发现问题，又在玩中解决问题。“斗鸡”、摔跤，既能强身健体，又能养成孩子们不服输的个性。喜欢玩，是孩子的天性。有专家研究发现，儿童时代玩得不充分的孩子，长大以后就会或多或少地患有人格缺陷。

生活即教育。家庭生活、社区和乡村生活、好朋友们在一起的伙伴生活、学校生活，都是最真切、最丰富、最深刻的教育。童年生活的欢乐、竞争、艰辛、磨难都是孩子成长过程中必不可少的养料。最重要的是，要给孩子一片属于他们自己的空间，放开他们的手脚，放飞他们的心灵，让他们自我探索。只有在生活的实践中，才能习得真知。只有在生活的体验中，才能培育真情。只有在真实的生活中，才能培养真人。

现在的孩子，他们有真实的、完整的儿童生活吗？没有。孩子们缺少乡村社会的自然生活和丰富多彩的同伴生活，缺少生活的磨炼，缺少对心灵的滋养。他们现有的生活，都是经过成人过滤后的儿童生活，太狭窄、太精致、太功利、太过度，正如他们的饮食，品种单调、挑食偏食、营养过剩而又不良。期望过大的成人，既过早地把成人生活引入到孩子们的世界，又让孩子们过早地失去了儿童生活的童真、童趣、童心。长此以往，将会怎样影响孩子们的个性和人格？现在，男孩子们的阳刚之气越来越少，戴眼镜的孩子却越来越多，这将会怎样影响一个民族的未来？

回到生命的原点，我们都应该思考：为孩子们创造一个什么样的儿童生活？现代孩子的诗意童年到哪里去寻觅？

求学之路

1. 混沌的启蒙

我上学很早，5岁多一点就上小学一年级了。那一年，村里的大孩子都上学了，我没有了伙伴，爷爷说干脆让我跟他们一起去上学吧。于是，我以比同一年级的孩子至少小两岁的年龄进入了学校。

刚入学时，与同学相比，我实在没有什么优势。读书没有同学响亮，排队没有同学标准，扫地没有同学干净，写字老是写到田字格的外面。我唯一的优点就是年龄小。老师每每讲到我，总是加上“我们班年龄最小的同学”。我听了以后，以为“全班最小的同学”就是“全班最聪明的同学”，因此，自我感觉非常良好。

后来，发生了两件事，让我得意非凡。从此以后，我似乎一跃成为全班最优秀的学生了。

那时，我们上的是复式班，一、二年级学生在一个班，由一个老师教。教我们班的是一个三十几岁的男老师，姓周。周老师教二年级学生的时候，我也可以听。一次，老师让二年级学生猜一个谜语，大家都答不上。我举手说出了谜底。周老师异常兴奋，夸了我半天，说什么年龄最小，最聪明，连二年级学生答不出的问题都能回答。下课以后全班同学都用羡慕的眼光看着我，我心里别提有多美了。

还有一次，周老师让我们轮流讲故事。我一听，来劲儿了，第一个跳上去讲。因为，我很小的时候就喜欢听爷爷讲《三国演义》《水浒传》。我当时没有其他念头，就想把我所知道的有趣故事告诉同学们。我走上前，不管三七二十一，孔明借东风、武松打虎、草船借箭、桃园三结义，等等，张冠李戴、乱七八糟地讲了一通，整整讲了一堂课。没想到效果出奇地好，老师和同学笑得前俯后仰，掌声不断。下课了，周老师一把抱起我，放在讲台上，大声对同学们说："大家看看，陈金才同学年龄比你们小几岁，却这么聪明！你们都要好好向他学习啊！"

从那以后，我就是全班年龄最小却是最聪明的学生了。也是从那时起，我上课举手发言的积极性空前高涨，写作业的态度也出乎寻常地认真。我总是告诫自己，一定要更聪明，表现要更好，否则就不能算是"全班年龄最小、最聪明的学生"。

周老师看上去很像一个敦实的农民，唯一不一样的就是他的嘴里镶了一颗金牙，表扬我的时候，嘴角向上翘起，左边就露出一颗闪闪发亮的牙齿。那时候，我觉得镶金牙的人是天下最好的人，有几次回到家里缠着爷爷，一定要他去镶金牙。上课的时候，我最喜欢看周老师的大金牙了。

可惜，这种美滋滋的好时光没有太长久。二年级的时候，我就遭遇了我学习生涯中的一次滑铁卢。

2. 转学遭遇挫折

二年级开学后不久，家人让我转学到另一所学校就读，原因是这所学校距我家稍微近一点。

事前没跟我商量，也没告诉我新学校是一个什么样的学校。忽然有一天早晨，爷爷把我领到了一个我完全陌生的地方，跟老师说了几句话，然后拍拍我的头，让我好好听老师的话，就走了。就这样，我就开始了我在新学校的学习生活。

没有了熟悉的老师，没有了亲爱的伙伴，我一个人孤孤单单地来到了新学校。我想念周老师，想念同学们，想起周老师夸赞我的笑容，想起小伙伴们和我在一起做游戏的情境，想着想着，眼泪就流出来了。老师讲课的时候，我完全听不进去。作业本上开始有了久违的红叉叉。老师皱着眉头说："怎么转来一个差生？"同学们也用轻蔑的眼光看着我。

我印象非常深刻地记得，那时候一到下课，我最喜欢做的一件事情就是拿出我一年级的作业本，一张一张地翻给同学们看，还一一地数着本子上的"100"分。大概潜意识地想告诉我的新同学，我不是差生，我是"年龄最小的最聪明的学生"。可是，没有一个同学能够理解我的"苦心"。一次，有个同学大声对我说："别再骄傲啦！反正你到我们学校就是差生了！"

后来，我真的就成了一个名副其实的差生了。上课提不起半点精神，做作业总是错误百出。最后迫使老师登门家访，找我父亲专门谈我的学习问题。

父亲也急了，他一边生火做饭，一边辅导我做数学题，讲了几遍，我还是浑浑噩噩理不清头绪。父亲火了，竟把我的作业本扔到了火塘里。母亲奋力把作业本抢救出来。作业本已经被烧糊了，像戏台上的大花脸，冷笑着看着我。

父亲看我的脸色越来越难看了。放学以后我很害怕回家，总是在外面逗留。我在心中对自己说："我真的是一个差生了。我的学习没有指望了。"

3. 新学年带来了转机

三年级的时候，我进入了三四年级复式班，老师姓昌。开学第一天，我第一个到学校，老师还没到，我就在教室外边的走廊上大声读书。一会儿，昌老师来了，他并不知道我是个差生，看到我的表现，大加赞赏，后来又在全班同学面前表扬我，夸我到校早，爱学习，并交给我一个十分光荣的任务：让我管班级教室的钥匙，每天负责开门、关门。

有个同学很不服气，大声对昌老师说："老师，不能让陈金才管钥匙，他是个差生。"昌老师瞪了他一眼，他就不敢再有异议了。

从那以后，我每天总是第一个到校，一到学校就大声读书。我觉得昌老师很帅，围一条围巾，上衣左边的口袋里挂一支钢笔，读书的声音非常好听。他上课的时候总喜欢穿插一些有趣的故事，我回到家里把昌老师讲的故事再讲给爷爷听，爷爷也乐得笑呵呵的。

有一次，昌老师讲黄继光奋勇堵枪眼的故事。讲到精彩之处，他把讲台当做碉堡，模仿着黄继光的样子扑上去。那讲台是一张旧课桌，有一条腿坏了，昌老师扑上去的时候，课桌倒了，昌老师也扑倒在地上。许多同学笑了起来。我急了，冲上去把昌老师扶了起来。昌老师笑了。下课的时候，昌老师跟另外一个老师聊天，他指着我，对另一个老师说："别看这孩子年龄小，却是最聪明的。"啊，我终于又听到了我久违的表扬！我依然是"年龄最小却是最聪明的孩子"！那一刻，眼泪在我的眼眶里打转。

我每天上学去得更早。我喜欢学校生活，喜欢听昌老师讲课，喜欢做昌老师布置的作业，喜欢和同学们一起玩耍，连生病都不愿意呆在家里。期末考试，语文、数学都是全班第一名，数学竟然神奇地考了100分。我把这重大消息告诉父亲。父亲以为他的耳朵出了问题，亲自跑到学校去问昌老师："我儿子说他数学考了100分。他是撒谎的吧？"

昌老师得意地说："我教的学生怎么会撒谎呢？你儿子是我们这里最聪明的！"父亲非常纳闷，奇怪啊，这孩子的数学怎么一下子就变好了呢？

学期末学校举行总结表彰大会，按照惯例要请大队的干部来做报告。那天来的是大队的副支书，是我父亲的同学，他认识我。副支书教育我们要好好学习，将来做革命事业的接班人。他讲到中途，忽然用手指着我，说："这小家伙就很不错，年龄小，很聪明，数学考了100分！你们都要向他学习。"他还让我站起来，让大家看看。昌老师和同学们一起为我鼓掌。我尽管很不好意思，可心里特别激动。这是我上学以来受到的级别最高的表扬！

从那以后，"年龄最小、最聪明"成了老师和同学们对我的专用评价。我也时时以这标准要求自己、激励自己。一直到高中毕业，我无论到哪个班级，无论这个班有多少高手，无论一开始我与他们有多大的差距，我总是对自己充满自信，用不了多久，我一定是这个班学习成绩最好的学生。

4. 特殊的启蒙老师

我上小学正处在“文革”时期，那时乡村小学教学的随意性很大，有一段时间语文教材甚至用《毛主席语录》代替。到了三年级，开始写作文了，老师教我们写大批判稿。有一次写《批“读书做官”论》，没想到我写的那篇作文被评为优秀作文。我还被选中参加村子里的批斗大会，在会上读这篇批判稿。

那年头，开批斗会必然要找一两个“地、富、反、坏、右”分子作为斗争的靶子。那天被红卫兵架着押上台的，是一个叫徐天湘的老人。他是我们家的邻居，平时我叫他徐二爷。听说他“文革”前在县城做小学教师。我上台读批判稿。他一直被人押着，头被压得很低很低。

回到家里，早有人告诉我妈：“你儿子今天登台批判徐二爷了。”我妈要打我。正好徐二爷从我家门前经过。我妈又要我向他道歉。我不服：怎么能向一个地主分子道歉呢？徐二爷笑着看我，然后低声问道：“今天的批判稿是你自己写的吗？”我点点头。他夸赞道：“写得不错，蛮有文采。就是有几个句子不怎么通顺。拿来我给你改改。”我妈喜形于色。我把作文稿给他，他认真地作了批改。

以后，他经常给我改作文，讲历史故事。还把他珍藏的《三国演义》《水浒传》等书籍借给我阅读。我对语文的兴趣竟然就是在这样的情境中产生的。我对教师这个职业的崇敬和向往也是从那时就在心中播下了种子。

一个教师，在那样的屈辱的处境中，他仍然没有忘记教师的责任，仍然具有那样博大的胸怀！这是多么崇高的人生境界啊！我的这位特殊的启蒙老师早已去世了。我做教师的日子已经有二十多年了。我常常问自己：你有没有达到这样的境界？

5. 我的“课外兴趣班”

农村的孩子也不是整天就是玩耍，也有自己的兴趣爱好，也有对艺术的喜爱和追求。可惜，当时农村的文化环境不行，我们见到的只是一些民间艺人。

邻居李叔是个木匠，不仅木工手艺好，还拉得一手好二胡。夏天的晚上，李叔端一张竹凳往院子里一坐，点上一支烟，喝一口茶，左手扶着二胡，右手持弓，手腕轻轻一抖，悠扬的胡琴声便从农家小院里飘起，弥漫在夏夜静寂的乡野里。琴声吸引来许多孩子。我和小伙伴们一起挤到李叔的院子里，在李叔二胡的伴奏下唱歌。我对李叔佩服得五体投地。那时，我经常做这样的梦：自己和李叔一样，拉着二胡，琴声悠扬，身边围着一群羡慕不已的孩子……

有一天，李叔问我："想不想学二胡？"

我说："想啊！我做梦都想！"

李叔说："那就拜我为师吧。"

我简直不敢相信自己的耳朵："是真的吗，李叔？我没二胡啊。"

李叔神秘地说："跟我来吧。"

李叔拿着一根木棍，带我沿着村边的小河向前走，眼睛扫视着河边的草丛。突然，李叔抡起木根向草丛打去，两三下之后，一条大蟒蛇翻着白肚皮横躺在草地上了。李叔开心得大叫："哈哈，你有二胡啦！"

几天以后，李叔给了我一把用竹筒蒙上蟒蛇皮做成的二胡，于是我就有了我平生的第一件乐器。那天晚上，我一早就来到李叔家，进入了我的二胡"兴趣班"。我对二胡的热爱到了一种狂热的程度，早晨拉，晚上拉，放学一回家就拉，不吃饭饿着肚子还在拉。爷爷说我痴啦。没过多久，我的身边也围了一群唱歌的小伙伴。过年的时候，村里有文艺演出，李叔还拉我一起去伴奏。那时候，我真有一点飘飘然的感觉。

可惜我的二胡太土了，很丢我面子。我多想有一把真正的二胡啊。李叔告诉我，三十多里外汜水镇的文具店里有二胡卖，便宜的也要五六块钱。于是我有了主意。那年放暑假，我每天早晨五点多就起床了，提着个塑料袋在村前村后的树林里转悠。我在找知了壳，那东西很值钱，村里的中药房在收购。暑假快结束时，我居然有了六块五毛多钱。

在一个风和日丽的早晨，我提着一个沉甸甸的钱袋，乘车去汜水镇买二胡。进入文具店，我终于看到了我朝思夜想的二胡了。我选了一把最便宜的，兴奋地去柜台交钱。我把一袋子硬币毛票倒在柜台上，文具店的工作人员跟我一起数了半天才数清。结果却让我大失所望，钱不够！就算是把回去乘车的钱也贴进去，要买到那把最便宜的二胡还差5分钱！

我后悔，要是来的时候不坐汽车钱肯定够，要是之前每天再早点起身多找一些知了壳，钱也会够啊……后悔也没用了！我眼巴巴地望着货架上那把刚才已经拿到我手里的二胡，转来转去，不愿离开，一直转悠着，早已过了晌午了，我也不吃饭，也不觉得饿……

不知什么时候，工作人员找来了经理，向他介绍了我的情况。经理是一个白白胖胖的中年男子，他一看到我可怜巴巴的样子就乐了，爽快地说："孩子，别在这里转啦。我给你垫5分钱，你把二胡拿走吧。"

我喜出望外，谢过经理，拿起二胡就往外飞跑。一路上几次开心得笑出了声。走累了，就停下来，坐在路边拉一会儿二胡，三十多里的返程觉得没费事就走完了。

这是我的第一个"兴趣班"。这却是一个真正的兴趣班。没有功利，没有压力，只有孩子的童心、兴趣和无限的热情。

6. 两次参加高考

1978年的夏天，我15岁，高中毕业了，第一次参加高考。

在进入考场之前，我对高考真是一无所知，不知道高考的残酷和激烈，自以为是学校最优秀的学生，信心满满，希望满满。几场考试结束，我遭遇到了入学以来最严重的打击。物理考试，我几乎全军覆没，好多物理试题我连认都不认识。因为高中阶段我们压根儿就没学过物理，课程表上写的是农业机电。发榜那天，我一如自己预计的那样名落孙山了。不过考试成绩还算可以，离录取分数线就差5分。

之后的两个多月的日子是我人生中最黑暗的时光。我有时闷在家里整天不说话，有时去田间锄地，在烈日下暴晒，我的世界里的一轮太阳陨落了。父亲好多次出门找人，希望找一个学校让我去重读，每次回来都是一脸的失望和无奈。我第一次刻骨铭心地感受到世事的艰难。直到有一天，我母校的校长通知我回母校复读，我有一种落水遇救的感觉。

再次回到母校读书，我无比珍惜。重新开始的学习生活，我感到跟之前的完全不一样了。之前，我是在快乐中学习，没有负担，也没有什么压力，学习的过程趣味十足而又轻松愉快，时而还暴露出贪玩的本性。重新开始的学习，动力十足，学得异常勤奋主动，但同时又承担着巨大的心理压力，学习的过程是刻苦的也是艰辛的，尤其是心理上的煎熬，高考落榜的阴影始终挥之不去。我不知道哪一种学习更有效益，但就一个孩子的切身体验而言，我宁肯选择前者，后者实在是太痛苦了。直到后来，我做了教师，又做了校长，我总是严格控制学生的学习负担，始终不愿意把后一种学习生活带给我的学生。

1979年夏天，我第二次走进高考考场。这次进考场，没有了上次的自信，心事重重，忧虑重重。前几门发挥正常，就剩下一门数学了，而数学一直以来是我的强项。谢天谢地，眼看就要大功告成了。考数学之前的那个晚上，我既兴奋又担忧，一夜无眠，第二天昏昏沉沉进考场，结果数学考砸了。

最后还好，我还是以高出分数线近20分的成绩被录取了。

7. 在师范读书的日子

师范的学习生活是全新的。这里，没有老师的监督，没有做不完的作业，没有高考的压力，也没有世事艰难前途未卜的忧虑。我又重新回到了快乐的学习生活，被压抑多时的本性又被激活了，整天心情舒畅，谈笑风生，活力十足。

老师的讲课完全不用考虑考试要考什么，可以天马行空讲得天花乱坠。讲台上，老师们一个个比赛似的肆意发挥着他们的才华，把我们的思想引入到一个个无边无际的广袤空间，激发起我们探究的欲望。学生社团组织的活动丰富多彩，我参加了文学、排球、摄影等许多兴趣活动。下课以后我又在宿舍拉起了我心爱的二胡。

学生们可以真正按照自己的兴趣去学习。有一段时间，我们几个同学对国家的外交政策特感兴趣，阅读了许多相关书籍，经常在一起研讨交流。过了一段时间，我又迷上了文学创作，立志要做一名作家。我阅读了大量的中外文学名著，每天早晨在学校的小花园里背诵经典诗文，晚上伏案创作。我还尝试向报刊社投稿，尽管一次次被退回，但屡败屡战、乐此不疲。

为了适应将来教师岗位的需要，学生会组织同学们苦练教学基本功，普通话、演讲、粉笔字等样样过关。为锻炼同学们的口头表达能力和胆量，班干部们想了一个奇招，每天上晚自习之前轮流由两个同学在全班同学面前讲话，时间5分钟，内容自选。之前，我很怕在众人面前讲话。为了这次活动，我做了精心的准备，一个人悄悄地练习了好几次。轮到我讲话了，我向大家介绍UFO的相关信息。一个个离奇的故事，听得同学们目瞪口呆。我获得了热烈的掌声。从此，我就有了在集体场合讲话的勇气和自信。

我们跟老师的关系亲如兄弟。老师们经常跟我们一起打球、郊游，甚至打扑克。老师中也不乏名人，有的是著名的文学评论家，有的是国内知名的古汉语研究专家，有的是小有名气的作家，他们都是我的偶像，但是他们不是可望而不可即的，他们就活生生地在我身边，显得那么亲近。有一次，我们分组去学校实习。带队的是申建华老师。申老师只比我们年长几岁，高个子，平时经常跟我们一起打篮球。一天，申老师组织同组的同学跟我研究实习课的教案，结束的时候已经是晚上十点多了。申老师发现我的头发太长了，有损师表的形象，就找了一把普通的剪刀帮我理了发。现在回想起来，心中还充满了温情。

我一直很留恋在师范读书时的宽松愉快而又丰富充实的学习生活。那里是我真正学习生活的起点。我常常想，如果师范的生活还是像中学高考前那样刻板，那样的充满压力，可能有一半以上的孩子要被毁掉。

教学生涯

1981年9月，我走上了教育岗位，在家乡柳堡镇的中心小学做了一名语文教师。二十多年过去了，我从家乡的小镇走到县城，又走到深圳，从一个初出茅庐的愣小伙，成长为江苏省特级教师、江苏省优秀校长、江苏省德育先进工作者、国家教育部重点培养的骨干校长、香港中文大学特聘讲师，多次在全国各地作观摩课、示范课和专题讲座。在我的成长过程中，有许许多多的老师真诚地无私地关怀我，帮助我。他们像桥梁，像梯子，帮助我走过人生的坎坎坷坷，登上事业的一个又一个台阶。我对他们永远心存感激！这里我选择介绍几个不同时期的老师代表，从中可以看出，他们是怎样引领我走过一段段人生旅途，促使我不断进步，不断走向成熟的。

1.“你比我强”

柳堡中心校的校长兼乡文教助理王正道是一个精干的中年人，一向以思路清晰、工作有魄力，闻名教育界。一开始，我的工作似乎始终找不到感觉。第一次公开课，竟上得稀里糊涂。我懊恼至极。王校长告诉我：“你比我第一次上的公开课强多了。”

那时，学校要求住校的青年教师晚上集体办公。有一天晚上，恰好是乒乓球亚洲杯中国队和日本队男子团体决赛。许多青年教师想看比赛。有人向王校长请假，结果未获批准。我那天忽然心血来潮，以团支部书记的名义宣布："今晚大家看球赛，作为团支部的一项活动。"第二天，有好心人提醒我："你怎么敢跟王校长对着干呢？"我开始有点忐忑不安。王校长悄悄地对我说："你比我强。"

1985年，我在国家级杂志上发表了一篇语文教学的研究论文。文章不长，但却是我的处女作。王校长比他自己发表文章还高兴，几次在全体教师大会上表扬我。他还对人说："这个小伙子，将来肯定会大有作为。"

……

在那段时间内，我的自信心达到了极度膨胀的程度。我总觉得我是最优秀的，我不比任何人差。因此，我连续参加县、市课堂教学比赛，连连获得一等奖。在杂志上发表文章也一发而不可停。

我从1986年开始，便走上了学校的领导岗位，任不同类型学校的副校长、校长累计有近20年时间。我庆幸在我刚刚走上教学岗位时遇到了这位开明的领导。如果他是一个计较的人，我的人生轨迹可能就会是另一种走向了。有时，我的部属冒犯我，顶撞我，想到王校长，我的心胸就一下子变得开阔起来。我不太清楚我的同事们对我的感觉到底怎样。但我经常想：你能像王校长那样，让你的老师们觉得自己是全世界最优秀的吗？

2.“学，然后知不足”

王书芸，看到这名字，你一定以为是一位女士。那么，你错了。他可是一位爽朗的老头，是我们县教研室的副主任兼语文教研员。他是我语文教学的启蒙老师。

第一次到县城开教研会，听王主任作语文教学的辅导报告，我就被他深深地吸引了。我钦佩他对语文教学的独到见解，更为他深厚的语言功底而折服。两个多小时的报告，没有讲稿，口若悬河，古诗文名篇中的佳词丽句，信手拈来，而又运用得恰到好处。我惊叹：竟然有这样高水平的教师！

不久，我便有机会与王主任做零距离的接触。一天，王主任欣然来到我们学校，点名要听我的课。我很兴奋，尽全力把那堂课上得有声有色。没想到，王主任听完一节课后，兴致高涨，跟校长说，不走了，要跟踪听课。校长安排王主任住进了我的宿舍。于是，我就跟他同吃同住，共同生活了一个星期。

每天上班，王主任听课、评课，介绍语文教学理论和实践；回到宿舍，他又跟我谈文学、哲学、历史，等等。王主任博古通今，我常常哑语失对。我原本还算是一个自负的人，喜欢文学，自认为读了不少书，也能动笔写点文章。但此时在王主任面前，我显得如此的浅薄！一天，王主任仔细查看了我书橱中的藏书，然后意味深长地说："学，然后知不足啊！"

我的心灵深处受到了从未有过的震撼。于是，我发愤阅读，并且做了大量的读书笔记。在读书中，我感觉到了一种充实，一种踏实。更重要的是，那时形成的良好的阅读习惯，使我以后的教学工作收益良多。直到现在，我要是每天不读点什么，就会感到一种莫名的紧张和空虚。

3."教好课，是我们的本钱"

张田若，全国著名的语文教育专家、教材编写家，耕耘语文教坛50年，名震遐迩，是中国当代语文教学研究大师级的人物。在认识他之前，我读过他很多文章，对他敬慕不已。第一次见到他是在十多年之前，他到我们学校来。我请他听我的课，请这样著名的专家指导课是个非常难得的机会。其实，那时我的课堂教学还比较粗糙。张老听完我的课，连连夸赞："扎实，灵活。当一把手校长，还坚持任教一个班级的语文课，值得肯定。"他还对我们全体老师说："教好课，是我们的本钱！"

张老的赞扬，对我的激励很大。从此，我对语文教学的研究更加执著。业余时间，我阅读了大量的书籍，努力提高自身的素养。我常常向张老请教，张老和我书信、电话不断。张老的教诲使我受益匪浅，其中对我影响最大的是张老现实主义的教育哲学思想。"学古而要扬弃，师洋而不迷信。""教育理论，必须要能对教学实践起促进作用。否则再先进也是空的。""中国传统的语文教学博大精深，我们还是开掘得不够。改进中国的语文教学，还是要在我们中国的语文教学的土壤中寻找捷径。"

在张老的引领下，我的语文教学跃升到一个新的更高的层次。2000年，我被评为"特级教师"。在全国有影响的杂志上发表了不少文章，也应邀到全国许多地方，包括港澳地区去上课、讲学，也算是小有名气了。有几次我把自我感觉还不错的几节课整理出来，寄给张老，请他指点。没想到，张老总是批评说："学生的主体精神体现得还不够，教师还没完全摆脱牵着学生走的套路。你一定要多探索，多思考，创出一条新路来！"我从他反复叮嘱的话语中深深感受到一种焦虑，一种期望。因此，我也感到了一份沉甸甸的压力，一份沉甸甸的责任。

4."立志当中国的教育家"

2002年3月至6月，我有幸在华东师范大学参加教育部主办的第23期全国重点中学校长培训班的学习。华东师大名师云集，教育部中学校长培训中心的主任陈玉琨、副主任应俊峰都是全国知名的教育专家，叶澜老师、钟启泉老师等都是我仰慕已久的名师、教育家。他们学识渊博，品德高尚。在那里，我如饥似渴地吸纳。我的视野更加开阔，思路更加明晰。在我的教育教学路途中，这又是一次质的提升。

那期间，我还面临一次艰难的抉择。我原来的学校转制为民办教育集团。教育局调我到局机关任职。而我却难以割舍我深深眷恋着的课堂。在这两难的时候，应俊峰副主任对我说："你在教学和学校管理两方面都已有了很好的基础。你应该还是到学校去，要立志做一名中国的教育家。"

于是，2002年7月，我来到了深圳市福田区。在南方的这片热土上，我从一名小学语文教师做起，然后副校长、校长。目前，我正在规划着一所新学校的美丽蓝图。我仍然深深热爱着我为之魂系梦牵的课堂。我对我们的老师们说："享受课堂！"当我享受着因课堂的精彩而得到的鲜花和掌声时，我的胸中就会涌动起无限的情思——对所有关心和帮助过我的老师们的深深感激之情！我常常感受到有无数双热切的目光在注视着我。这时，我会问自己：你离"中国的教育家"还有多远？

十五、与“为什么”相伴一生

张　伟

张伟，男，1955年生，特级教师、中学高级教师，先后任青岛市市北区实验小学校长、教体局副局长。曾荣获全国优秀教师、山东省科教兴鲁先进个人、青岛市拔尖人才、劳动模范等称号。

创“球形”教学法，“张伟课堂教学艺术研究”在《山东教育》杂志连载，并录制了《张伟课堂教学艺术》专辑。担任联合国远距离师资培训主讲，香港现代教育课题教授。曾获全国首届中青年语文阅读教学比赛第一名，在省级以上教育书报刊中发表论文150多篇，其中20余篇获一、二、三等奖，出版专著《张伟“球形”阅读教学原理与应用》等三部。

小时候，一个夏日的夜晚，我仰望夜空，视月良久，喃喃自语道："为什么人不能把月亮当马骑？"话音未了，两个哥哥瞠目，父亲愕然。马和月的形象毕竟相去太远不具可比性，那个年代中国人谈登月也无异于"天方夜谭"，难怪他人不解。从那个时候起，"为什么"就开始了与我相伴一生。

为什么瓦刀就应当像"老婆脚"？

特定的年代造就特定的人，"文革"那种特定的年代也许就更容易造就一些特别能适应环境却又不愿苟同环境的人，我就是这一"熔炉"中烘制出来的一个人。1971年，我初中毕业了，因为众所周知的原因，我不能就业，不能升学，但也不必下乡（因为我已经有一个哥哥下了乡，按政策规定我可以留城），于是我来到了父母工作过的教育单位，在附设的建筑队里干上了一名家属工。由于干活不惜力气，善动脑子，不到半年我便升任技工，拿起了瓦刀，师从一位年近七旬、面容慈祥的老师傅——Z师傅，学起了抹墙、砌砖、垒石头的活计，开始了既当徒弟又做师傅的特殊生涯。

师傅的瓦刀，很独特，约有三寸宽窄、七八寸长（据说这瓦刀当初还要长些，长期使用，磨去了一截）。瓦刀的正面因经年使用，磨得很亮，能照出人来，没事我喜欢用它照照自己那张稚气未消的脸。瓦刀的形状很快引起了我的注意——前头尖尖，后面较宽，很像一个封建时期乡村女人裹着的小脚，我惊异了："师傅的瓦刀像个'老婆脚'！"这只"小脚"在师傅那双青筋暴凸的大手挥舞下显得异常灵活：手一抖，铲起泥；腕一压，泥上墙；胳膊一用力，"小脚"在墙上一个侧旋，一个宛如花瓣的造型就在墙上塑就了。瓦刀前实后虚，尖顶用力，一下又一下，一片又一片，不长时间整个墙就如鱼鳞状了，其情状恰如姜文在《芙蓉镇》里的挥帚扫街，很是优美。在这种"美"的熏陶下，我边模仿，边实践，一干就是大半个月，技艺精进。

然而，也许是天性使然，儿时的那种要把月亮当马骑的"怪异"心理，随着日子的延久，不知不觉又流露了出来，眼前的一切日趋幻化，渐渐失去了美感，我问自己：墙上的泥就应当像花瓣、鱼鳞吗？师傅的瓦刀就应当像"老婆脚"吗？我开始重新审视师傅的瓦刀：从力学讲，它前实后虚，不能将全身的力气均匀地用于瓦刀之上，不省力气；从效率看，瓦刀偏用一端，覆盖面小，一次只能泥上一点，不出活；从实际效果看，由于是鱼鳞状，片体有厚有薄，就造成了墙面的坑凹不平，即使经“拉毛”修整，也终因干湿不匀而使得墙面不平整、不洁净。这时一个大胆的想法涌入脑际：为什么不能将瓦刀的使用方法改变一下呢？于是冒着被师傅责难的风险，按照自己设定的理论我开始了实践：我将瓦刀使用时的拇指前压用力改为手腕的后压用力，将抹墙的一次成型改为两次成型（先竖拖一次，再横抹一次）。这样，瓦刀就整体着墙，大面积受力，节省了力气；“花瓣”“鱼鳞”不见了，取而代之的是大面积的泥灰上墙。与师傅一起抹墙，呈现出来的结果是令人惊异和尴尬的：师傅还是一“尖”一“尖”地往墙上“旋”，我则是一大板一大板地往墙上抹；师傅抹的墙显得坑洼不平，干湿不匀，我抹的墙平整舒展，干湿适度。另外，可能是师傅年纪大了的原因，他的抹墙速度也明显不如我。还有一点当时无法验证但可以预期，那就是师傅的瓦刀会越来越“老婆脚”，我的“脚”则肯定会向着“身材”匀称的方向发展。

不经意的一个“为什么”引发了一场小小的技术革新，小小的技术革新又带来了明显的工作效益，同时也给我带来了“名人效应”。我很快就成了工地上的抹墙“状元”，成了工地上的技术骨干，以至于在我一年后面临着是顶替母亲当教师还是跟随工程师继续干的选择时竟也陷入了窘境。工地上的C工程师给我许愿，只要继续留下干，不出一年就可以破格升我为五级瓦工。要知道，那个年代的五级工的工资可是小学教师的两倍多哟！可我终究还是遵从了父亲的意见，干上了小学教师，而且这一干就是三十多年。

这个“球”为什么不让它圆起来？

1984年深秋的一天，青岛教师之家、联合国教科文组织的教科书、教辅读物研讨会正在召开，来自全国包括袁微子、斯霞在内的40多位语文教育专家出席会议。是日深夜，作为中国小语界的领军人物，人民教育出版社资深编审、全国小语会会长袁微子先生在灯下审阅一篇题为《努力保持文章的“球形”——〈草原〉教学谈》的青年教师的文章。他不时地用笔圈画着文章内容，嘴里不时地发出“不错、不错”的感叹声。第二天，他对参加会议的有关同志说："这是一篇好文章，很有见地！让他好好修改一下。"这名青年就是我，这篇"球形"文章就是我教学《草原》一课的心得体会。

1984年是我教语文的第三年（自1972年教学以来，我先后教过体育、英语，1981年改教语文），也是我执教六年级课文《草原》的第二轮。第一轮许是混沌未开，借助参考书很顺利地把课教了下来——草原的景是如此之好，蒙汉的情是如此之深，景好，人也好！如此简单明了的主题，想不到到了3年后的第二轮教学时却有了困窘和烦恼。也许是性格使然，儿时的那种不安分的内心冲动再次升腾了起来，"为什么"又接连不断地提了出来：草原景和草原人是什么关系？如果就是简单的1＋1相加关系，草原景色的部分相对于文章中心的"情"不就成为"摆设"可有可无了吗？那样文章不就成为"葫芦形"或"哑铃形"了吗！既然文章是为"情"而写，我们为什么不能让全部文章都为"情"而呈现呢？文章这个"球"为什么不让它圆起来呢！于是我奋笔写下了《努力保持文章的"球形"》这篇文章，鲜明地提出了文章不是"哑铃形"，不是"葫芦形"，而应当是"球形"的观点，袁微子先生颔首称道的正在于此。基于这一理论，我对《草原》的教学思想、结构、方法都做了彻底的改动，确立了"以情立教""以情贯穿"的教学思路。我按照文章"初入草原""途中见闻""主人好客"的自然结构，将教学布局为：草原景美——动情（由景而发）；场面热烈——又动情（由事而发）；主人好客——更动情（由人而发）。这样，一条线将"景""事""人"巧妙穿起，一个"情"因对象不同递次而进，最终形成高潮：蒙汉情深，各民族大团结。整个教学围绕"情"这一"球心"，浑凝调和，周通一致，形成一个完满的"球体"，达到比较理想的境界。

1989年11月9日是我终身难忘的一天，全国首届小学语文中青年教师阅读教学大赛在四川成都举行。这是一次空前的盛会，全国近30个省、市、自治区都派了精兵强将参加赛事，我作为山东代表参加了比赛。比赛中我胸怀"圆球"，放眼"草原"，用我全部的激情描绘着草原景，抒发着民族情；同时又用这情境交融的美好画面演绎着我的"球形"教学理论。激情付出获得了很好的回报，我获得了此次大赛的第一名。在鲜花丛中，我想到了我的儿时，想到了"为什么"之船，正载着一个稚态可掬的少年，朝着可以当马骑的月亮直上夜空。

有了“球形”教学理论，我如虎添翼，我的“为什么”的情结也愈发浓重，我用它检验教材、制定教法，每用必效，屡试不爽。小学六年级课文《将相和》是一篇尽人皆知的故事，它精彩的情节、丰满的人物形象曾感动着一代一代的中国人，然而究竟要从这篇课文中学习什么、领悟什么，很长时间内在教育界没有一个统一的说法。传统的包括“教参”的观点，都是学习蔺相如“机智勇敢”的精神和廉颇“知错就改”的品格。对此，我没有盲从，脑子里又问了一个“为什么”。我认为这种说法是站不住脚的，它既无以揭示人物行为的内在思想基础，也难以符合文章的本来立意。因为无论是“机智勇敢”还是“知错就改”，都只是人物的外在行为表现，驱使二人那样做的原因，既非二人天生禀赋，亦非二人兴趣使然，其内在动因都是二人忧国虑民的思想、爱国卫国的心意。从文章立意来看，无论是作者司马迁的《廉颇蔺相如列传》，还是编者的《将相和》，其着力的重点都是人物为了国家利益忍辱负重、顾全大局的思想而非其他。有了这样的认识基础，我运用“球形”教学理论，视文章为一个“圆球”，设题目“和”为“球心”，把文中三个故事（“完璧归赵”“渑池之会”“负荆请罪”）连为一体，将前两个故事“完璧归赵”“渑池之会”作为二人“不和”的起因，将第三个故事“负荆请罪”作为“和”的表征和结果。这样，文章“起”“承”“转”“合”一气呵成，文脉贯通；人物的所作所为都找到了思想根源，特征明显；整个教学中心明确，重点突出，省时省力，效率倍增。

迄今为止，我的“球形”教学理论已在全国近30个省、市进行了宣讲，在多个地区进行了推广实验，广大教师的反映和实验的效果是好的。《人民教育》《小学语文教师》《山东教育》等多家国内刊物都载文专题介绍了这一教学理论，中央教科所也将此列入《全国著名特级教师教学艺术丛书》，于1997年出版向全国发行。儿时的“骑月”梦想促我进入了学术界的至高殿堂！

为什么就不能试着否定一次自己？

哲学中有一条否定之否定定律，外国某大公司也有一条规定，说是员工隔一个阶段就要否定自己前段所做工作中的一项工作。无论是定律还是规定，实践证明对人的认识和工作管理都很有功效。然而，如果运用迁移规律将这一切引至自己身上，对自己这个人或对自己所做的事进行一下否定，那，结果会是怎样的呢？一年春节后的一天——一个假日休息、亲朋团聚、本可以让人轻松畅怀的日子，却成了我的"涅槃"之日，因为这一天我开始了向自己的挑战。

案头，电脑旁，我紧盯屏幕，审阅完我的论文《语文实践活动——一条我国语文教学改革的有效途径》，轻舒一口气，署上了自己的名字，然后点击网址，将文章发往某期刊编辑部。我不知道我所发现的这条语文实践活动的新路，对自己是不是一条轻松的路，我不知道现实是否会捉弄我，是否会跟我开玩笑。

照理说，这年是自己的语文课堂大赛成功的第15个年头，自己应当写点什么以示庆贺，我写了，然而不是庆贺，却是自砭。

照理说，自己从事小学语文课堂教学与研究已经有二十几个年头了，不说珍惜，起码也要善待这段经历，但是今天自己却高扬"课堂"之外的"实践"大旗，公开向自己成功的教学经历发起挑战。

照理说，教研界素有"教学研究的本质和重点就是搞好课堂教学"之说，君不见，国内一年中有多少大大小小、各级各类的课堂教学研讨会、观摩会、赛讲会、培训会，课堂教学犹如一条"生命线"，这条红线是逾越不得的，搞课堂外的"实践"活动有没有背离主流之嫌？

照理说……照理说……还有一百个"照理说"，所有的说法似乎都在提醒自己：搞不熟悉的语文实践活动是不明智的。

但，我只对自己说了一条理由：学生最需要什么？我就搞学生最需要的！

人生在世，就不能试着否定一次自己吗？

4月的一天，我接到了当代教育科学编辑部寄来的样刊——我的语文实践论文全文发表了，我的改革主张被专家和学术界认可和接纳了！

激动之余，我又拿起文章，重温了我提出的语文改革的"四个一"主张：

一种趋势。即以往的单纯的、封闭性的课堂教学已经不再是语文学习的唯一渠道，具有延展性、开放性、创新性特征的语文实践性活动，已经不仅仅是这种教学的一种补充，更作为一种新兴的学习形式而形成趋势，它对学生知识的获取、能力的形成将起更加主导和重要的作用。

一种形态。即语文发展性学习形态。语文学习应当是连续的、动态的和全程性的，过去那种只重课堂教学一个环节的学习，是难以承载起学习语文的重任的，这也是以往语文教学投入多、收效少的原因所在，是学生虽经多年学习却形不成语文素养和能力的原因所在。发展性学习以“三个突破”（突破课本、突破教师、突破课堂）为基本理念，以精湛的课堂教学和丰富的实践活动的紧密融和为基本形态，以学生语文素养和语文能力的形成与发展为终极目标。

一种理论。即“出口”理论。以往的语文教学存在的最大问题，就是只重视了知识的学习和吸收，忽略了知识的运用和实践，没有找到知识运用的渠道和出口。没有“出口”的知识在吸收时是有限的，且极容易“腐烂”，容易导致“死读书”“读死书”问题的产生，容易造就“书呆子”式的学生。根据“儿童能力最佳形成期”理论，如果在儿童最佳年龄阶段不让他们把所学知识通过恰当的实践方式及时转换为能力的话，将贻误学生的语文素养和全面能力形成与发展的良机。“出口”理论“以出带进”“以进促出”“输入——输出——再输入——再输出”的做法将有效地激发学生学习的活力。

一个模式。即“凭借——转换——建构”模式。“凭借”是这一模式的关键，“出口”理论、发展性学习形态意义下的建构不是一般意义上的建构，它是建立在课堂教学基础上的建构，因而具有很强的针对性和延展性，一篇文章、一个人物、一个故事、一首诗歌、一幅图画、一段音乐、一个有意义的问题等，都可以成为凭借的素材。有了这种凭借，再加上积极的迁移和转换，新的建构便可形成。新建构出来的事物已是全新的样式，但本质上与所凭借的事物还是有千丝万缕的联系。

问题阐述得是够清楚的了，我与生俱来的“为什么”和要“骑月”心理也得到了很好的慰藉，但等待我的实践结果会是怎样的呢？

顺利的、圆满的结果固然很好，不顺利、不圆满的又将如何呢？

不管怎么样，我还是我！我会不断地用一个又一个的“为什么”挑战自己！

我会与“为什么”相伴一生！

我们怎样阅读“名家”

赖配根

课程改革要取得成功，最终取决于教师的素质。那么，教师需要哪些素质呢？换句话说，在新课程背景下，什么样的教师是一个好教师呢？有人归纳为4点：教育思想、教育智慧、专业精神和专业人格。但在笔者看来，最核心的乃是教育智慧。一个有教育智慧的教师，必然对教育有独到的洞察，必然对教育怀有崇高的情感，必然对创造教育实践有独特的方法。

最紧要的是，如何获得教育智慧？这是千百万教师苦苦追寻的问题，也是《中国当代著名教学流派》丛书希望解答的问题。教育智慧说到底是一个实践问题，又因为这个问题是在中国语境里提出的，所以我们首先应该到那些已经成名成家的中国教师那里寻找启示。张新洲先生主编的《中国当代著名教学流派》丛书，正是带领我们去体悟最早举起“人文”大旗的于漪、亲近首创“情境教育”的李吉林、剖析以“六步教学法”独步杏坛的魏书生、解读创造了“尝试教育”的邱学华、直面提倡“新语文教育”的韩军、激赏为“语文民主教育”摇旗呐喊的李镇西、敢于用“三个超越”造就激情与思想交融课堂的窦桂梅……正是这些人，扎根于教育实践的大地，把教育的触角伸进现实的内核。他们的教育理念、教学方式和叙述话语，都带着浓厚的本土色彩，充满田野气息，与广大教师的精神、情感最为切近。他们的经验和道路，为我们寻找教育智慧树起了坚实的标杆。

但是，要“阅读”他们，要“对话”他们，我们首先要进行阅读变革。在中小学教育界，无论是专家还是教师，许多人都患上了一种流行病——极其功利的庸俗实用主义阅读方式。研究语文和教语文的，不阅读文学作品，不关心文学理论，甚至不碰课程标准，而对关于每篇课文的教学技巧和课例的书籍趋之若鹜；研究数学和教数学的，可以不懂数学史，可以对数学学科的本质弃之不顾，但却一定要搜罗各种教学课例，尤其对据说是由名师挂帅主编的教案大全，不但可以拿来应付日常教学，还可照搬到各种公开课上。结果，搞研究的，最重要的本事就是贩卖国外同行的理论和术语，而对学科教育的建设和本土经验的总结却逐渐疏远起来。荒唐的是，这样的人竟然常常被捧为权威。一味教学实践的，既失去了真正意义上的专家引领，又有意无意地为技巧而技巧，因而，不进行教改时，学科教育是死水一潭，进行教改时，学科教育又往往堕入热闹的表演深渊。但许多人需要的就是这些一戳就破的东西。如果用这样的阅读主义来"对话"这些名家、大师们，我可以毫不客气地说，那就是对名家、大师思想精神再卑劣不过的"阉割"。

不是说不要学习名家、大师的方法和技巧——任何教育教学实践都离不开方法和技巧，甚至需要高超的技巧，但是，教育智慧是思想精神的传递和累积，任何高超的方法和技巧，都与个人的教育思想甚至人生信念血肉相联，方法和技巧可以模仿，教育智慧却无法简单复制。

是到了以新的阅读主义来"对话"名家、大师的时候了，至少这套丛书是这么提示我们的。《中国当代著名教学流派》丛书（已出版22本，国际文化出版公司出版）中的每本书，都是由3大块组成：人物小传、教育思想概述和具体教育教学实践。细细琢磨，这样的框架，其实意味深长。限于篇幅，我暂且以"人物小传"为例（实际上，书中的教育思想概述和课例，也同样精彩、耐读），揭示一下这套丛书蕴含的新阅读主义主张。

如果说新阅读主义倡导的与名家、大师"对话"，主要不是一般意义上的技巧模仿，而是思想的对话和精神的沟通，是理性的解剖和心灵的意会，那么，我们首先要洞察和玩味的是名家、大师的教育信念。经验告诉我们，一个人的教育信念主要不是从书本直接获得的，而多是源自生活经历和职业实践，是对自己经历进行"反刍"的结果，可以说，个人的教育信念形成史，就是个人的生活史。要体味名家、大师心中的教育信条，首先要考察的就是名家、大师的生活和职业生涯。“丛书”一上来不是叙述名家、大师的教育思想，也不是一般教师翘首以盼的技巧介绍，而是呈现名家、大师的成长史——“小传”。有了这一部分，名家、大师的心灵得以重现，名家、大师的思想得以丰满，随后的教育思想、教学实践和技巧也有了坚实的支撑。

比如，对于被一些年轻语文教师称为“圣母”的于漪，我们只是知道她的教学艺术出神入化，知道她当年的公开课曾让上海万人空巷，知道她那篇横空而出的《弘扬人文，改革弊端》。这些都只是关于于漪的抽象的知识，这些抽象的知识对于教育智慧的启迪，作用有限，但你读一读她的“小传”，读一读关于她的具体的知识，她立刻就鲜活起来了：原来于漪是半路出家（大学教育系毕业教语文），原来她也被指责连语文教学的大门在哪儿都不知道，原来她为了不以自己的“昏昏”使学生“昭昭”而“有系统地学习一门又一门学科……把中学语文教师该具备的语法、修辞、逻辑知识，该具备的文、史、哲，该了解的中外名家名著摸了一遍”，原来为了进入语文教育的殿堂，她还“用仔细回忆的方法，向过去教她的老师请教……声情并茂地朗读、讲解，旁征博引地议论、评析，眼神、手势、神往的表情，一幕幕在脑海里浮现，我常顿然有所悟：这就是语文了”……没有任何东西可以代替这些于漪自己“感性的回忆”。对于这些文字，是不能只用眼睛读的，而是要用整个身心，蘸着自己的生活积累品味、反思。因为，只有这样，你才会读完后说：“这就是教育智慧了！”有了这样的顿悟，再读后面的“人文说”等理论和精彩的课堂实录，你看到的就再也不是可供模仿的机械知识，而是富有灵性的、脱离具体情境就会丧失生命的活的知识。有了这样的顿悟，于漪之于你，就不再是急功近利的模仿或者仅供借鉴的材料，而可能是思想精神层面的导引者——如此，你感知到的就是名家、大师有血有肉的整体形象，你触摸到的就是智慧的技术和技术的智慧。

——与“丛书”的其他名家、大师的“对话”，都应当作如是观。

思想成就人的伟大。马克思说：“能给人以尊严的只有这样的职业，在从事这种职业时，我们不是作为奴隶般的工具，而是在自己的领域内独立地进行创造。”一个努力寻求教育智慧、追求卓越的教师，需要在职业的实践中创造性地形成自己独立的思想。与名家、大师的作品“遭遇”，最忌讳的就是心生崇拜。新阅读主义认为，我们抛弃庸俗的实用主义，也拒绝偶像崇拜，与名家、大师“对话”，是为了扩大精神的疆域，是为了更好地独立思想，是为了形成自己的教育智慧。

（本文原刊发于2005年3月17日《中国教育报》）